铁路运输经济法规

（第二版）

主　编　孔　荣

副主编　雷振刚　富永真

·成都·

图书在版编目（ＣＩＰ）数据

铁路运输经济法规 / 孔荣主编. —2 版. —成都：
西南交通大学出版社，2019.8（2022.8 重印）
ISBN 978-7-5643-7105-0

Ⅰ. ①铁… Ⅱ. ①孔… Ⅲ. ①铁路法－中国－教材
Ⅳ. ①D922.296

中国版本图书馆 CIP 数据核字（2019）第 186434 号

Tielu Yunshu Jingji Fagui

铁路运输经济法规
（第二版）

主编　孔　荣

责任编辑	赵玉婷
封面设计	何东琳设计工作室

出版发行	西南交通大学出版社 （四川省成都市金牛区二环路北一段 111 号 西南交通大学创新大厦 21 楼）
邮政编码	610031
发行部电话	028-87600564　028-87600533
网址	http://www.xnjdcbs.com
印刷	成都蓉军广告印务有限责任公司

成品尺寸	185 mm×260 mm
印张	14.75
字数	368 千
版次	2019 年 8 月第 2 版
印次	2022 年 8 月第 11 次
定价	45.00 元
书号	ISBN 978-7-5643-7105-0

课件咨询电话：028-81435775

前　言

　　铁路是国家的重要基础设施，是国家经济运行的大动脉。铁路的发展和国民经济紧密相连，和人民群众的切身利益紧密相连。铁路的发展离不开政策的引导，也离不开法规的规范。在社会主义市场经济条件下，加强铁路运输法律体系的构建和完善，普及并运用运输经济法律、法规，使运输市场有序化、运输经营行为规范化，实现铁路发展目标，铁路的法律制度保障极其重要。

　　本书的编写立足于服务职业教育的培养目标和定位，坚持以技能培养为根本，以实用性为主，突出铁道行业和铁道专业特色，以铁路运输法律关系、合同法律制度为基础，以与铁路运输密切相关的法律、法规为主要内容，重点阐述铁路运输合同和铁路运输法律规范的理论和应用。本书力求将最新的与铁路运输相关的法律法规和司法解释以及合同法基础性的知识融入教材，注重理论与实践结合，目的在于实际工作中的运用。本书突出案例教学和可操作性，精选大量与经济活动和铁路运输密切相关的案例进行分析。另外，书中设有复习参考题，以单项选择题、多项选择题、案例分析题等优质、典型的习题形式供读者练习。本书适合作为高职高专铁道运输专业运输法规教材，也可作为铁道交通运输企业及物流企业的从业人员掌握和运用铁路运输法律法规知识、提高法律素养的参考读物。

　　本书由包头铁道职业技术学院孔荣担任主编，雷振刚、富永真担任副主编，左英担任主审。参加编写人员如下：包头铁道职业技术学院李玲（第一章）、包头铁道职业技术学院杨建峰（第二章）、包头铁道职业技术学院雷振刚（第三章）、包头铁道职业技术学院富永真（第四章）、包头铁道职业技术学院孔荣（第五章、附录一、附录二）、包头铁道职业技术学院常利平（第六章）。全书总体结构、各章内容及案例由孔荣统一整合、初审。

　　由于涉及铁路运输的许多法律法规尚处于进一步健全、完善阶段，且编者水平有限，书中难免有疏漏之处，敬请广大读者批评指正。本书在编写过程中参考了许多学者的宝贵资料和成果。谨此致以诚挚的谢意。

目　录

第一章　铁路运输与铁路立法

【学习目的】在人类社会进步的同时，交通运输方式也在不断进步。本章将介绍铁路运输的出现和发展，并通过分析当前中国铁路法律体系中存在的问题，重点阐述完善中国铁路立法的必要性。

第一节　交通运输的发展与铁路运输的出现

知识链接

2013 年 3 月，根据第十二届全国人民代表大会第一次会议审议的《国务院关于提请审议〈国务院机构改革和职能转变方案〉的议案》，铁道部实行铁路政企分开：将铁道部拟定铁路发展规划和政策的行政职责划入交通运输部；组建国家铁路局，由交通运输部管理，承担铁道部的其他行政职责；组建中国铁路总公司，承担铁道部的企业职责；不再保留铁道部。至此，中华人民共和国铁路发展向市场化迈出了至关重要的一步。

一、交通运输发展的三次革命

在原始社会，早期的运输方式是手提、背扛、头顶和肩挑等，后来发展到用绳拖、棍撬等。随着人类活动范围的扩大，人们为了求得生存和发展，发明了最早的水上交通工具——筏和独木舟，之后逐渐发明了陆上交通工具——车，进而开辟了最原始的航线和道路。船和车的发明使运输进入了新的发展阶段，这就是运输史上的第一次革命。此时，交通运输的基本状况是：陆上运输依靠人力（人驮或拉、推独轮车）、畜力（牛、马等拖拉载人、载货车辆），水上运输依靠风力（帆船等）。由于工具的限制，运输的距离被限制在一个相对狭小的范围。

船和车的使用，使得邮递业、客运业、货运业发展起来，逐渐出现了专门从事运输的商人，运输业开始萌芽。14 世纪以后，出现了以风力为动力的远程三桅帆船。三桅帆船成为运输业的第二次革命的标志。水上运输同以人力、畜力为动力的陆上运输相比，无论从运输能力、运输成本，还是从方便程度上比较，都处于优势地位。这一时期因而被称为"水运阶段"。

之后，陆上运输也迎来了新的发展阶段。1825 年，随着斯托克顿至达灵顿之间的人类历史上第一条铁路正式建成通车，交通运输业发生了第三次革命。

二、铁路运输的出现

1765 年，英国纺织工人哈格里夫斯制造了一台手摇式纺纱机——珍妮纺纱机，以机器生产代替原有的手工劳动，这项发明引发了之后一系列技术革新的连锁反应，进而揭开了人类工业文明的一次伟大革新——第一次工业革命的序幕。随着工业革命的深入，技术革新逐渐由轻工业向重工业发展。1785 年，英国人瓦特制造出了第一次工业革命的标志性产物——改良蒸汽机，它在极大提高重工业，特别是冶炼业效率的同时，使得各工厂对于矿产原材料的需求大大提高，如何进行矿产的大量运输就成为一个必须面对的问题。终于，1814 年，英国人史蒂芬逊制造出人类历史上第一辆蒸汽机车，之后，1825 年，人类历史上第一条真正意义的铁路在英国建成通车。至此，铁路运输正式走上历史舞台。之后，虽然经历了第二次世界大战后短暂的萧条时期，但随着 1973 年"能源危机"的爆发，铁路运输再次焕发出活力。时至今日，随着高速旅客运输和重载货物运输的发展，铁路运输在长距离大量集中运输，特别是内陆货物运输中的作用越来越大。在我国，铁路运输甚至成为客货运年周转量最大的运输方式。

三、中国铁路的发展

铁路是一个国家的重要基础设施，是大众化的交通工具，在中国综合交通运输体系中处于骨干地位。中国地域辽阔、人口众多、资源分布不均，所以经济、快捷的铁路普遍占有更大的优势，成为一种广泛使用的运输方式。

百余年来，中国的铁路事业经历了新旧两个性质不同的社会，无论从政治还是经济上，都存在着极大的差别，这就决定了它在发展历程中必然会有两种迥然不同的命运和前途。

（一）中华人民共和国成立前的铁路

中国第一条铁路诞生于 1876 年，由上海至吴淞镇，即吴淞铁路，全长 14.5 千米，轨距762 毫米。这条铁路是英国侵略者采用欺骗手段非法修建的，通车后 16 个月即被拆除。

1881 年，为了解决唐山开平煤矿的煤炭运输问题，"晚清中兴四大名臣"之一的李鸿章力主修建了唐山到胥各庄的唐胥铁路，铁路全长 10 千米。这是中国自主修建的第一条铁路，也是中国第一条准轨铁路，被称为"中国铁路建筑史的正式开端"。"中华铁路，师夷之技，源唐胥始，于龙号（机车编号）起，几多艰难，历经风雨。"

1891 年和 1893 年，全长 100 千米的基隆至台北、台北至新竹两条铁路先后正式通车，这是由中国人自己集资、设计、修建的准轨铁路。

旧中国最值得骄傲的铁路是由詹天佑主持修建的京张铁路。京张铁路 1905 年 10 月开工，1909 年 10 月建成通车，全长 201 千米，采用标准轨距，最大限制坡度达到惊人的 33‰。

（二）中华人民共和国铁路运输业的发展

中华人民共和国成立之后，特别是 1997 年以来，经过六次全国铁路大提速和"十五""十一五"期间的建设，中国铁路取得了显著的成绩。中华人民共和国铁路运输业的发展主要经历了以下几个阶段。

1. 抢修恢复铁路运输时期（1949—1952 年）

1949 年 10 月 1 日中华人民共和国成立后，1949 年一年共抢修恢复了 8 278 千米铁路。到 1949 年底，全国铁路营业里程达 21 810 千米，客货换算周转量达 314.01 亿吨千米。1950 年 6 月 13 日，成渝铁路建成通车，揭开了中华人民共和国铁路建设大发展的序幕。1952 年 6 月 18 日，满洲里至广州开行了第一列直达列车，全程 4 600 多千米，畅通无阻。到 1952 年年底，全国铁路营业里程增加到 22 876 千米，客货换算周转量达 802.24 亿吨千米。

2. 铁路骨架基本形成时期（1953—1978 年）

从 1953 年开始，国家进入有计划发展国民经济的时期。到 1980 年铁路经过了五个"五年计划"的建设，取得了辉煌的成绩。到 1978 年年底，铁路营业里程达 5.2 万千米，比 1949 年增长了 1.4 倍，全国铁路网骨架基本形成。

3. 中国铁路新的发展时期（1979—2002 年）

1982 年提出"北战大秦，南攻衡广，中取华东"的战略。18 年间新增铁路营业里程 13 200 千米，平均每年增加 733.3 千米。

4. 跨越式发展新时期（2003 年至今）

2003 年，原铁道部提出了"推动中国铁路跨越式发展"的总战略。从此，中国铁路进入了跨越式发展的新时代。"十一五"期间，全国铁路营业里程达到 9.1 万千米，快速客运网总规模达到 2 万千米以上。2007 年 4 月 18 日，中国第六次铁路大提速正式展开，CRH1、CRH2、CRH5 动车组大规模上线运行，列车运行时速达 200 千米。其中京哈、京广、京沪、胶济线部分区段时速达到 250 千米，省会城市之间，以及大的中心城市之间的列车运行时间较 1997 年第一次大面积提速前普遍压缩一半，中国从此进入了高速铁路时代。货运方面，在既有提速干线开行时速 120 千米、载重 5 000 吨货运重载列车。通过此次提速，中国铁路客货运输能力分别增长 18% 和 12%。自此之后，中国在既有线上不再大规模地进行提速，而是转向高速客运专线的建设。在引进国外高速列车先进技术后，为落实《国家中长期科学和技术发展规划纲要（2006—2020 年）》的要求，通过高速铁路核心技术体系的自主创新满足中国铁路发展的需要，在 2008 年 2 月 26 日，科技部与原铁道部共同签署了《中国高速列车自主创新联合行动计划合作协议》。随着京津城际铁路、石太客运专线、武广客运专线、郑西客运专线、沪宁城际铁路、沪杭城际铁路的开通，大量时速 250 千米、300 千米、350 千米的动车组上线运行，中国高速铁路已经达到世界先进水平。

到 2017 年年底，中国铁路营业总里程达 12.7 万千米，"四纵四横"高铁网提前建成运营，高铁通车里程超过 2.5 万千米，规模居世界第一，建成世界上最现代化的铁路网和最发达的高铁网。

根据中国铁建股份有限公司的建设规划，到 2020 年，全国铁路营业里程将达到 15 万千米，其中高铁 3 万千米；到 2025 年，中国铁路网规模将达到 17.5 万千米，其中高铁 3.8 万千米；到 2035 年，将率先建成发达完善的现代化铁路网。

不仅是铁路建设，在体制改革上，中华人民共和国的铁路事业也在不断推进，并以 2013 年铁道部的撤销和国家铁路局及中国铁路总公司的成立为关键的一步，具体内容见图 1-1。

根据第十二届全国人民代表大会第一次会议审议的《国务院关于提请审议〈国务院机构改革和职能转变方案〉的议案》

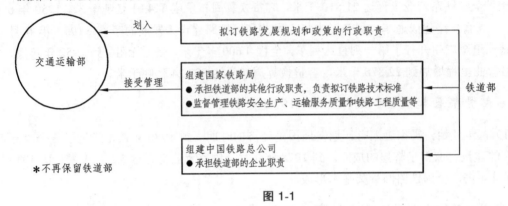

图 1-1

第二节　我国铁路立法概况

 **案例导入**

2012 年 11 月 21 日晚，广州市民梁某媚与梁某雯欲乘坐 T38 次列车，出发前往武昌参加次日召开的会议。但因发车时间推迟至次日上午，其到达武汉的时间延后了约 8 小时。返穗后，二人愤而起诉广深铁路股份有限公司，二人诉求的赔偿金额分别为 185 元和 125 元。2013 年 12 月 3 日，广州铁路运输法院作出一审判决，驳回二人的诉讼请求。一审宣判后，梁某媚与梁某雯不服并上诉至广州铁路运输中级法院。2014 年 4 月 11 日，广州铁路运输中级法院二审公开宣判，判决驳回上诉、维持原判，对乘客所提赔偿诉求不予支持。然而，我国铁路方面也有过对受晚点影响的旅客进行赔偿的先例。2005 年 2 月 18 日凌晨零点左右，在南京火车西站，14 名旅客因列车晚点 2 个多小时而拒绝下车，坚决要求铁路方面向他们赔礼道歉，并提出赔偿要求。经过长达 5 个小时的僵持，铁路方面最终向每位旅客支付了 200 元，并派专车把这些旅客送回家。同样的情况，为什么会有两种截然不同的处理结果呢？这值得我们思考。

多年以来，由于市场化改革的滞后，我国的铁路立法大多属于行政法规，上升为国家法律层面的较少，甚至一些重要的规定尚未做到规范化、体系化、法律化。另外，相较于中国铁路的持续快速发展，现有的立法亦出现了明显的时间的非同步性和内容的不全面性。同时，铁路政企分开拉开了改革的序幕。随着改革的深入，在市场化管理、监督等诸多领域都需进一步规范。因此，加快完善中国的铁路立法成为推动铁路进一步改革发展的重要保障。

一、当前中国铁路法律体系存在的问题

目前我国关于铁路立法的法律法规多是围绕1991年5月1日开始实施的《中华人民共和国铁路法》（下文称《铁路法》）制定的，主要包括由原铁道部制定的《国家铁路运输企业登记管理办法》《铁路站车广告（试行）管理办法》《铁道部劳动就业服务企业管理办法》《铁路实施〈中华人民共和国防汛条例〉细则》《铁路用地管理办法》《铁路运输、行李保安押运暂行办法》《铁路运输物资保安看护暂行办法》《铁路旅客运输损害赔偿规定》《铁路路风问题判定及处罚实施办法》《企业自备货车管理暂行规定》《铁路经济合同管理办法》《铁路环境监测管理办法》《铁路乘车证管理办法》《铁路消防管理办法》，由原铁道部和劳动部于1994年12月联合发布的《国家铁路实施〈中华人民共和国劳动法〉的若干规定》，由最高人民法院于1994年11月发布实施的《最高人民法院关于审理铁路运输损害赔偿案件若干问题的解释》，等等。铁路法律法规林林总总，涉及的问题方方面面，但是这些法律法规并没有使铁路立法体系化、全面化，在铁路建设等领域还存在着法律空白，某些规定甚至成为铁路企业发展的制约因素。我国铁路法律体系主要存在以下问题：

第一，立法步伐滞后，不适应铁路跨越式发展要求。现行的《铁路法》1990年正式通过，2009年8月27日第一次修正，2015年4月24日第二次修正。不过，第二次修正仅在铁路政企分开后，对铁路运价调整的权限做出修改，将之由原铁道部移交给铁路运输企业。从2009年第一次修订《铁路法》至今，我国高速铁路发展突飞猛进，中国高铁走向世界，尤其伴随着"一带一路"倡议的提出和实施，高铁"走出去"已有了实质性进展，中国已与印度尼西亚、泰国、英国、美国等在铁路方面开展正式合作。"超时服役"的条款已不能满足新形势下铁路企业改革和跨越式发展的需要。

第二，现有的铁路法律规范效力层次低且部分内容陈旧。我国目前涉及铁路运输企业的立法多数为行政法规及规章，是2013年3月之前由原铁道部或部内相关部门制定并颁布的，存在着法律效力层次低、内部规章多、法律法规少的问题。铁路旅客运输发展日新月异，铁路旅客法律法规却没有很大的进展。例如按照《中华人民共和国立法法》的规定，由国务院各部委首长签署的部门规章是有法律效力的。而处理旅客与承运人之间的纠纷、保证旅客和承运人的合法权益、保证铁路旅客运输正常秩序的一些内部规章，如《铁路旅客及行李包裹运输规程》（铁运〔1991〕57号文）、《铁路客运运价规则》（铁运〔1997〕102号文）、《铁路旅客运输办理细则》（铁运〔1997〕103号文）、《铁路旅客运输管理规则》（铁运〔1994〕117号文）等四个文件都是由原铁道部运输局发布的文件，不具有法律效力。也就是说，涉及铁路旅客运输专业方面的诉讼，还没有细致的法规（部门规章）来调整。从这一点上来讲，铁路运输法规与铁路运输发展相比是滞后了。

第三，立法内容缺失，在一些重要领域亟待制定法律制度。在铁路客货运输、铁路建设、投融资体制改革、铁路安全规范、服务质量等方面，都需要进一步通过法律法规进行规范。例如针对火车晚点现象，缺乏必要的法律规制，导致铁路企业发展受到制约和阻碍。铁路晚点给旅客带来了极大不便，制定科学的法规来调整是很有必要的，而给予一定额度的赔偿是大多数国家采用的方法，但目前我国《铁路法》及相关法规中，对于铁路晚点既没有应予赔偿的具体规定，也没有不予赔偿的规定。这导致了铁路运输企业与旅客之间的列车晚点所致索赔纠纷得不到妥善解决。《铁路法》第十条规定："铁路运输企业应当保证旅客和货物运输的安全，做到列车正点到达。"这既是一定条件下铁路承运人承担法律义务的承诺，又是一种带有强制性质的规范，规定了旅客在运输合同中有享受正点到达服务的权利。在与"正点条款"相关的《铁路法》第十二条中规定了"因铁路运输企业的责任造成旅客不能按车票载明的日期、车次乘车的，铁路运输企业应当按照旅客的要求，退还全部票款或者安排旅客改乘到达相同目的站的其他列车"，仅规定了履行运输合同前旅客未能按点乘车的事项，对于运输合同开始履行后由铁路运输企业造成的列车晚点，铁路运输企业是否承担责任以及承担何种责任，却未作任何规定。"无救济则无权利。"正是由于《铁路法》对晚点问题规定的缺失，实务中处理因列车晚点提起的诉讼无据可依，旅客的权益得不到很好的保障。要从根本上解决上述问题，最可行的办法就是加快铁路立法，完善铁路法律体系。

【案例 1.1】2018 年 1 月 5 日，安徽蚌埠南站开往广州南站的 G1747 次列车在合肥站停站办客时，一名女乘客以等丈夫为名，用身体强行阻挡车门关闭，导致列车晚点发车。该事件引发社会广泛关注和热议。公安机关已对其违法行为作出处罚，该女子所属单位也对其作出了停职检查的处理。

【法理分析】（1）铁路运输涉及公共安全、公共秩序，国家的法律、行政法规是保障公共利益的。《铁路安全管理条例》第七十七条明确规定，禁止实施"强行登乘或者以拒绝下车等方式强占列车"的危害铁路安全的行为。该乘客的行为显然违反了此规定。依据该行政法规第九十五条的规定，公安机关应当责令改正，对个人处 500 元以上 2 000 元以下的罚款。（2）根据《中华人民共和国治安管理处罚法》（下称《治安管理处罚法》）的相关规定，非法拦截或者强登、扒乘机动车、船舶、航空器以及其他交通工具，影响交通工具正常行驶的行为，是禁止性行为；有可能被公安机关处警告或者 200 元以下罚款；情节较重的，处 5 日以上 10 日以下拘留，可以并处 500 元以下罚款。

铁路运营的内部分工是站运分离的，停止检票到开车之间留出几分钟时间，是为了保障已进入闸机的乘客安全有序乘车，因此车站停止检票和列车启动有机衔接是制度要求，站运双方必须依旅客运输规程执行。以上案例启示我们：只有站运双方都严格按制度办事，才能避免违规行为得逞。

二、完善中国铁路立法的必要性

（一）社会主义市场经济的必然呼唤

作为大型国有独资企业，中国铁路总公司必须真正完善现代企业制度，以适应向纵深推进的社会主义市场经济建设。铁路改革是一项复杂的、系统性很强的工作。为了确保各项改革措施的具体落实，确保改革目标的顺利实现，在改革起步以前就必须做好改革的总体设计规划，并通过立法程序使之法律化。以立法助推铁路体制机制改革、保证铁路行业可持续发展、培育现代铁路运输市场和打造契合市场经济发展的监管模式，已成为中国铁路蓬勃发展的必然呼唤。

（二）行业特殊性的内在需要

作为"大联动机"的铁路行业，深具特殊性，必须完善铁路法律体系来调整其自身以及与社会诸方面的维度关系。铁路行业承担着国内繁重的客货运任务，在社会主义现代化建设中发挥着巨大的作用。虽然我国铁路网日益稠密，但是铁路供需矛盾依然十分突出，尤其是每年春运期间，旅客依然"一票难求"。而且，随着群众货运需求的不断上涨，我国铁路货运的供给也捉襟见肘。因此，为了满足社会方方面面的现实需求和实现铁路运输业的稳健发展，需要通过立法来使铁路资源得到合理盘活和优化配置。随着我国高铁建设里程的延长、乘坐高铁出行比例的增加，现有的《铁路安全管理条例》与目前的高铁发展状况已不相适应。高铁安全具有系统性、社会性、长期性和复杂性等特点，所以要求更高、难度更大。因此，保护高铁安全的法律法规势必要更加精细和严格。

（三）维护旅客货主合法权益的现实需求

铁路运输不仅关乎国家经济发展，而且涉及群众日常生活。目前铁路行业快速发展，而铁路立法滞后，导致旅客、货主维权时缺乏相应的法律依据，部分合法权益得不到切实保障。这既不利于提升铁路运输业的服务水平和服务品质，也不利于促进铁路企业做大做强。人民群众无不盼望加快铁路立法，以调整铁路管理与使用的社会经济关系，为解决各种纠纷提供准确的法律参照。

【案例1.2】2018年来高铁上屡次发生霸座事件。

2018年8月21日上午，在山东开往北京的G334次列车上，一名中年男子霸占了一位女学生的位置不愿起身，而且还态度傲慢，声称："谁规定一定要按号入座？要么你自己站着，要么去坐我那个座位，要么自己去餐车坐。"无奈之下，女学生找乘务员反映，但经列车长和乘警几次相劝，该男子始终无动于衷，直到列车到达终点站都没有起身。

处理结果：罚款200元，该男子被列入铁路黑名单，180天内限制其购买火车票。

2018年9月19日，在永州到深圳北的G6078列车上，一名女乘客上车后未按照车票上的座位落座，执意坐在靠窗的邻座位置。被占座的乘客投诉后，列车安全员与该女子反复沟通无果，致原来合法拥有该位置的乘客，被迫换到别的位置上。

处理结果：罚款200元，该女子被列入铁路黑名单，180天内限制其购买火车票。

【法理分析】现行多部法律法规可用来约束霸座行为，比如根据《治安管理处罚法》的规定，对扰乱火车等公共交通工具上的秩序的行为人，可以拘留并罚款。《中华人民共和国侵权责任法》（下称《侵权责任法》）规定，侵害民事权益，应当承担侵权责任。另外，霸座行为也符合《铁路安全管理条例》第七十七条规定的情形。2018年12月1日起开始施行的《广东省铁路安全管理条例》中关于"旅客应当按照车票载明的座位乘车，不得强占他人座位"的规定，率先为治理霸座行为提供了明确的法律依据。《广东省铁路安全管

三、国外铁路立法改革借鉴

由于铁路对国家经济和社会的发展发挥着巨大的作用，各国虽然国情不同、铁路改革的社会背景和国家政策的价值取向不尽相同，但都汲取了一条共同的经验，即通过铁路立法推动国家铁路制度的改革和国家铁路事业的发展。20 世纪 80 年代以来，西方很多国家开始推行铁路制度改革，基本上都遵循了依靠立法推进铁路改革、依靠法治促进铁路行业发展的成功模式。

（一）德国

为了响应欧盟"路网在 2003 年前必须开放、各国要建立一套路网收入与运输收入分开的体系"的政策，德国在 1993 年修改了其基本法，允许德国铁路私有化，规定了联邦政府对公共短途客运的义务，明确了联邦和各州对公共运输的责任和义务。除了修改基本法，德国还制定了一整套的法规，包括"关于重组铁路议案"在内的 6 个议案的独立法规。

德国法律规定，联邦交通部负责联邦铁路的运输管理，联邦铁路局负责颁发及吊销运行许可证、审批铁路线路的建设规划等行政事务。这一规定实现了联邦铁路的政企分开，由交通部负责企业运营事务，由铁路局行使铁路相关的行政职能。另外，允许德国铁路私有化这一法律规定以法律条文的形式确立了铁路投资的多元化机制和铁路企业的竞争机制，为联邦铁路的良性发展和适应市场经济体制的需要奠定了法律基础。

（二）法国

由于法国铁路实行政企合一的管理体制和模式，导致铁路企业在运营过程中出现了各种各样的矛盾，使铁路企业的经营陷入困境。法国于 1997 年颁布了《改革铁路运输业成立"法国铁路网公司"公共机构的政令》，这一法律对法国铁路的管理体制进行了调整，即由法国铁路公司承担运输职能，由法国铁路网公司承担国家铁路的建设等职能。为了进一步保证法国铁路改革顺利进行，法国议会同时修改了《法国国内运输方针法》，更加明确了政府和法国铁路公司各自的职能。经过铁路法制改革后，法国铁路公司卸去了沉重的行政职能，真正地成为市场经济的主体之一，公平地参与运输市场的竞争，自负盈亏，良性经营。

（三）日本

日本也是通过法制改革促进铁路改革的典型国家之一。日本坚持铁路改革法律先行，以立法促进并保障铁路改革的顺利进行。1986 年日本国会颁布了《日本国有铁道改革法》，这一法律规定将日本国家铁路拆分为客运和货运两部分，客运依据地域划分给六家铁路公司，货运由一家公司在全国范围内经营。这些公司最初由政府出资，但要求公司出售股份，通过多元化的融资方式，实现铁路公司国有化向铁路公司股份制和民营性转化。

日本的企业分为股份公司法人和公共法人。股份公司法人的经营是完全商业化的经营，像其他市场经济体制下的经营主体一样，股份公司法人以追求利润最大化为其经营目标。公共法人更多的是承担公益职能，受政府的政策影响比较大。政府对所有类型的铁路企业实行统一监管，从法律制度上规划了开放、多元化融资和平等竞争的市场机制。

几个国家铁路改革和法治实践的经验，具有以下普遍特征：

第一，通过法律明确地规定铁路企业政企分开的运营模式，政府对铁路企业具有监督管理的职能。政企分开有利于允分发挥政府宏观调控的职能，同时也有利于铁路企业摆脱一些不必要的束缚，在市场经济体制下，依靠市场机制提高企业的经济效益。

第二，开放铁路行业，建立多元化的融资渠道和模式。铁路建设资金需求量大，铁路企业应广开融资渠道，积极吸引各方面资金，逐步地由以政府投资为主导的融资模式转变为多元化的融资模式，合理配置和利用社会闲散资金，促进铁路企业的发展。

四、完善铁路立法以助推铁路改革发展的对策

（一）依法明晰政企关系

当前，中国铁路的基础性、公益性、经营性等多重属性互相交织，无法凸显铁路企业法人实体和市场竞争主体之真正地位，难以满足市场化运营和社会化筹资等方面的急切诉求，不利于提升铁路企业的行业竞争力。政府部门和铁路企业的权责边界需要法律进一步界定。立法应对国家铁路局的行政管理职能给予更明确的描述。比如国家铁路局行政职能应包括企业运营监管、行业宏观调控、铁路发展规划、铁路技术标准制定、运输服务标准制定、标准实施的监督检查等。同时立法应更明确地界定中国铁路总公司的安全生产主体责任，从而真正做好铁路企业和政府部门的角色定位。

（二）加速《铁路法》的修订

《铁路法》在整个铁路法律法规体系中具有最高的效力，居于指导地位。但是，1991年生效并经两次修订的现行《铁路法》尚存在着一些瑕疵。例如：现行《铁路法》的立法宗旨在其第一条中便有体现，即"为了保障铁路运输和铁路建设的顺利进行，适应社会主义现代化建设和人民生活的需要，制定本法"。但是，随着2004年人权入宪以及《中华人民共和国民法通则》《中华人民共和国合同法》《中华人民共和国物权法》《中华人民共和国环境保护法》等一系列体现人民利益高于一切的民主法治精神的法律的制定和修正，《铁路法》的这一立法宗旨便显得有所欠缺——其没有体现人民利益中的投资者权益和消费者权益，没有体现服务质量的内容，也没有体现环境制度的规定。因而，《铁路法》的修订势在必行。

（三）依法确保铁路运输企业的市场主体地位

铁路政企分开是深化改革的重大成果，各类铁路运输企业是铁路运输市场之真正主体。必须从法律上给予铁路运输企业准确定位，界定其经营范围和运作方式。要依法着重明确各类铁路运输企业和用户之间的种种合同关系。主要内容应涵盖：设立铁路运输企业的门槛和经营许可，铁路运输企业的概念和类型，铁路运输企业的兼并、重组、合并、解散与破产的处置，等等。同时，要完善铁路运输安全相关法律法规，做好安全风险防控。铁路运输安全包括线路安全、客货安全、行车安全、治安安全等。过去的交通运输立法一直坚持行政权归属行政机关，运输企业和乘客、货主只是服务与被服务的平等合同关系。这导致在行政机关缺位时，运输企业对危及公共安全、公共秩序的行为束手无策。

（四）立法规定竞争价格机制

铁路立法应制定更科学、更合理、更透明和更具弹性的价格机制，以便铁路运输企业能更公平、更有力地参与市场竞争。中国铁路持续性的运能紧张，长期以来造成了巨大的寻租空间。因此，要完善运价管制法律体系，以科学方式管控定价。同时，我国现实国情决定了作为交通大动脉的铁路必须承担较多的公益性运输，并尽可能满足普通民众特别是弱势群体的运输需求。今后，我国应建立以《中华人民共和国价格法》为核心的价格法规体系，从法律上明确规定公益性运输产品价格管制的标准、范围、程序及方法等。

（五）依法建立消费者权益保护机制

铁路作为重要的服务性行业，要以服务为宗旨，时刻保护消费者的利益。目前，由于一些客观条件和主观因素，时常出现一些损害旅客货主消费权益的现象，比如列车晚点、退票扣费、售票机制不合理等。广大消费者处于弱势地位，在权益被侵犯后，往往维权困难。这一方面是因为消费者不熟悉相关法律法规，另一方面是因为相关法律法规不够细致，未落到实处。因此，在立法中应对作为消费者的旅客、货主之合法权益给予切实保护，以便消费者维护自己的合法权益。另外，要以立法方式助推铁路企业货运改革，一要转变过去"铁老大"的行事风格；二要减少环节，力避权力寻租。

（六）立法完善铁路市场的运营和监管

目前，我国的铁路监管不到位、不充分、不及时，许多问题都必须依法加以改进和完善。比如，铁路监管机构的法律地位及其与铁路管理部门的关系不明确，实行铁路发展规划、经营许可、运价、运行、执法集于一体的监管模式，突出对铁路市场运营的单一监管模式，等等。引入竞争、开放市场与统一调度的关系必须自法律上进一步廓清。既要打造适应市场竞争的企业主体，又要保证作为"一盘棋"的铁路不被肢解。要坚持实施统一调度，发挥路网的整体功能优势。管理路网尤其需要进一步从法律上强化深度、广度和力度。概言之，应完善现有相关法律法规，依法对铁路市场进行有力有效的运营和监管。

铁路企业改革是一项长期、复杂和系统的工作，改革的成败对国家的经济和社会发展都将产生重大的影响。我们可学习外国铁路改革的成功经验，通过完善的立法和良好的法治环境推动我国的铁路企业改革，促进我国铁路的跨越式发展。

（七）完善高速旅客运输立法

高速旅客运输与普通旅客运输有着极大的差异，在安全要求、服务要求等方面都存在着自身的特点，完全依靠现有的铁路旅客运输相关法律法规进行规范很难实现，因而，急需高速旅客运输方面的专门立法进行调整规范。

复习思考题

1. 简述交通运输的产生和发展与社会生产力发展的联系。
2. 试述完善我国铁路立法的必要性。
3. 思考西方国家铁路改革对我国运输立法有哪些值得借鉴的地方。

第二章　铁路运输企业与运输法律关系

【学习目的】《铁路法》的调整对象主要是铁路运输企业同社会各个方面发生的各种社会关系。因此，正确理解铁路运输企业的性质、地位和作用是十分必要的。通过本章的学习，明确铁路运输企业的概念特征及企业性质，了解经济法律关系的概念及构成要素，掌握铁路运输法律关系的概念特征及类型。

第一节　铁路运输企业概述

 知识链接

　　2013 年 3 月 17 日，中国铁路总公司正式挂牌成立。2013 年 5 月 21 日，与国家铁路局"三定"编制同时进行的中国铁路总公司机构编制敲定。2014 年 1 月 9 日上午，中国铁路总公司在北京召开成立后的第一次工作会议，总公司党组书记、总经理盛光祖在会上做报告，总结 2013 年铁路工作，部署 2014 年重点任务。至此中国规模最大、注册资金及资产总额最多、运输任务最为繁重的运输企业开始履行其第一个完整财务年度的使命。

一、运输企业的含义和特征

（一）运输企业的含义

　　狭义的运输企业是指以营利为目的，提供运输服务，依法自主经营、自负盈亏、独立核算，具有法人资格的营利性组织。具体讲，运输企业是以运输为主要功能，通过运输工具（车、船、飞机等）和运输设备，为旅客或货主提供以空间位置改变（位移）为主要目的的服务的企业。其包括铁路运输公司（如中铁快运）、公路运输公司（如公交公司）、航空公司（如首都航空公司）等。

　　广义的运输企业是指以营利为目的，提供基础设施服务、运输组织服务或使用载运工具提供旅客或货物运输服务的企业。除了上述运输企业，还包括机场经营公司、公路经营公司、码头经营公司等。

（二）运输企业的法律特征

　　（1）运输企业是专门从事与运输活动有关的各种经营活动的社会组织。它承担着旅客从起始地到目的地的空间位置的改变以及货物从生产（地）企业到消费（地）者之间位置改变（即旅客和货物的位移）的全部生产性活动任务。

（2）运输企业是自主经营、自负盈亏，以获取利润和创造、积累社会财富为目的的营利性组织。运输企业受利益驱动，遵循"利益最大化"目标。因此，运输企业必须以最低的成本和最合理的方式组织运输活动，以实现企业效益和社会效益的最大化。

（3）运输企业是具备为社会提供运输供给能力的企业法人。它具有权利能力和行为能力，依法独立享有民事权利和承担民事义务，在市场经济的运行和发展过程中平等地参与竞争。

（4）运输企业是一种有特有对外名称、完整对外机构、完善制度的正式组织。不同于宗教、家庭等社会组织，运输企业是企业所有者与企业劳动者之间依靠劳务合同而形成的一种对社会开放的组织。

（5）运输企业作为国民经济的基本细胞，是主要的纳税主体之一。不论其所有制性质如何，也不论其规模如何，运输企业在其经营过程中，都需要就其取得的营业收入缴纳营业税等流转税，需要就其拥有的财产缴纳房产税等财产税，需要就其某些行为缴纳车船使用税等行为税，需要就其收益缴纳企业所得税，等等。运输企业缴纳的税款是国家税收收入的主要来源之一。

（三）运输企业的分类

1. 按所有制性质

按照所有制性质不同，运输企业可分为：

（1）国有运输企业，指生产资料归全民所有（即国有）、实行独立经济核算的运输企业，包括国有独资运输企业（如中国铁路总公司）、国有控股运输企业（如中国东方航空股份有限公司）。

（2）集体所有制运输企业，指生产资料归集体所有、实行独立经济核算的运输企业。

（3）股份制运输企业，指由若干不同的投资者以资金、物资或其他资产投资入股或以认购股票方式建立起来的实行独立经济核算的运输企业（如北京宅急送股份有限公司）。

（4）民营运输公司，指资产归私人所有、雇工在8人以上的实行独立经济核算的运输企业（如上海申通物流公司）。

（5）联营运输企业，指两个或两个以上的企业、事业单位以资金、物资、技术或其他财产作为条件，进行联合生产经营活动的运输企业（如神华中海航运有限公司由中国神华能源股份有限公司和中海发展股份有限公司共同出资组建）。

除此之外，还包括外商投资运输企业和外国运输企业、合伙制运输企业等。

2. 按运输方式

按运输方式不同，运输企业可分为：铁路运输企业、公路运输企业、航空运输企业、河（海）运企业和管道运输企业。其中，前四者均可承担货运及客运业务，而管道运输企业只能承担货运业务。

3．按法人性质

按法人性质不同，运输企业可分为：

（1）一般法人运输企业，指符合企业基本特征、受公司法规范的运输企业。大多数运输企业均属于此类。

（2）特殊法人运输企业，指由政府全额出资并明确其法人地位，由国家通过专门的法规和政策来规范，不受公司法规范的运输企业。这类国有企业被赋予强制性社会公共目标，没有经济性目标，其作用是直接提供公共服务，如公交公司等。

4．按企业规模

按照企业规模大小，运输企业可以分为：大型运输企业、中型运输企业、小型运输企业。

二、铁路运输企业的概念范围及性质

（一）铁路运输企业的概念

铁路运输企业指受《铁路法》和《中华人民共和国公司法》（下称《公司法》）规范，专门从事铁路客货运输业务，具有独立核算、自主经营、自负盈亏、能独立承担民事责任的企业法人资格的经营实体。

（二）铁路运输企业的范围

《铁路法》规定，铁路运输企业主要是指国家铁路运输企业和地方铁路运输企业。专用铁路和铁路专用线是由工业企业或者其他单位投资兴建和所有的铁路，其运营管理机构相当于企业内部的一个基层组织。专用铁路只有在开展公共客、货运输营业的时候，才适用《铁路法》关于铁路运输企业的规定。也就是说，如果专用铁路只是为本单位内部服务，则不适用《铁路法》有关铁路运输企业的规定。

2013年3月铁路实行政企分开：将铁道部拟定铁路发展规划和政策的行政职责划入交通运输部；组建国家铁路局，由交通运输部管理，承担铁道部的其他行政职责；组建中国铁路总公司，承担铁道部的企业职责。故，中国铁路总公司为国家铁路运输企业，负责铁路运输统一调度指挥，经营铁路客货运输业务，承担专运、特运任务，负责铁路建设，承担铁路安全生产主体责任，等等。

地方铁路运输企业通常是指各省、自治区、直辖市的地方铁路总公司、地方铁路局或地方铁路处等。它主要经营管理省级人民政府授予的财产，依法独立经营、独立核算，在法律规定的范围内从事铁路运输生产活动，以自己的名义独立地承担法律责任。

（三）铁路运输企业的性质

铁路运输企业作为企业的一种，具备一般企业的共性，但又不同于一般企业，也不同于一般的交通运输业；特别是国家铁路运输企业，它在国民经济中的特殊地位和作用决定了它具有自身的特点。总的来说，铁路运输企业的性质可以概括为：

1. 企业性

铁路运输企业是自主经营、自负盈亏、独立核算的经济组织。它作为相对独立的具有法人资格的经济实体，对国家授予其经营管理的财产，享有占有、使用和依法处分的权利，并以其全部法人财产，依法自主经营、自负盈亏。在市场经济条件下，对利润的追求是企业属性最本质的体现。

2. 公益性

这是铁路运输企业很重要的一个特点。铁路运输企业作为社会公用企业，公益性主要表现在三个方面：一是铁路运输企业的一切经济活动，必须首先考虑社会效益，然后才是自身的经济效益；二是要依据法律、法规的授权，行使一定的行政管理权；三是铁路运输企业作为公用企业不适用《中华人民共和国企业破产法》（下文称《企业破产法》）的规定。由于铁路有公益性的特点，铁路必须无条件地服从国家大局的需要，承担军运、专运和救灾物资等的运输任务。

3. 基础性

铁路运输在我国综合运输体系中居于主导地位，它是我国经济和社会发展过程中最重要的基础结构之一，也是我国社会经济最重要的纽带。它对经济社会的发展、资源的开发利用等起着重要的基础性作用。

4. 专属管辖性

2012年7月2日通过生效的《最高人民法院关于铁路运输法院案件管辖范围的若干规定》中规定以下案件由铁路运输法院管辖：同级铁路运输检察院依法提起公诉的刑事案件；"针对铁路线路、机车车辆、通讯、电力等铁路设备、设施的犯罪及铁路运输企业职工在执行职务中发生的犯罪"范围内发生的刑事自诉案件；涉及铁路运输、铁路安全、铁路财产的民事诉讼。

铁路运输业的基本属性是企业性、公益性、基础性和专属管辖性四者合一。其中，企业性是运输生产经营活动最基本的内在特征，而基础性、公益性、专属管辖性则是通过运输生产经营活动所体现出来的企业行为特征，只能依托于企业行为而存在。

第二节　铁路运输法律关系

 案例导入

1998年8月，为了应对亚洲金融危机，香港特区政府动用近千亿港元入市操作，香港金管局推出7项技术性措施，集中在港元兑美元的兑换保证和银行港元流动资金贴现的新措施两个方面。1998年9月7日，为了严格治市纪律，强化金融监管，香港特别行政区财政司公布了严格香港证券及期货市场纪律的 30 条措施。这 30 条新措施的实施涉及联合交易所、期货交易所、香港中央结算有限公司、证券及期货事务监察委员会和财经事务局五个机构。香港特别行政区财政司的官员表示，这些措施用于增强货币及金融系统抵御国际投机者跨市场操纵的能力。试分析上述实例中所涉及的经济法律关系的主体、客体和内容。

一、法律关系概述

(一) 法律关系的概念

在了解铁路运输法律关系的概念之前，我们先了解一下法律关系的概念。

法律关系是法律在调整人们行为过程中形成的权利和义务关系。如企业和职工签订劳务合同，双方即构成劳动法律关系。

法律关系应具备下述特征：

1. 法律关系是以法律规范为前提的社会关系

法律关系是一种社会关系，但是并非一切社会关系都是法律关系，只有受某种法律规范所确认和调整的特定的社会关系才能上升为法律关系。

2. 法律关系是以权利义务为内容的社会关系

法律关系与其他社会关系的重要区别，就在于它是法律化的权利义务关系，是一种明确的、固定的权利义务关系。这种权利和义务可以是由法律明确规定的，也可以是由法律授权当事人在法律的范围内自行约定的。

3. 法律关系是以国家强制力作为保障手段的社会关系

通过社会舆论和道德约束来实现的社会关系具有不稳定性和非强制性。而在法律关系中权利受侵害一方有权请求国家机关运用国家强制力，责令侵害方履行义务或承担未履行义务所应承担的法律责任。

由于各种法律规范所调整社会关系的不同，形成了不同内容与性质的法律关系。例如民法调整平等主体的公民、法人之间的人身财产关系，即民事法律关系；行政法调整的是行政法律关系；经济法调整的是经济法律关系。经济关系是经济法律关系的客观物质基础，经济法律关系则是经济关系的法律表现形式。经济法律关系是经过相应的经济法律法规确认、调整和保护的具有法律形式的特殊的经济关系，是经济关系被经济法律规范确认和调整之后所形成的权利和义务关系。下面以经济法律关系为例阐述其构成。

(二) 经济法律关系的要素

经济法律关系的要素是指构成经济法律关系的必要条件。经济法律关系由主体、客体与内容三个要素构成，三者缺一不可。

1. 经济法律关系的主体

经济法律关系主体，亦称经济法主体，是指在经济法律关系中享有权利、承担义务的当事人或参加者。在经济法律关系中，首先要求经济法律关系主体能够以自己名义独立地参加经济法律关系；其次要求经济法律关系主体成为经济权利和经济义务的担当者，享受权利的一方称为权利主体，承担义务的一方称为义务主体；最后要求经济法律关系主体能够独立地承担经济法律责任。

（1）我国经济法主体的范围。

① 经济管理主体。经济管理主体是指在国家经济运行过程中，起管理和协调作用的经济法律关系主体。在我国，经济管理主体主要是指国家机关，包括国家权力机关、国家行政机关以及国家司法机关等。

② 经济活动主体。经济活动主体是指在国家经济运行过程中，参与经济活动，并依法享有经济权利和承担经济义务的经济法律关系主体。具体地讲，包括下述两类：

第一，自然人。所谓自然人是指基于出生而成的法律关系主体，是享有权利并承担义务的个人，可分为公民、外国人、无国籍人。在我国个体工商户具有法律拟制的自然人商事主体人格。当自然人在参与经济法律规定的经济活动过程中依法同国家机关、企业、事业单位、社会团体等发生经济权利、义务关系时，便成为经济法律关系主体。

第二，法人。法人是相对自然人而言的，是指在法律上人格化的，依法具有民事行为能力和民事权利能力，并能够独立享有相应权利和承担相应义务的社会组织。它们在参加国家协调的经济运行过程，依法享有经济权利和承担经济义务时，就成为经济法主体。法人并非真实的"人"，而是一种由法律赋予了法律人格的，能够以自己名义享有权利和承担义务，并独立承担法律责任的集合体。法人的成立必须具备以下条件：符合法律的规定，依法成立；具备经营活动所必要的财产和经费，以及有自己的名称、组织机构和经营场所。对于法人而言，其设立、变更和注销均是以登记为依据实现。

在我国，法人主要的形式包括三类：

一是企业法人。所谓企业法人是指依法设立的，以营利为目的从事生产经营活动的，独立核算的商品经济组织，其具有民事权利能力和民事行为能力，依法独立享有民事权利和独立承担民事义务。企业法人是一种以人和物为基础结合而成的、具有营利性的、能够享有经营自主权的商品经济组织。需要注意的是，除了参与国家协调的经济运行时企业法人整体可以成为经济法律关系主体以外，企业内部组织及其有关人员，虽无独立法律地位，但在其根据经济法律法规参与企业内部的生产经营管理活动时，如在实行内部承包经营责任制、实行内部独立经济核算等情况下，形成相应的经济法律关系，便具有经济法主体的地位。对此，国家通过制定经济法律法规，对企业内部领导制度和财务、会计管理等进行相应规定。

二是事业单位法人。所谓事业单位法人是指出于社会公益目的，由国家机关举办或者其他组织利用国有资产举办的，从事教育、科技、文化、卫生等活动的具备法人条件的社会服务组织，如学校、科研院所等。与企业法人相比较，事业单位法人最大的不同在于其并非是以营利为目的从事各项活动的经济组织，而是具有公益色彩的服务组织。在经营过程中，事业单位法人不需要完全地自负盈亏，国家会给予其部分或全部的资金支持和补贴。

三是社会团体法人。我国的社会团体法人是由我国公民自愿组成，为实现会员共同意愿，按照其章程开展活动的具备法人条件的非营利性社会组织，如行业协会、宗教团体等。国家机关以外的组织可以作为单位会员加入社会团体。与企业法人不同，社会团体法人并非是以营利为目的进行活动的法人组织。而社会团体法人与事业单位法人的区别一方面体现为活动的目的不同，事业单位法人是以社会公益为目的进行活动，而社会团体法人则是以会员的共同愿望为目的进行活动，既可以具有公益性，在不违反法律的前提下，也可以不具有任何公益色彩；另一方面体现为活动经费的来源不同，事业单位法人的活动经费部分或全部来源于国家财政补贴，而社会团体法人的活动经费则主要来源于会员所缴纳的会费。

第三，其他社会组织。例如：合伙企业、联营公司等。

（2）经济法律关系的主体资格。

经济法律关系的主体资格是指当事人参加经济法律关系、享受经济权利和承担经济义务的资格或能力。只有具有经济法主体资格的当事人，才能参与经济法律关系，享受经济权利和承担经济义务。经济法对经济法主体资格的认可，一般采用法律规定一定条件或规定一定程序成立的方式。例如：企业需要按《中华人民共和国公司法》（下称《公司法》）的规定，由工商部门行政审批后方能成为经济法律关系主体。

2. 经济法律关系的内容

经济法律关系的内容是指经济法律关系主体享有的经济权利和承担的经济义务。

（1）经济权利。

经济权利是经济法赋予经济法律关系主体的一种资格，即经济法主体依法为或不为一定的行为，以及要求义务方为或不为一定行为的资格。此外，经济法主体在其权益受到侵犯或不能实现时，有权请求国家机关予以保护。经济权利一般具有以下含义：

① 权利主体可以依法作出一定行为。例如：国家行政机关可以运用税率引导企业行为。

② 权利主体可以依法不作出一定行为。例如：企业有权拒绝无偿出售产品。

③ 权利主体可以依法要求他人作出或不作出一定行为。例如：税务机关可以要求企业依法纳税。

（2）经济义务。

经济义务是指经济法主体根据法律规定或为满足权利主体的要求，必须作出或不作出一定行为的责任。经济义务一般具有以下含义：

① 义务主体必须作出或不作出一定行为，以满足权利主体的利益需要。例如《中华人民共和国反不正当竞争法》（下称《反不正当竞争法》）明确规定：任何从事商品经营或营利性服务的法人、其他经济组织和个人，在市场交易中，都应当遵循自愿、平等、公平、诚实信用的原则，遵守公认的社会道德，不得违反法律规定，损害其他消费者的合法权益，扰乱社会秩序。又如《中华人民共和国产品质量法》（下称《产品质量法》）规定，企业不得以不合格的产品进行销售，因产品质量引起消费者经济损失或人身财产损失的，企业应负相应责任。这些都是经济法主体所必须遵守的基本义务。

② 义务主体只承担法定范围内的义务，超过法定范围，义务主体则不受限制。如企业只依照法律规定的税目与税率缴纳税金，对于某些部门的乱收费、乱摊派有权拒绝。

③ 义务主体应当自觉履行自己的义务，不履行或不适当履行都要受到法律制裁。

（3）经济权利和经济义务的主要内容。

① 经济职权指国家机关进行经济管理时依法享有的权利。这类经济权利是基于国家授权或法律规定而产生的，具有命令的性质，经济权利主体不可随意转让、放弃经济职权。它包括决策权、资源配置权、指挥权、调节权、监督权和其他经济职权。

② 财产所有权指所有者对其财产依法享有的独立支配权。它包括占有权、使用权、收益权、处分权。

③ 经营管理权指企业进行生产经营活动时依法享有的权利。它包括经营方式选择权、经营决策权、物资采购权、管理权、产品销售权、人事管理权、资金支配使用权等。

3. 经济法律关系的客体

经济法律关系的客体又叫作标的，是指经济法律关系主体权利与义务所共同指向的目标和所要达到的目的，其必须是经济法主体能够控制、支配的，国家经济法律允许进入到经济法律关系成为其客体的，能够直接体现一定的经济效益或是可借以获得一定的经济利益的物或行为。根据我国经济法律法规的有关规定，经济法律关系的客体包括物、经济行为和智力成果。

（1）物。

物也称有形财物，是指能被人们控制和支配的，具有价值和使用价值的，并以物质形态表现出来的财富，在法律上也称为财产。物包括的种类很多，既包括客观存在的物质财富，又包括货币和有价证券。物是经济法律关系中最为普遍的客体。物的范围及其法律地位，决定了一定社会的物质生活条件。作为经济法律关系客体的物是受到一定限制的，主要指受国家管理权制约的那部分物。例如某些作为国家经济命脉的物，如铁路、森林、矿山等，不能进行所有权的买卖，只能成为承包或租赁经济关系的客体；金银、某些药品、武器弹药以及国家重要的物资和能源，由国家授权的专门机构或企事业单位专营，并在法律规定的范围内进行流通。物质财富的另一个重要组成部分是货币和有价证券。货币是在生产和流通过程中以价值形态表现的资金，如企业所拥有的库存现金、银行存款等。在我国，货币作为经济法律关系的客体，主要是指人民币。有价证券是用以证明某种财产权的书面凭证，如国库券、债券、股票、支票、汇票、本票、储蓄存单等。国家允许有价证券按照法律规定进行流通，如股票可在证券市场进行买卖，商业承兑汇票可向银行贴现，国库券可向银行贴现、抵押和自由转让。

（2）经济行为。

经济行为是指经济法主体为达到一定的经济目的，实现其权利和义务所进行的经济活动。作为经济法律关系客体的经济行为仅指具有法律意义的行为，即为实现权利和义务的行为。

① 经济管理、协调行为。

经济管理行为是指国家机关在其权限内行使管理职能，制订发展计划，下达指令性指标与任务，并指导、监督下属企业的履行的行为，具体包括经济组织行为、经济调控行为、经济监督规制行为、经济仲裁行为以及政府指导和信息服务行为。但是，这种经济行为主要反映纵向的经济关系，一般地说，主体之间不存在支付报酬的问题。

② 完成工作行为。

完成工作行为是指经济法律关系主体的一方利用自己的资金与技术设备为对方完成一定

的工作，而对方则根据完成工作的数量与质量支付一定的报酬的行为。这种经济行为主要反映横向的经济法律关系，如建筑安装、勘察设计、工程施工、加工定做等。

③ 提供劳务行为。

提供劳务行为是指经济法律关系主体的一方利用自己的设施与技术条件为对方提供一定的劳务或服务，而对方则支付一定的酬金的行为。这种经济法律关系的客体虽然是通过某种物表现出来，但客体本身并不是物，而是某种经济行为。如仓储保管与货物运输合同等经济法律关系中的客体，并非是保管或运输的货物，而是运输或保管的行为。完成工作行为和提供劳务行为是有区别的。前者有物化劳动成果，即劳动最终表现为一定的物质成果，如建筑施工最终表现为竣工的工程，加工定做则是将原料、半成品加工成产品；而后者则没有物化劳动成果，只表现为一定的经济效果。例如货物运输合同中，承运方将货物安全准时地运达目的地。

④ 政府采购行为。

政府采购是指各级国家机关、事业单位和团体组织，使用财政性资金采购依法制定的集中采购目录以内的或者采购限额标准以上的货物、工程和服务的行为。其不仅包括具体的采购过程，还包括采购政策、采购程序及采购管理的行为。

⑤ 组织性经济行为。

组织性经济行为，专指具体经济组织的设立、变更、终止等涉及自身组织机构的行为。经济组织的设立、变更、终止、解散等行为，必须严格按照国家设置的强制性规范进行，这也是国家对经济组织管理和监督的基本环节。

（3）智力成果。

智力成果是指人们从事智力劳动所创造和取得的非物质财富，如科学发明、技术成果、艺术创造成果、学术论著等。智力成果本身不直接表现为物质财富，但可以转化为物质财富。智力成果作为经济法律关系的客体，其法律表现形式主要为商标、发明、实用新型、外观设计、专有技术、文学作品、艺术作品等。

【案例 2.1】2000 年，甲物资供销公司与乙物资贸易中心签订了 800 立方米木材的购销合同。合同规定，供方乙交货期为 2000 年 3 月至 4 月，合同成立后 3 日内由需方甲预付50%货款，另外 50%货款由需方甲于收货后 3 日内付给供方乙。本案中经济法律关系三要素的具体内容是什么？

【法理分析】经济法律关系是由经济法律关系的主体、内容和客体这三个要素构成的。

经济法律关系主体亦称经济法主体，是指经济法律关系的参加者或当事人。

经济法律关系的内容，是指经济法律关系的主体享有的经济权利和承担的经济义务。

经济法律关系的客体，是指经济法律关系主体享有的经济权利和承担的经济义务所共同指向的对象。

【案例 2.2】甲承包本村水库，用来养殖鱼苗。一年夏天，连降暴雨，甲承包的水库蓄洪功能有限，最终被水冲垮。甲水库中放养长大的成鱼全部顺水而下，流入下流乙承包的邻村水库中，当时乙承包水库中的成鱼已经全部捕捞出售，该水库中只有乙刚刚放养的部分鱼苗。甲于是要求乙返还从自己水库流入乙水库中的全部成鱼。乙认为该部分成鱼是自行流入其承包的水库中的，自己没有做任何违法侵权之事，拒绝返还。为此双方发生纠纷，经两村干部调解不成，甲将乙诉至该县人民法院。你认为本案应该如何处理？为什么？

【法理分析】本案例涉及民事法律事实问题。民事法律事实，是民法的基本概念，指民法认可的能够引起民事法律关系产生、变更和消灭的客观现象。并非所有的客观现象都是民事法律事实，都能引起民事法律关系的产生、变更、消灭，只有为民法规范规定或承认并能产生民事后果的那些事实才能成为民事法律事实。民事法律事实可以与人的意志有关，也可以无关，但必须是客观存在的，只存在于人脑中的主观意识的东西不是民事法律事实，主观意识必须表达于外部、表现为人与人之间的客观社会关系方可。

根据客观现象是否与人的意志有关，民事法律事实可以分为事件和行为。事件是指与人的意志无关，能够引起民事法律后果的客观现象。行为是指当事人的有意识的社会活动。

在本案例中，因为连降暴雨，甲承包水库中的成鱼流入乙承包的水库中，产生了乙的受益行为，对甲而言这是与其自身意志无关的客观现象，属于民事法律事实中的事件。该事件与《中华人民共和国民法总则》（下称《民法总则》）第一百二十二条（不当得利的规定）结合产生民事法律关系，引起甲、乙之间财产关系的变化，构成民法上的不当得利之债。因此，乙应该返还不当得利。

二、铁路运输法律关系的概念与特征

铁路运输法律关系是铁路法律问题中的一个重要问题。它体现的是当事人之间的权利和义务关系。铁路运输法律关系是指在铁路运输管理及运营过程中发生的权利与义务关系，具体是指国家机关、铁路运输企业、其他企事业单位和社会组织之间以及铁路运输企业与公民之间，在铁路运输运营及管理过程中发生的各种社会关系。当这些社会关系由法律规范来调整时，就形成了具有权利与义务内容的铁路运输法律关系。人们在社会生活中的社会关系基本上可以划分为两大类：一类是物质关系，主要指生产关系，是人们在生产过程中形成的关系，它构成一个社会的基础；另一类是思想关系，它是通过人的意识而形成的人与人之间的关系，是上层建筑的重要内容，铁路运输法律关系就属于这一种。铁路运输法律关系具有以下特征：

1. 铁路运输法律关系的主体上有一方必然是铁路运输企业

铁路运输法律关系中铁路运输企业作为承运人的地位是固定不变的，尽管具体的车站、铁路局可能有所不同，但是每个车站、铁路局都是以铁路承运人的名义与旅客或货主发生铁路运输法律关系的。各铁路局虽然作为相对独立的企业法人，在经济上有自身的利益，但作为国家铁路的一个组成部分，无论是在责任划分方面还是在赔偿方面，总是以铁路这个整体的面貌出现。铁路内部企业之间的责任划分并不影响对旅客或货主的赔偿。

2. 铁路运输法律关系的内容都与铁路运输业务有关

不管是直接运送旅客、货物、行李和包裹的运输合同关系，还是铁路运输安全保护以及铁路建设方面的关系，都是关于铁路运输的权利义务。例如，铁路站舍工程承包合同，与铁路运输的关系也很密切。没有站舍，铁路就不可能进行运输生产活动。铁路建设过程中的征地、拆迁、补偿等方面的关系也与铁路运输有着密切联系。所以，每一类铁路法律关系都与铁路运输有联系，这是铁路运输法律关系的又一特点。

3. 铁路运输法律关系中各方当事人的权利和义务既可分离又可统一

可分性表现在运输合同关系上，对承运方铁路运输企业来说，每一份铁路运输合同的履行，都是由若干个不同站段的共同劳动来完成的，每个站段、每个路局都是履行合同的主体之一。离开这些站段的共同劳动，铁路运输合同就不可能得到履行。在货物运输方面托运人和收货人的权利义务往往也是可分的，不同主体各自遵守相应的权利义务。统一性表现在每一个合同履行主体都不能单独完成合同，每个站段仅仅按规定完成属于自己这一部分的义务。到站虽然直接与收货人打交道，但到站的交付行为也仅仅是合同履行的一个组成部分而已。

4. 铁路运输法律关系的客体是运输的行为，而非运输的对象

例如：在铁路旅客运输中，旅客本身并非铁路运输法律关系的客体，使旅客发生位移的运输行为才是铁路运输法律关系的客体。

三、铁路运输法律关系的构成要素

铁路运输法律关系与其他法律关系一样，也是由主体、客体和内容三个要素构成的。

（一）铁路运输法律关系的主体

铁路运输法律关系的主体是指在铁路运输生产经营和管理活动中，依法享有权利和承担义务的参加者或当事人。他们的法律地位和在铁路运输运营过程中的权利和义务，是由铁路运输法律法规来规定的。应当指出的是，作为交通运输法律关系主体的自然人或法人，必须具有民事经济权利能力和民事经济行为能力。在我国，铁路运输法律关系的主体主要包括铁路局、企事业单位、其他经济组织、自然人以及国家。铁路运输法律关系的主体包括参与铁路运输活动的所有当事人。有的人把铁路运输活动仅仅理解为铁路的旅客运输和货物运输，这并不全面。其除了包括直接的客货运输业务之外，还应当包括与铁路运输有关的其他活动。如国家发行铁路债券，作为债务人参与到铁路运输法律关系中来。铁路运输法律关系主体的特点是：一方是具有特定的运输能力的铁路运输企业，另一方可以是铁路企业，也可以是其他任何一个企业、事业单位、社会团体、国家机关和个人。而铁路内部的法律关系，既有上下级之间的管理关系，又有平等主体之间的经济协作关系，这造成了铁路运输法律关系主体的多样性和复杂性。

（二）铁路运输法律关系的客体

铁路运输法律关系的客体，是指铁路运输法律关系的主体享有权利和承担义务所指向的事物。如果没有铁路运输法律关系的客体，铁路运输法律关系主体的权利和义务就无从体现。

铁路运输法律关系的客体一般来说包括行为和物两种。

1. 行为

行为是指铁路运输法律关系主体为实现一定目的而进行的活动。如国家机关依法进行的对铁路运输行业进行管理的行为，铁路运输企业依法行使经营、管理的行为，铁路线路维修、车辆维修、建筑物维修等方面的行为，为完成一定的运输任务所提供的劳务行为等，都是铁路运输法律关系的客体。其中，为了使旅客或货物从甲地移至乙地的劳务行为，虽然不会产生新的物质，是一种非物化劳动，但对于货物运输来说，却是实现物品价值的重要过程，是商品生产过程在流通过程中的继续。因此，铁路运输劳务行为作为法律关系的客体具有以下几个特征：

（1）这种劳务行为是一种合法的法律行为。

（2）这种劳务行为可获得相应的劳动报酬。

（3）它具有相对独立性，是铁路运输企业的行为。

2. 物

这里物的内容相当广泛。如铁路运输企业中的国有资产、供应钢轨合同中的钢轨等，都是铁路运输法律关系中作为客体的物。

（三）铁路运输法律关系的内容

铁路运输法律关系的内容是指铁路运输法律关系主体享有的权利和承担的义务。这是铁路运输法律关系的基础，是连接铁路运输法律关系主客体的桥梁，是铁路运输法律关系最基本的要素。可以这样说，铁路运输法律关系的实质就是权利和义务的关系，这种权利和义务的关系直接由法律规范确认，并得到国家强制力的保护和监督。铁路运输法律关系主体的权利主要是指铁路运输法律关系主体依法进行某种活动或要求他方进行某种或不进行某种活动的资格。铁路运输法律关系主体的义务是指铁路运输法律关系主体为满足权利主体的要求，依法必须为一定行为或不为一定行为的责任。铁路运输法律关系作为经济法律关系中的一种，其权利和义务是相对的，也是对等的，即一方享有的权利，正是对方应当履行的义务，一方权利的享有，必须以对方履行义务为前提。因此，主体的任何一方不得只享有权利而不承担义务或只承担义务而不享有任何权利。不同类型的铁路运输法律关系，其权利义务各有其相应的特殊性，不可一概而论。各方当事人应当自觉、切实地履行法律规定的义务，以维护正常的运输生产秩序。下面详细介绍铁路运输合同法律关系的内容。

1. 铁路运输合同法律关系中铁路运输企业的权利和义务

（1）有权向货主或旅客收取规定的运输费用或票款。

（2）有权拒绝承运不符合运输条件的货物。

（3）对于无法交付的货物，铁路运输企业有权按规定予以变卖、处理。

（4）铁路运输企业有保证将货物和旅客准时、安全、经济、便利地运至指定的目的地的义务。因铁路运输企业责任造成旅客不能按车票载明日期、车次乘车的，要按旅客的要求改乘或者退票。因铁路运输企业责任造成货物、行李、包裹逾期运到的，要支付违约金；发生短少、灭失、污染损坏的，要赔偿损失。

（5）根据运输计划的规定编制具体的运输方案；保证运输计划的贯彻实施。

2. 铁路运输合同法律关系中旅客的权利和义务

（1）按规定购票。

（2）有权要求铁路运输企业提供法律规定的运输服务，如提供饮用水等。

（3）有权要求铁路运输企业按车票载明的日期、车次提供乘车条件等。

3. 铁路运输合同法律关系中托运人、收货人的权利和义务

（1）有权要求铁路运输企业在规定的运到期限内交付货物、行李和包裹；逾期运到时，有权要求铁路运输企业支付违约金。

（2）因铁路运输企业责任造成货物、行李、包裹发生灭失、损坏、短少、污染、损坏的，有权要求赔偿损失。

（3）托运人托运的货物应当符合铁路运输的条件，并支付相应的运输费用。

（4）托运人匿报货物品名或者收货人未按时领取货物，均应承担相应的法律责任。

四、铁路运输法律关系的类型

铁路运输法律关系的类型主要有铁路运输经济法律关系、铁路运输行政管理法律关系、铁路运输劳动管理法律关系、铁路运输社会保障法律关系、铁路运输行政执法法律关系、铁路运输涉外法律关系等。

（一）铁路运输经济法律关系

铁路运输经济法律关系是指由铁路运输法律、法规和其他法律规范所确认的铁路运输企业与公民个人、国家、其他企事业单位和社会组织之间因铁路运输生产经营活动而发生的具有权利、义务内容的社会关系。其中主要涉及铁路运营和铁路建设方面的法律关系。涉及铁路运营的法律关系主要是铁路客货运输关系，反映在法律上就是合同关系，它直接地反映了生产关系的要求。旅客运输关系是指铁路运输企业在运送旅客过程中所发生的社会关系，这种运输关系反映在法律上就是旅客运输合同关系。它表明铁路运输企业作为承运人，有义务将旅客运送到车票票面规定的到站，旅客则有义务支付相应的旅客运输费用。货物或者行李、包裹运输关系，是将货物或行李、包裹从一地运送至另一地，使之发生位移时所产生的社会关系，反映在法律上，就是货物运输合同关系、行李运输合同关系和包裹运输合同关系。客货运输关系在铁路运输关系中占有特别重要的位置。除客货运输关系外，与铁路运输关系比较密切的铁路运输安全保护、铁路运输各级组织之间的关系以及铁路运输企业同其他组织和个人之间所发生的法律关系等也是铁路运输经济法律关系的重要内容。根据法律关系的性质，铁路运输经济法律关系可以分为五类：

第一类是铁路旅客运输合同法律关系。在这种法律关系中，主体是铁路运输企业和旅客，客体是铁路运输企业运送旅客、使旅客发生位移的劳务行为。

第二类是铁路货物运输合同法律关系，包括行李、包裹运输。其主体是铁路运输企业、托运人和收货人。客体是铁路运输企业运送货物（行李、包裹）、使货物（行李、包裹）发生位移的劳务行为。

第三类是铁路运输安全保护方面发生的侵权行为法律关系。其主体是侵犯铁路运输企业合法权益的当事人或者合法权益被铁路运输企业侵犯的当事人，客体是侵权行为。

第四类是铁路运输行业内部组织之间发生的法律关系，如上下级组织之间的管理与被管理关系。在铁路运输行业内部，下级有义务服从上级的调度指挥；有义务确保通过本单位的旅客和货物的运输安全。

第五类是铁路运输各级组织同其他单位发生的其他法律关系，主要是铁路运输计划法律关系。

铁路运输经济法律关系还涉及有关铁路运输基础设施建设的内容，它是指由铁路运输法律规范所确认和调整的铁路运输企业、其他法人、其他社会组织、地方政府和国家在铁路运输基础设施建设中发生的具有经济权利、义务内容的社会关系。在该关系中，应明确各个主体在铁路运输基础设施建设中的权利和义务，特别是要明确国家和铁路运输企业的权利、责任和义务。在这一方面，目前我国有关法律法规规定得不够细致，应积极借鉴国外的立法经验加以改进。

（二）铁路运输行政管理法律关系

长期以来，我国铁路运输管理基本上采用的是计划经济体制下"大一统"的行政管理模式。国家对铁路的基本运价进行严格的控制，铁路运输企业承担公用事业职能，这使得铁路运输企业的经营机制受到制约。因此，政府要处理好行政主体（国家机关）行使权力和市场主体（铁路运输企业）享有权利的关系，不能直接干预企业的经营活动，可以通过法律和经济手段来影响市场和企业行为。既要使政府部门从直接经营管理企业的惯性中摆脱出来，更加注重从政策、法规、标准、规划等方面加强指导、协调、监督、服务，又要尽可能减少行政指令性要求，为企业自主经营创造良好的内部环境。

铁路运输行政管理法律关系是指由铁路运输法律规范及其他法律规范所确认的社会关系，它包括铁路运输企业与国家、政府部门以及铁路运输企业内部组织、职工之间在铁路运输管理活动中发生的社会关系。其主体有铁路运输企业、国家、铁路运输企业内部组织、职工等；其客体是各级管理行为和因管理发生的侵权行为；其内容主要包括各级政府部门、铁路运输各主管部门各自的权利与义务。我国法律虽然对铁路运输行政管理行为有所规定，但对各主体在管理过程中的权利、义务没有明确规定，对行政管理中应包括的债务管理、财政管理、运价管理的内容涉及很少，这些都有待今后加以完善。

1. 债务管理

负债经营是市场经济中企业生产经营的一个重要特点。铁路运输企业在走向市场后，其建设与经营资金将由国家财政拨款的形式转为企业自筹或向金融机构贷款的形式。因此铁路运输企业转变经营机制之后负债经营是不可避免的。相应地，成立铁路运输企业债务管理机构，并通过立法明确铁路运输企业负债的方式、方法，明确债务管理机构的权利、责任和义务，是铁路运输企业管理现代化和法治化的一个重要方面。我国在这方面的立法比较缺乏，应借鉴国外的经验加以完善。除了发行债券外，铁路运输企业还可采取融资的办法，依惯例向工业或商业企业融资，吸纳多种资金。另外，为了确保长、中、短期投资良好、经济平衡，必须办理民事财务借贷文件。

2. 财政管理

财政管理也是企业经营管理的一项重要内容。在国家财政中，铁路运输业和铁路运输企业生产经营本身的财务平衡对国民经济和铁路运输业的发展都是至关重要的。国外铁路立法中有很多关于财政管理方面的规定，它们对国家、企业及社会团体在财政管理方面应享有的权利和应负的责任、义务都规定得比较明确，并常常以数量的形式确定下来，使得铁路的发展较少受到人为因素的干扰。我国铁路应吸收国外的这一有益经验。

3. 运价管理

铁路运价管理一直是铁路运输管理的核心，其改革也是运输业改革的关键。在传统计划经济体制下，铁路运价权高度集中。改革开放以来，国家对铁路运价的管理也有一定的改革措施，但铁路运输企业仍然没有最终定价权。铁路运价特别是货物运价过低，与其劳务价值相差过大，是有悖于市场经济规律的要求的。铁路要走向市场，必须拥有根据市场情况制定运价的权力，国家目前主要通过法律对运价的合理性进行调控。如果要求铁路运输企业执行某项特殊运价，国家应对这个运价给铁路运输企业造成的损失给予补偿。这样才有利于铁路企业与其他运输市场主体进行公平的竞争，促进铁路运输企业的快速、健康发展。

（三）铁路运输劳动管理法律关系

铁路运输劳动法律关系是指由铁路运输法律规范及有关劳动法律规范所确认和调整的铁路运输企业与其职工之间在铁路运营过程中产生的具有权利、义务内容的社会劳动关系。其主体是铁路运输企业及其职工；其客体是铁路运输企业和职工在劳动关系中权利和义务所指向的物和行为；其内容是指铁路运输企业和职工在铁路运输劳动关系中应享有的权利和应承担的义务。铁路运输劳动法律关系作为铁路运输法律关系的一个重要组成部分，其内容不仅要符合我国有关劳动法律的要求，还要适应社会主义市场经济的发展。随着产业结构和生产布局的调整，特别是减员增效机制的建立，目前我国铁路运输行业的劳动关系正在发生变化。优化劳动组织，减少劳动用工，引入竞争机制，竞争上岗，优胜劣汰，正在成为新的用工潮流。可以这样说，铁路运输劳动关系的改革，顺应了铁路运输劳动关系逐步适应社会主义市场经济劳动关系的要求，有利于促进铁路运输劳动管理体制的改革。

（四）铁路运输社会保障法律关系

铁路运输社会保障法律关系是指由铁路运输法律规范和其他有关法律规范所确认和调整的国家、铁路运输企业与职工之间因社会保障而发生的具有权利、义务内容的社会关系。其内容主要包括铁路运输业服务社会应承担的权利与义务，铁路运输企业对其职工所承担的有关社会保障的权利、义务等。目前，社会保障的有关立法正在建立和完善之中，因而也应根据我国铁路运输业的具体实际，加强这方面立法的研究，以满足实现我国铁路运输管理法制化、现代化的客观要求，为此应积极吸取国外的有益经验。

（五）铁路运输行政执法法律关系

铁路运输行政执法法律关系是指在铁路运输法律规范和其他法律规范下，确认和调整的铁路运输企业与公民、法人、有关社会组织及国家之间在铁路运输行政执法过程中产生的具有权利、义务内容的社会关系。铁路运输行政执法法律关系的内容应明确执法机构的法律地位，明确其应享有的权利和应承担的义务。

目前我国铁路运输行政执法机构主要有铁路公安机关、铁路运输法院以及其他运输行政执法部门。这些行政执法机关的设立，确保了铁路运输的安全运营，对于保障铁路运输企业、公民、其他法人、有关社会组织以及国家的合法权益是尤为重要的。应加强铁路运输法院与地方法院、铁路公安机关与地方公安机关的配合、联系，明确各方的权利、义务，保证铁路运输部门有法必依、执法必严，使铁路运输行政执法符合社会主义市场经济的发展要求。

（六）铁路运输涉外法律关系

铁路运输涉外法律关系包括由于国际联运发生的涉外法律关系和由于外国投资者建设经营铁路而发生的涉外法律关系。这里主要讨论后者。随着社会主义市场经济的发展和对外开放的深化，铁路运输业也将逐步走向市场并逐步全面对外开放。由于我国铁路建设资金比较短缺，因而吸引外国投资者建设经营铁路，对于加快铁路建设、促进铁路现代化具有十分重要的意义。而研究由此引起的法律关系，从而建立和完善相应的法律框架并规范运作，则是吸引外资的前提条件。

五、铁路运输法律关系的产生、变更与消灭

铁路运输法律关系并不是由铁路运输法律规范本身产生的，换句话说，铁路运输法律规范并不直接产生法律关系。铁路运输法律关系只有在一定的情况下才能产生，而这种法律关系内容的变更或消灭，也是由一定的情况来决定的。

铁路运输法律关系的产生是指铁路运输法律关系主体之间产生权利、义务关系。

铁路运输法律关系的变更是指构成铁路运输法律关系的主体、客体、内容任意一要素发生变化。

铁路运输法律关系的消灭是指铁路运输法律关系主体之间的权利、义务消灭。

这种引起法律关系产生、变更、消灭的客观情况，人们通常称为法律事实。导致铁路运输法律关系产生、变更和消灭的法律事实的性质有所不同，具体包括以下两类：

1. 事件

所谓事件，通常是指不以参与人的意志为转移的法律事实。铁路运输中的事件主要有以下三种：

一是引起铁路运输法律关系产生、变更和消灭的不可抗拒的自然现象。如因洪水灾害导

致铁路运输中断，致使运输合同不能履行，从而导致的铁路运输合同法律关系的变更或消灭，即属于事件的范围。例如，2013年6月，受南方强降雨影响，6月16至25日的上海南站至龙岩的K197次列车全部停运。在这样的情况下，铁路运输企业可以因不可抗力而免除违约责任，但需及时告知旅客并办理退票手续，即当事人一方因不可抗力不能履行合同时，应当及时通知对方，以减轻可能给对方造成的损失，对方也应当采取适当措施防止损失的扩大。此外，当事人延迟履行合同后发生不可抗力的，违约方不能免除责任。

二是因铁路建筑和设备的不可更换性而引起的铁路项目建设合同或物资供应合同的无法履行和必要的变更，也属于事件的范围。

三是引起铁路运输法律关系产生、变更和消灭的社会现象。如社会革命、罢工、战争等。例如：2014年6月10日晚，法国国营铁路公司开始大罢工，每天造成约500万人次的铁路客运法律关系消灭。

2. 行为

所谓行为，是指与铁路运输法律关系参与人的意志有关，即以参与人的意志为转移的法律事实。此类行为应满足以下条件：首先，它必须是人的行为，包括语言与身体行动，但不包括人的内心活动；其次，它必须是人有意识的行为，无意识的举动、精神病患者的举动不应当视为此类行为；再次，它必须是具有社会意义的行为，即对他人或社会产生影响的行为。

引起铁路运输法律关系产生、变更、消灭的行为大致可分为以下四种：

（1）法律行为。与法律后果相联系起来的行为称为法律行为，如订立铁路运输合同。法律行为有两种：一是合法行为，即行为不受法律禁止。如根据运输合同完成运输任务。二是违法行为，即违反法律规定，应为而不为，不应为而为。如擅自变更运输到站，扣押合法运输的货物，将危险品以非危险品品名进行托运，等等。

（2）行政行为。行政行为是指国家授权有关机关依法行使对铁路运输生产经营的管理权而发生法律后果的行为。如国家有关机关下达建设铁路的计划以及运输救灾物资的调度计划等。

（3）司法行为。司法行为指各级人民法院，铁路运输法院依法对铁路运输建设、生产、经营活动中产生的经济案件作出的判决和裁定。

（4）组织人事行为。组织人事行为指铁路运输企业内部所发生的人事任免、劳动合同签订等行为。

复习思考题

一、填空题

1. 铁路运输企业的性质可以概括为_____、_____、_____、_____。

2. 经济法律关系由_____、_____、_____构成。

3. 法人主要的形式有_____、_____、_____三类。

4. 经济法律关系的内容是指经济法律关系主体享有的_____和承担的_____。

5. 铁路运输法律关系的客体一般来说包括_____、_____两种。

6. 经济法律关系的客体包括_____、_____、_____。

7. 引起铁路运输法律关系产生、变更、消灭的行为大致可分为_____、_____、_____、_____四种。

二、单选题

1. （　　）是一个概括名称，是各项经济法律规范的总称。

    A. 铁路法　　　　　B. 合同法　　　　　C. 保险法　　　　　D. 经济法

2. 从我国法的渊源分析，《铁路法》属于（　　）。

    A. 法律　　　　　B. 行政法规　　　　　C. 行政规章　　　　　D. 司法解释

3. 从我国法的渊源分析，《铁路安全管理条例》属于（　　）。

    A. 法律　　　　　B. 行政法规　　　　　C. 行政规章　　　　　D. 司法解释

4. 从我国法的渊源分析，《最高人民法院关于审理铁路运输损害赔偿案件若干问题的解释》属于（　　）。

    A. 法律　　　　　B. 行政法规　　　　　C. 行政规章　　　　　D. 司法解释

5. 从我国法的渊源分析，《铁路旅客运输规程》属于（　　）。

    A. 法律　　　　　B. 行政法规　　　　　C. 行政规章　　　　　D. 司法解释

6. 铁路总公司作为经济法律关系的主体属于（　　）。

    A. 法人　　　　　B. 自然人　　　　　C. 国家　　　　　D. 其他社会组织

7. 铁路货物运输法律关系的客体是（　　）。

    A. 物　　　　　B. 经济管理行为　　　　　C. 完成工作　　　　　D. 履行劳务

8. 下列哪些行为属于铁路运输行政行为？（　　）

    A. 完成运输任务　　　　　　　　B. 劳动合同签订

    C. 运输救灾物资的调度计划　　　D. 以非危险品品名托运危险品

三、多选题

1. 《铁路法》规定，铁路运输企业主要是指（　　）。

    A. 国家铁路运输企业　　　　　　B. 专用铁路的企业

    C. 地方铁路运输企业　　　　　　D. 铁路专用线

2. 在我国，法人主要的形式包括（　　）。

    A. 企业法人　　　　　　　　　　B. 社会团体法人

    C. 经济管理机关　　　　　　　　D. 事业单位法人

3. 下列哪些职权属于经济职权？（　　）

    A. 决策权　　　　B. 资源配置权　　　　C. 监督权　　　　D. 人事管理权

4. 下列哪些权利属于财产所有权？（　　）

    A. 占有权　　　　B. 使用权　　　　C. 监督权　　　　D. 收益权

5. 下列哪些权利属于经济管理权？（　　）

    A. 产品销售权　　　B. 人事管理权　　　C. 收益权　　　D. 经营方式选择权

6. 下列哪些行为属于经济行为？（　　）

    A. 经济管理、协调行为　　　　　B. 完成工作行为

    C. 提供劳务行为　　　　　　　　D. 政府采购行为

7. 下列哪些行为属于经济管理、协调行为？（　　）

A. 经济仲裁行为 　　　　　　　　　B. 经济监督规制行为

C. 政府指导和信息服务行为 　　　　D. 经济调控行为

8. 下列哪些行为属于提供劳务行为？（　　）

A. 仓储 　　　　B. 保管 　　　　C. 货物运输 　　　　D. 政府采购签订合同

9. 下列哪些行为属于完成工作行为？（　　）

A. 加工 　　　　B. 工程施工 　　　　C. 建筑安装 　　　　D. 勘察设计

10. 下列哪些成果属于智力成果？（　　）

A. 学术论著 　　　B. 专有技术 　　　C. 商标 　　　　　D. 专利权

四、判断题

1. 专用铁路只有在开展公共客、货运输营业的时候，才适用《铁路法》关于铁路运输企业的规定。

2. 专用铁路若仅为本单位内部服务，则不需要适用《铁路法》有关铁路运输企业的规定。

3. 铁路运输企业作为公用企业不适用《企业破产法》的规定。

4. 一切社会关系都是法律关系。

5. 在经济法律关系中，要求经济法律关系主体能够以自己名义独立地参加经济法律关系。

6. 国家司法机关是经济管理主体。

7. 自然人是经济活动主体。

8. 任何当事人都有权参与经济法律关系，享受经济权利和承担经济义务。

9. 经济法主体在其权益受到侵犯或不能实现时，有权请求国家机关予以保护。

10. 义务主体应当自觉履行自己的义务，不履行或不适当履行都要受到法律制裁。

11. 经济权利主体可以随意转让、放弃经济职权。

12. 自然界中所有的物都可以成为经济法律关系中的物。

13. 经济组织的设立、变更、终止等涉及自身组织机构的活动是组织性经济行为。

14. 经济组织的设立、变更、终止、解散等行为，必须严格按照国家设置的强制性规范进行。

15. 在旅客运输中，旅客本身为运输法律关系的客体。

16. 运价管理属于铁路运输行政管理行为。

17. 运输安全保护方面发生的侵权行为法律关系属于铁路运输经济法律关系。

18. 引起铁路运输法律关系产生、变更和消灭的不可抗拒的自然现象属于事件的范畴。

19. 因铁路建筑和设备的不可更换性而引起的铁路项目建设合同或物资供应合同的无法履行和必要的变更属于行为的范畴。

20. 运输法律关系的客体是运输劳务行为。

五、简答题

1. 简述铁路运输企业的法律特征。

2. 《铁路法》中对铁路运输企业的范围是如何规定的？

3. 试述铁路运输法律关系的构成要素。

第三章　铁路运输法律法规

【学习目的】铁路运输法律规范是国家法律体系的一个重要组成部分。铁路法是为调整铁路企业在铁路运输营运、管理、建设、安全与防护等方面建立的各种社会关系的法律规范的总称。本章将介绍铁路运输法律法规的概念，分析铁路运输法律关系的构成要素和主要类型，重点阐述《铁路法》的立法目的、基本原则、适用范围和主要内容。

第一节　铁路运输法律法规的特点和作用

 知识链接

英国是铁路运输的发源地，其在 19 世纪末便已形成全国性路网。为进一步促进铁路运输发展，1921 年英国颁布了《运输法》，对众多独立小企业进行整合，并于 1948 年成立"英国铁路（British Railways）"。1974 年，英国以《铁路法》的形式规定铁路客运的"普遍服务原则"，亏损由政府补贴。但随着亏损的日益加大，英国不得不于 1993 颁布新的《铁路法》，开始铁路全面私有化改革，改革对铁路运输企业产生了显著的激励与约束效果，但由于路网公司的不同，部分铁路运输企业在线路维护、管理运营安全设施投资及客户服务等方面表现欠佳。为此，英国于 2003 年和 2005 年相继颁布《铁路和运输安全法》和新的《铁路法》以便实现对铁路运输更好的管理和经营。至此，英国铁路运输完成由"全面私有化"向加强政府监管及加大政府支持力度的转变。

美国是世界上铁路最发达的国家之一，其铁路的高速发展，得益于国家对于私人修建铁路的鼓励，更得益于完善的铁路法律体系建设。美国铁路法律法规均以法律的形式颁布，法律层次高，并具有极强的连续性和时效性。早在 1887 年，美国国会便颁布了旨在由独立机构管理铁路运输业的《管制商务法》，并于 1903 年、1906 年和 1910 年进行了三次修正，这也成为了日后美国运输立法的基础。1970 年，美国国会正式颁布了专门的铁路安全法——《联邦铁路安全法》，并在实施过程中不断进行修改、完善。同年，美国通过《铁路旅客运输法》，将货运由政府分离，同时于 1971 年成立了全国铁路旅客运输公司。1980 年，美国历史上最重要的铁路运输法案之一——《斯塔格斯铁路法》诞生，在法律层面给铁路运输企业以极大优待，这被认为是美国铁路复兴的法律基础。1990 年，美国政府颁布旨在减小运输业对环境影响的《美国交通运输政策》，铁路和地铁从此又得到重视。2008 年，美国国会通过《城间客运铁路投资计划》，加强了城间客运铁路的投资。

一、铁路运输法律法规的概念

铁路运输法律法规是指国家立法机关为了加强铁路运输管理而颁布的法律以及国家按有关规定制定和发布的行政法规、规章，它是集行政法、民法和经济法为一体的调整铁路运输关系的法律规范的总称。铁路运输法律法规涉及铁路规划、建设、养护、营运和管理等有关方面（包括建设者、使用者、经营管理者、政府主管部门等）的职责、权利和义务，调整与铁路运输有关的各种社会关系。制定铁路运输法律法规的目的是维护国家利益，规范铁路运输秩序，保护公民、法人和其他组织的合法权益。国家铁路局是我国政府铁路监督管理部门，承担着起草铁路法律法规、制定铁路技术标准的重要职能。我国目前建立了由《铁路法》《铁路安全管理条例》《铁路交通事故应急救援和调查处理条例》《铁路运输条例》等一法三条例及系列部门规章组成的铁路法律法规体系。

二、铁路运输法律法规的构成

由于铁路运输在促进经济增长和保证经济正常运行方面发挥着关键性作用，必须为其建立一些特殊的法律环境或规则，即要求铁路运输活动必须在法定规则下进行。同时为保证铁路运输生产的顺利进行，保障铁路运输安全，维护铁路运输生产秩序，各国也十分重视加强对铁路的法律管理，制定了大量的铁路运输法律法规，用以调整铁路运输关系。铁路运输法律法规是国家法律的一个重要组成部分。铁路运输法律法规是为了适应铁路运输管理而产生的，也是在总结铁路运输管理实践经验的基础上不断完善起来的部门法。从各国的立法情况看，铁路运输法律法规一般由以下三个方面构成：

（1）国家的专门立法机关制定的法律，如美国的《斯塔格斯铁路法》、日本的《铁路营业法》、我国的《铁路法》等。

（2）国家的最高行政机关制定的行政法规，主要是一些条例或者实施细则，如苏联部长会议通过的《苏联铁路运输条例》，日本政府于1949年5月以政令形式颁布的《日本国有铁路法施行令》，我国国务院于2005年4月发布的《铁路运输安全保护条例》等。

（3）政府的铁路主管机关颁布的行政规章，包括各种实施细则、规程、规则、办法和规定等。如我国原铁道部制定的《铁路货物运输规程》《铁路货物运价规则》等。

从数量构成来看，铁路运输法律规范以铁路行政规章为主。这些行政规章一方面体现了铁路运输管理的技术特性，另一方面也体现了作为法律规范所特有的强制性。可以说，绝大多数铁路运输法律规范是铁路运输技术规范的法律化，是国家以认可的形式承认技术规范，并赋予其法律的强制力以保证施行的结果。因此，铁路立法在很大程度上也反映了自然科学技术立法的特点。

三、铁路运输法律法规的特点

铁路运输法律法规作为法律规范，除具有规范性、国家意志性、国家强制性、普遍性等所有法律法规都具有的共同特点外，还具有其特殊性。

1. 广泛性

铁路运输系统的运行过程和铁路运输活动内容的多样性决定了铁路运输法律规范的广泛性。具体表现在：

（1）内容的广泛性。以货运为例，铁路运输活动涉及从生产领域原材料的供应到流通领域成品的销售等诸多环节，有时还涉及铁路与其他运输方式的联运。铁路运输法律法规应对所有这些环节和过程中所产生的社会关系进行调整，因此内容非常广泛。

（2）表现形式的广泛性。铁路运输活动的多样性决定了铁路运输法律法规不可能仅限于某一效力层次或某一种表现形式。铁路运输法律法规有许多表现形式，有国家最高权力机关正式颁布的法律，有国家最高行政机关颁布的行政法规，有省、自治区、直辖市权力机关发布的地方性法规，有国务院各主管部门制定的规章、办法，有国际组织、团体制定的国际条约，有相关的技术标准或技术规范，等等。不同的表现形式使铁路运输法律规范表现出不同的效力层次。其中，法律具有最高效力，行政法规的效力次之，部门规章起到补充和帮助法律实施的作用。当铁路运输活动在国际范围内进行时，会受到国际条约或国际惯例的制约；技术标准和技术法规则根据不同的情况而在使用中具有不同的效力。

（3）参与主体的广泛性。铁路运输活动的参加者众多，涉及承运人、旅客、托运人、收货人、运输代理人、运输中介人等不同的参与主体。

2. 复杂性

铁路运输活动的广泛性决定了铁路运输法律规范具有复杂性。表现在：

（1）铁路运输法律规范包括横向的民事法律规范和纵向的行政法律规范以及各种技术法律规范，表现出铁路运输法律规范本身的复杂性。

（2）即使在同一类法律规范中，由于铁路运输活动所涉及的领域众多，不同的运输主体，其权利、义务和责任都不相同，因此，也将适用不同的法律规范。

（3）铁路运输活动参与者的多样性也使得铁路运输法律关系变得复杂。

（4）随着国际铁路运输的发展，跨国运输活动会涉及多个国家，将会受到各个国家法律规范以及国际公约和国际惯例的约束和调整，从而也使铁路运输法律规范呈现出复杂性的特点。

3. 技术性

铁路运输有其独特的技术特征和技术标准，体现出较高的技术含量。作为调整铁路运输活动的法律规范，必然要涉及铁路运输活动的专业术语、技术标准、技术政策等，因而体现出技术性的特点。

4. 变动性

随着铁路运输业的快速发展以及旅客和货主需求的日趋多样化，运输供给的服务内容也越来越丰富。经济和社会的快速发展，使得社会关系、经济关系经常处于变动之中，铁路运输活动所引起的各种法律关系也处在不断的变动之中。调整铁路运输法律关系的法律规范因而具有较强的变动性，需要适时地予以废、改、立，以适应铁路运输业的发展需要。因此，铁路运输法律规范的发展过程就是对现有铁路运输法律法规不断进行调整和增补的过程。

四、铁路运输法律法规的调整对象

铁路运输法律法规体系是我国经济法律法规体系中的一个组成部分，同其他法律、法规和规章一样，调整着一定的社会经济关系。铁路运输法律法规的调整对象主要有以下几个方面。

1. 国家对铁路运输宏观调控与管理过程中发生的宏观经济管理关系

所谓宏观经济管理关系，是指国家对整个国民经济的管理关系。就铁路部门而言，是指国家对整个铁路运输行业的管理关系。现代市场经济需要政府宏观调控，这已被国内外市场经济发展的实践所证明。铁路是国家重要的基础设施，又具有很强的网络特性，在中国的具体国情下，更需要政府的宏观调控。这是确保国家、社会利益的需要，是维护市场经济秩序的需要，也是顺利推进铁路运输发展的需要。

（1）国家通过做出全局性的决策、制定铁路运输法律法规以及通过综合平衡、领导、组织、管理与监督等方式，理顺铁路运输活动中的各种经济关系。

（2）国家职能管理部门代表国家依法对铁路运输部门与其他部门之间的关系进行管理监督，即通过下达各种有关计划、指标等实现铁路运输的社会、经济效益。

2. 国家对铁路运输企业作为市场主体的主体行为的经济管理与监督关系

（1）政府职能部门代表国家对铁路运输企业的经济活动进行具体的管理与监督。

（2）政府和有关主管部门为铁路运输企业从事经济活动提供社会服务，并根据各自职责依法对铁路运输企业的经济行为进行管理和监督。

3. 铁路运输企业内部组织、成员之间的微观经济管理关系和经济协作关系

铁路运输企业内部存在的经济关系既有经济管理关系，又有经济协作关系。铁路运输企业既存在着计划、生产、分配、财务核算等方面的管理关系，又存在着内部组织之间的协作关系。铁路运输企业要走向市场，必须转换其经营机制，这些经济关系也必须通过法规加以调整，只有这样才有利于规范铁路运输企业的组织和行为，保护铁路运输企业作为市场主体的合法权益。

4. 铁路运输企业与其他市场主体间的经济关系

在市场经济条件下，各市场主体从事各项交易以及进行相互协作而又相互竞争的经济活动时应当遵循自愿、平等、公平和诚实守信的原则。既然铁路运输企业走向市场是必然趋势，那铁路运输企业与其他市场主体之间的经济关系也就成为铁路运输法规体系调整的内容。

具体来说，其主要包括以下三种关系：

（1）铁路运输企业与其他市场主体之间的商品交易关系。这是市场和商品经济发展的必然结果。这种交易关系既属于经济法的调整对象，又属于作为经济法律法规体系一部分的铁路运输法律规范的调整对象。

（2）铁路运输企业与其他市场主体之间的竞争关系，这种竞争关系应当遵守《反不正当竞争法》的规定，应能促进铁路运输企业与其他市场主体间的公平竞争。

（3）铁路运输企业与其他市场主体之间的经济协作关系，这是社会化生产和市场经济发展的必然趋势。国家应通过立法，规范它们在经济协作活动中各自的权利义务关系，这有利于引导市场主体行为向着健康的方向发展。

铁路运输所涉及的社会经济关系是一个错综复杂的体系。因此，调整铁路运输关系的法律法规除了铁路运输专业法律法规外，还有其他法律法规，如民法、商法、劳动法、行政法等。有些经济关系可能发生在法律部门间交叉或重叠之处，这也说明了建立和完善铁路运输法律法规体系的必要性。

五、铁路运输法律法规的作用

铁路是国民经济的大动脉，在国民经济中具有重要地位。把铁路放到优先和重点发展的位置，表明了国家对铁路的高度重视和支持。因此，保证铁路运输畅通无阻，快速、高效地完成国家的运输生产任务，为社会经济建设服务，是铁路运输法律法规的基本任务。铁路运输法律法规的作用主要表现为：

1. 加强国家对铁路运输业的依法管理

铁路运输业对国家的政治、经济、文化和国防建设具有重要意义，铁路运输业的健康发展直接影响广大人民群众的合法利益，因此，国家必须加强对铁路运输业的管理。铁路运输管理是国家行政管理的重要组成部分，是国家行政权的运用。为防止权力滥用，保障铁路运输业的健康有序发展，保护铁路运输经营者和使用者的合法权益，国家必须通过立法，依靠法制的健全和完善来确保依法行政、依法管理。

2. 引导铁路运输业的发展方向

立法以及对现有法律法规的整理是引导铁路运输业健康快速发展的重要手段之一。其主要方法是通过统一立法或针对铁路运输制定单行法规来对铁路运输业进行规范和调整，保证国家对铁路运输业行使行政管理权，更好地推动铁路运输业健康、规范、快速、有序地发展。

3. 促使铁路运输管理活动制度化、规范化

铁路运输管理是一项综合性的管理活动，涉及铁路运输的各个部门。这些部门之间的协调、配合，是保证铁路运输生产活动顺利进行的关键。而法律的突出特点是具有强制性，使行为规范化，因此，国家在对国民经济实行管理时，法律是最重要、最普遍的有效手段。它具有经济手段、行政手段所不能比拟的作用。铁路运输的特点是点多、线长，涉及的人员和部门多，运输服务行为是由若干个铁路运输企业和铁路职工的具体劳动行为实现的。因而，对铁路职工来说，时间性、纪律性要求相当高，特别是针对列车运行、列车编组、车辆装载等都有相应的规章制度，要求各级部门和每个职工都必须依章办事，才能保证整个运输生产活动的顺利进行。由于规章制度在一般情况下适用面比较窄，强制作用也不明显，因此，需要将规章制度法律化、社会化。不但要求全体铁路职工依法办事，而且还要为广大人民群众依法监督铁路运输企业提供依据。因此，只有健全铁路法制，才能增强全路职工的法治观念，维护正常的铁路运输生产秩序。

4. 调整铁路运输与各方面的关系

铁路运输涉及关系面广，它是产、供、销的纽带。铁路运输企业要同各种各样的人和单位发生经济关系。如果不理顺这些关系，不保证这些关系沿着法治的轨道健康运转，那么，铁路的正常生产秩序就得不到保证。因此，要充分发挥法律调整社会经济关系的职能作用，把铁路运输的各项工作都纳入法治轨道，保证铁路运输业持续、健康地发展。

5. 保证公民、法人和其他社会组织的合法权益

有法可依，有法必依，执法必严，违法必究是我国法治的重要内容。法律既是人们行为的准则，也是人们处理各种纠纷的依据。铁路运输法规通过明确规定铁路运输参与者的权利和义务，使参与铁路运输活动的各方的行为有章可循，从而减少或避免纠纷，确保公民、法人及其他社会组织的合法权益不受侵犯。

第二节　我国铁路运输法律法规体系

知识链接

铁路点多线长，对安全环境要求极高，特别是新形势下高铁安全面临诸多考验，行人钻入高铁线路、沿线建筑物侵入高铁限界以及向动车组投掷异物等行为，都可能引发难以预料的安全后果，对高铁安全构成严重威胁。所以建立针对高铁保护的的法律体系刻不容缓。高铁安全具有系统性、社会性、长期性和复杂性等特点，所以要求更高，难度更大。因此，保护高铁安全的法律法规势必要比之前的《铁路法》更加精细和严格。随着我国高铁建设里程的延长、乘坐高铁出行比例的增加，《铁路安全管理条例》等已经与目前的高铁发展不相适应。2017 年 5 月 1 日，全国首个地方政府通过的高铁法规——《云南高速铁路安全管理规定》开始实施，该规定明确指出：擅自进入高速铁路的封闭区域，攀爬、钻越、损毁线路防护措施等行为，个人最高将被罚款 1 000 元。

一、我国铁路运输法律法规的渊源

法规渊源是指法规的表现形式，即不同国家机关依法制定的各种具有不同法律效力的规范性文件。它们因制定和颁布的国家机关不同而具有不同的效力。目前，我国铁路运输法律法规的表现形式（即渊源）大致包括下列几个层次：

1. 宪法

宪法是国家的根本大法，由全国人民代表大会制定和修改，是铁路运输立法的基本依据，具有最高法律效力。

2. 法律

法律是指由国家最高权力机关按照立法程序制定和颁布的规范性文件。《铁路法》是铁路运输法律法规的主要渊源，在铁路运输领域具有重要地位。

3. 行政法规

行政性法规是指国家最高行政机关即国务院，为了实施宪法和有关法律，在自己的职权范围内，制定的涉及铁路运输基本行政管理规范性文件的总称，多以办法、条例、实施细则、暂行规定等命名，其法律地位和法律效力仅次于宪法和法律，如《铁路运输安全保护条例》（已失效）等。

4. 地方性法规

地方性法规是指由省、自治区、直辖市、经济特区等地方人民代表大会及其常务委员会制定的规范性文件，其法律效力低于行政法规，仅在地方政府管辖范围内有效，即受地域范围的限制。

5. 行政规章

行政规章是国务院各部委及各级地方人民政府为实施法律、行政法规，在自己权限范围内依法制定的规范性管理文件，如由原铁道部所颁布的有关铁路运输管理的条例、规程、规则、办法、规定和通知等。

6. 国际条约

国际条约是指国家及其他国际法主体间所缔结的以国际法为基础，确定其相互关系中的权利和义务的一种国际书面协议，也是国际法主体间互相交往的一种最普遍的形式。涉及铁路运输法律关系的国际条约很多，但并不是所有国际条约都可以无条件地在任何一个国家内生效。根据国际法和国家主权原则，只有经一国政府签署、批准或加入的有关铁路运输的国际条约，才对该国具有法律约束力，成为该国铁路运输法律规范的表现形式，如《国际铁路货物联运协定》等。

7. 国际惯例

国际惯例是指在国际上对同一性质的问题所采取的，经过长期反复实践逐渐形成的，为大多数国家所接受的，具有法律约束力的不成文的行为规则。国际惯例的成立必须具备两个要件：（1）物质要件，即一种行为必须是相同或类似的重复行为，并为多数国家或地方所持续采用；（2）心理要件，要求行为人在采取或进行该项行为时，在心理上认为是在履行法律义务。

8. 技术标准

技术标准是与铁路运输法律规范有关的一种特殊渊源。技术标准可以分为国家标准和国际标准。国家标准是由国家质量技术监督管理部门组织制定、批准和发布的。其中有些强制性标准属于国家的技术法规，其他标准本身虽不具有强制性，但因标准的某些条文由法律赋予强制力而具有技术法规的性质。国际标准由国际组织制定，本身没有强制力，一般均为推荐性标准。但是，国际公约常将一些国际标准作为公约的附件，从而使其对缔约国产生约束力，例如，国际标准化组织（ISO）制定的针对产品和服务的质量及技术要求的标准。

二、我国铁路运输法律法规体系的构成

改革开放以来，我国铁路运输事业取得了很大的发展，铁路运输管理正逐步走向法治化、规范化，国家先后制定了大量管理铁路运输的法律规范。这些法律法规的颁布实施，对保障铁路运输安全，强化运输生产管理，维护运输生产秩序起到了积极作用。尤其是《铁路法》的发布实施，为铁路运输行业法律法规体系的建立确立了基础。

我国现行铁路运输法律法规体系的基本框架是以《中华人民共和国宪法》（下称《宪法》）为基础，以《铁路法》为龙头，以铁路运输行政法规为骨干，以铁路运输行政规章为补充的纵横相结合的系统。在铁路运输法规体系框架中，横向构成包括与铁路运输运营关系密切的各种规范，如《民法总则》《合同法》等一些基本法律；纵向构成则按照我国现行的立法权限、效力层次，主要分为铁路运输法律、铁路运输行政法规、铁路运输行政规章、司法解释四个层次。我国铁路运输法规体系纵向构成的四个层次具体为：

第一层次是全国人大及其常委会制定的管理铁路运输的基本法律以及相邻的其他法律。《铁路法》是管理铁路运输的基本法律，也是铁路运输法律法规体系的基本法律。铁路运输法律法规体系的一切法规、规章都应当以此为基础，其内容不得与之相违背。相邻的其他法律，是指与铁路运输关系比较密切的、其具体规定同样适用于铁路运输的一些法律，如《民法总则》《合同法》《环境保护法》等。它们也对铁路关系中的部分内容进行特殊调整，是铁路运输法规体系第一个层次的组成部分。

第二层次是国务院制定或经国务院批准由铁路行政主管部门发布实施的行政法规。按照《宪法》的规定，国务院有权根据铁路运输法律和行政管理的需要，制定一些铁路运输方面的行政法规，以保证铁路运输行政管理活动顺利进行。这方面的法规在铁路运输法律法规体系中占有很重要的位置。例如，为保障铁路运输安全，国务院发布了《铁路运输安全保护条例》（已失效）。此条例的颁布对保证铁路运输安全畅通起到了一定的作用。

第三层次是国务院铁路主管部门制定的行政规章，包括各种实施细则、规程、规则、办法和规定等。根据《宪法》的规定，国务院各部委有权根据法律和行政法规制定在本部门适用的行政规章。这个层次中还包括铁路行政主管部门与其他部委联合发布的一些铁路运输管理方面的规章制度。如《铁路道口管理暂行规定》就是由原国家经济贸易委员会、原铁道部、交通部等七部委联合发布施行的。必须指出的是，这个层次的法律规范的法律效力最低。加入世界贸易组织以来，国家立法机关和铁路行政管理机关根据社会经济的发展要求，相继制定和修改了一系列适应市场经济发展需要的法律、行政法规和规章，同时废止了一批与市场经济发展要求不相适应的法律规范。这些新的法律法规和行政规章的颁布实施，在促进铁路的市场化发展、保障铁路运输安全、强化铁路运输生产管理、维护铁路运输生产秩序方面发挥了积极有效的作用，也使铁路管理从传统的以行政手段为主的管理，逐步走上了法治化、市场化、规范化的轨道。

第四层次是司法解释，主要是最高人民法院就司法实践中有关案件审理和法律适用提出

的指导性意见或解释，最高人民检察院也有这类解释。如最高人民法院 2010 年出台的《最高人民法院关于审理铁路运输人身损害赔偿纠纷案件适用法律若干问题的解释》。

三、法律的适用原则

（1）特别法优于普通法，特别法有规定的适用特别法的规定。

同一法律、行政法规、地方性法规、自治条例和单行条例、规章内的不同条文对相同事项有一般规定和特别规定的，优先适用特别规定。法律之间、行政法规之间或者地方性法规之间对同一事项的新的一般规定与旧的特别规定不一致的，人民法院原则上应按照下列规则适用：① 新的一般规定允许旧的特别规定继续适用的，适用旧的特别规定。② 新的一般规定废止旧的特别规定的，适用新的一般规定。③ 不能确定新的一般规定是否允许旧的规定继续适用的，人民法院应当中止行政案件的审理，属于法律的，逐级上报最高人民法院送请全国人民代表大会常务委员会裁决；属于行政法规的，逐级上报最高人民法院送请国务院裁决；属于地方性法规的，由高级人民法院送请制定机关裁决。

（2）特别法没有规定或规定不全的，适用普通法规定。例如，《铁路法》没有规定或规定不全的，适用《民法总则》《合同法》的规定。

（3）法律没有规定的，适用法规规定。

（4）规章规定与法律法规规定不一致的，适用法律法规规定。

（5）最高人民法院的司法解释具有法律效力。铁路运输法律规范中大部分是铁路行政规章，而且行政规章中还包含大量的技术规范，在很大程度上反映出行政、技术立法的特点。行政规章法律效力层次低，适用范围小，其法律作用受到一定的限制，不得与法律、行政法规的内容相抵触，换句话说，所有规章的制定都必须以法律、行政法规为依据。

（6）地方性铁路法规与部门铁路规章具有同等的法律效力，在各自权限范围内施行。当两者不一致时，根据《立法法》第八十六条的规定，由有关机关依照下列规定的权限做出裁决：

① 同一机关制定的新的一般规定与旧的特别规定不一致时，由制定机关裁决。

② 地方性法规与部门规章之间对同一事项的规定不一致，不能确定如何适用时，由国务院提出意见。国务院认为应当适用地方性法规的，应当决定在该地方适用地方性法规的规定；认为应当适用部门规章的，应当提请全国人民代表大会常务委员会裁决。

③ 部门规章之间、部门规章与地方政府规章之间对同一事项的规定不一致时，由国务院裁决。

四、完善我国铁路运输法律法规体系的建议

1. 以立法方式推进管理体制的改革

我国铁路运输管理体制改革的关键就是要实施政企分开、建立现代企业制度。为此，政府应以立法的方式全面推进铁路运输管理体制改革的步伐。我国实行社会主义市场经济体制以来，运输管理体制改革在各种运输方式之间的进程存在较大差距，尤以铁路运输管理体制改革的进程最为缓慢。欧美发达国家的铁路改革，无不是通过立法程序、依靠法律来加以保

障的。我国铁路要建立与社会主义市场经济相适应的管理体制和运行机制，也迫切需要建立与之相配套的法律法规体系，形成与之相适应的法治环境。

2. 完善社会主义市场经济要求的铁路法律法规体系

从目前我国铁路运输发展的实际来看，建立适应社会主义市场经济体制的铁路运输法律法规体系主要应从以下几方面着手：

（1）铁路运输主体法，主要指确立铁路运输主体资格、明确铁路运输活动各类主体的法律规范。铁路运输主体包括投融资主体、建设施工主体、运营主体等，重点是确立各类主体市场准入方面的问题。

（2）铁路运输行为法，主要指调整铁路运输主体从事铁路运输活动的行为的法律规范。

（3）宏观调控法，主要指调整国家与铁路运输主体之间以及各个运输主体之间特殊市场关系的法律规范。

（4）铁路运输技术标准法，主要指确立与国际技术和管理标准体系接轨的我国铁路运输技术与管理标准法规。

3. 建立适应运输和物流发展的技术标准法规体系

为适应交通运输一体化和国际物流化发展的要求，大力推广和普及国际标准体系，并在此基础上制定和完善与国际标准接轨的通用的国家标准，以实现铁路运输与物流活动的合理化和现代化。

从我国的实际情况来看，应建立与国际标准中的基础标准、安全标准、卫生标准、环保标准和贸易标准相吻合的铁路标准体系，并依照相应的行业技术标准，把重点放在技术标准的制定与推行上，例如对集装箱、托盘、各种搬运和装卸设施等通用性较强的运输设施和装备的标准进行全面的梳理、修订和完善，并形成系统的标准法律规范体系，以满足交通运输一体化和物流国际化发展的需要。

4. 完善铁路运输行业协会组织的职能

要重视和加强运输行业协会组织的功能和作用，将政府过多的管理职能逐步交由行业协会行使。为此，应加强铁路运输业发展中的行业协调和行业自律的作用，并从法律规范上加以支持。对铁路运输行业协会组织的功能、作用、职权以及与政府相关部门的联络和沟通作用做出法律规定，使对铁路运输行业协会的管理逐步与国际惯例接轨，以发挥民间组织所固有的协调功能和专业作用。

第三节 《铁路法》概述及其适用范围

 知识链接

1949 年年底，根据政务院的要求，铁道部组织人力研究起草《铁路运输暂行条例》，以便将铁路运输管理纳入法制化的轨道，条例六易其稿，但中华人民共和国最高效力的铁路法律终因当时社会经济形势的变化而未能出台。随着铁路在国民经济建设中的作用越来越突出，特别是在铁路实行经济承包责任制后，为了实现铁路的自我发展，需要大量资金，同时，在运输实践中，铁路面临的问题越来越多，用一部专项法律加以规范成为必然需求，该项立法再次被提上日程。1983年，铁道部开始组织专人起草《铁路法》，前后历经八年；1990年2月19日，在第七届全国人民代表大会常务委员会第十二次会议上，时任铁道部部长李森茂做了《关于〈中华人民共和国铁路法（草案）〉的说明》；1990年9月7日，《中华人民共和国铁路法》在第七届全国人民代表大会常务委员会第十五次会议上被审议通过；1991年5月1日，中华人民共和国最高效力的铁路专项法律《中华人民共和国铁路法》正式实施。

一、《铁路法》的概念

铁路法是调整政府机关、企事业单位、其他社会团体以及公民与铁路运输企业在铁路运输营业、铁路运输管理、铁路建设及铁路安全与防护等方面建立的各种社会关系的法律规范的总称。在我国铁路运输活动中，主要有三类社会关系：一是铁路运输行政管理关系；二是铁路运输合同关系；三是铁路运输的经营管理关系。这三类关系构成了铁路运输关系，而对这些关系加以规定、调整的法律规范，即广义上的铁路法，它包括所有调整铁路运输关系的法律、法规和规章。狭义上的铁路法即《中华人民共和国铁路法》（以下简称《铁路法》），它是1990年9月7日通过，自1991年5月1日起开始施行的。本节主要介绍狭义《铁路法》的有关规定。

二、《铁路法》的立法目的

铁路是国民经济的大动脉，在我国各种交通运输工具中占有特别重要的位置，在我国社会主义现代化建设事业中起着重要的作用。《铁路法》的立法目的具体体现在以下几个方面：

1. 保障铁路运输的顺利进行

铁路是国民经济的基础设施，铁路运输企业的主要任务就是要进行客货运输生产活动。因此，保证运输任务的完成是铁路运输企业的责任。长期以来，铁路部门在完成国家的客货运输计划等方面做出了积极的贡献。但是，与整个国民经济的发展相比，铁路运输发展滞后，在一定程度上制约了国民经济的迅速发展。同时，铁路运输的安全状况也令人担忧，盗窃铁路设备和铁路运输物资、抢劫旅客财物和铁路运输的货物、拦截列车、制造事故、破坏运输生产秩序、妨碍铁路行车等危害铁路运输安全的行为时有发生，使铁路运输安全面临严峻的挑战。所有这些，都需要运用法律手段，维护铁路生产秩序，使旅客和货主在乘车和运货时有安全感。另外，铁路运输企业在从事运输生产活动时，要与数以亿计的旅客和货主发生各种各样的客货运输关系，要与许多公民和机关、社会团体、企事业单位发生各种各样的经济关系和行政管理关系，所有这些，都需要法律来调整。因而《铁路法》在调整铁路运输各种关系方面要发挥积极的作用，这是《铁路法》最基本的立法目的。

2. 保证铁路建设的顺利进行

《铁路法》实施前，我国铁路的发展速度较慢，铁路里程与经济发展状况不相适应。《铁路法》在铁路建设方面作出了不少有利于发展铁路的规定，保证了铁路建设的顺利进行，体现了铁路立法的宗旨。

3. 适应社会主义现代化建设和人民生活的需要

铁路既是国民经济的大动脉，又是重要的基础设施，与人民的生活息息相关。铁路运输企业要为人民旅行、为发展经济提供运输生产服务。党的十一届三中全会以来，我国正坚定不移地向社会主义现代化的宏伟目标迈进。在这一历史进程中，党和国家把交通运输业作为国民经济和社会发展计划的战略重点，而铁路又是交通运输业中的先行行业和基础设施，是整个运输业的重要组成部分。因此，无论是铁路建设，还是铁路运输都要适应国民经济发展的总体需要，最大限度地满足各个方面的运输要求。

三、《铁路法》的基本原则

1. 计划运输的原则

我国铁路实行计划运输，经批准的运输计划是铁路承运货物的依据。货物运输计划由国家铁路部门和地方铁路部门根据发展生产、搞活流通的原则来具体制订。地方铁路运输的物资需要经由国家铁路运输的，其运输计划也应当纳入国家铁路运输计划。目前我国铁路运输的指令性计划已逐步减少，在社会主义市场经济日益发展的条件下，由于铁路运输能力不能储存，铁路为了充分利用运能，仍要实行计划运输。

2. 人民铁路为人民的原则

铁路运输企业不同于一般意义上的企业，它既具有一般企业的属性，又具有公用企业的属性。它的一切经济活动，必须首先考虑社会效益，然后才是自身的经济效益。《铁路法》根据铁路运输企业的这个特点，规定铁路运输企业必须坚持社会主义经营方向和为人民服务的宗旨，改善经营管理，切实改进路风，提高服务质量。由于铁路运输企业的公用性质较强，与人民群众的关系较为密切，对其为人民服务的要求就更为强烈。针对这种状况，《铁路法》将改进铁路路风、提高服务质量作为铁路运输企业的一项义务写进法律中，具有非常重要的意义。它意味着路风建设的好坏，不仅是衡量铁路部门日常工作的一般尺度，还是上升到法律高度的要求。路风建设工作的影响和辐射面很宽，既关系到铁路自身的形象和声誉，又关系到整个国家的形象和声誉。因此，保持良好的路风势态，是铁路职工的法律责任。为了使铁路运输企业能够切实提高服务质量，《铁路法》还规定：铁路运输企业应当采取有效的措施做好旅客运输服务工作，做到文明礼貌，热情周到，保持车站和车厢内的清洁卫生，做好列车上的饮食供应工作，等等。

3. 维护当事人正当权益的原则

在我国铁路运输合同关系中，铁路运输企业与旅客和货主表面上看处于平等的法律地位，但实际上铁路运输企业的地位更为优越。目前，铁路运输是我国主要的运输方式，在一些运输市场上铁路运输企业处于卖方市场的地位，旅客和货主一般不能自由选择运输企业。针对以上情况，《铁路法》用大量详尽的法律条文规定了铁路运输企业的职责和义务，而对旅客和货主的义务就规定得比较原则和笼统。其目的就在于从中国实际情况出发，强调对旅客和货主合法权益的保护。这也是从保证社会稳定出发而应坚持的一条法律原则。

4. 安全运输的原则

保障货物和旅客的安全，是铁路运输企业的基本义务，也是《铁路法》的一条基本原则。在铁路运输中，盗窃铁路各种设备和铁路运输物资、抢劫旅客财物和铁路运输货物、非法拦截列车、制造各种事故、破坏铁路运输生产秩序、妨碍铁路行车等危害铁路安全的行为，是铁路运输安全之患。为加强铁路安全管理工作，《铁路法》对铁路安全与保护要求及措施等进行了规定。突出了保障运输安全畅通的有效措施及铁路运输企业与地方人民政府的分工负责制。

四、《铁路法》的适用范围

法律的适用范围，是指法律规范在什么时间、什么地点、对什么人发生法律效力。这是一部法律必须明确的基本问题。

1. 《铁路法》的空间效力范围

《铁路法》空间效力范围是指在什么地域内该法有效。根据《铁路法》第二条的规定，凡在我国领域内的国家铁路、地方铁路、专用铁路和铁路专用线，都是《铁路法》的适用范围。另据有关补充规定，合资铁路（国内）、中外合资铁路也是《铁路法》的适用范围。

《铁路法》第二条第二款规定："国家铁路是指由国务院铁路主管部门管理的铁路。"国家铁路承担主要客货运输量，在各种交通运输方式中占首要地位，是国民经济的大动脉。国家铁路的特殊地位，决定了它是《铁路法》的最主要的调整对象。《铁路法》第二条第三款规定："地方铁路是指由地方人民政府管理的铁路。"它主要由地方自行投资或修建，或者与国家铁路部门联合投资修建，担负地方公共旅客、货物短途运输任务。地方铁路由地方人民政府管理，一般分为由省级人民政府管理的铁路和由县级人民政府管理的铁路两种。专用铁路是指由企业或者其他单位管理，专为本企业或者本单位内部提供运输服务的铁路。一般是指比较大的工矿企业自己修建的专为本单位内部运输生产服务的铁路。专用铁路一般都自备机车和车辆，独立经营，内部往往设有许多小站，供运输时装卸使用。专用铁路也是我国铁路运输网的重要组成部分。铁路专用线是指由企业或者其他单位管理的与国家铁路或者其他铁路线路接轨的岔线。铁路专用线与专用铁路不同，前者仅指铁路线路，而后者还包括一整套严密的铁路运输组织系统。

2. 《铁路法》的时间效力

《铁路法》的时间效力是指该法从什么时候起开始生效。《铁路法》规定，其开始发生法律效力的时间是 1991 年 5 月 1 日。以前发生的各种纠纷，仍然要按照当时的法律法规处理，《铁路法》没有溯及既往的效力。

3. 《铁路法》对人的效力

《铁路法》对人的效力是指该法对什么人有效。这里所说的"人"，既包括自然人，也包括法人或者其他社会组织。自然人中包括我国公民和外国人。凡是在我国境内乘坐火车的旅客或托运货物的托运人、收货人都要按照《铁路法》规定，依法订立合同，履行自己的义务，都要遵守《铁路法》，按规定进行铁路运输活动。违反《铁路法》的规定，要承担相应的法律责任。

第四节 《铁路法》的主要内容与实施

案例导入

江苏兴化市无业人员王某中、王某华兄弟俩和江苏泰州市无业人员严某、李某经商议后，共同集资从事倒卖车票牟利活动。2011年1月中旬，王某中以每张加价15元倒卖给同案被告人李某上海、无锡至成都、沈阳等地火车票78张，票面金额2.1万元。同时，李某又从他处购得上海至无锡、常州火车票16张，票面金额995元。1月20日，李某将上述车票通过长途汽车从泰州托运到上海，让在上海的王某中将其中56张票面金额1万元的火车票，以1.2万元的价格与张某交易，被公安人员当场抓获。此外，公安人员还查获李某倒卖给王某华、方某的火车票38张。次日，公安人员将李某抓获，并前往江苏泰州将王某中等4人抓获归案，查获4人共同囤积准备加价倒卖的各类有效火车票140张，票面金额4.3万元。

一、铁路运输管理体制

《铁路法》从铁路运输内部和外部两种关系方面，确定了我国铁路的运输管理体制。

1. 国务院铁路主管部门主管全国铁路工作

国务院铁路主管部门不仅是国家铁路运输企业的政府主管部门，而且还是对其他铁路实行行业归口管理的部门。《铁路法》第三条规定：国务院铁路主管部门主管全国的铁路工作，对国家铁路实行高度集中、统一指挥的运输管理体制，对地方铁路、专用铁路和铁路专用线进行指导、协调、监督和帮助。国家铁路运输企业行使法律、行政法规授予的行政管理职能。同时，《铁路法》还在第七条规定：铁路沿线各级地方人民政府应当协助铁路运输企业保证铁路运输安全畅通，车站、列车秩序良好，铁路设施完好和铁路建设顺利进行。这就从铁路运输内部和外部两种关系方面，确定了我国铁路的运输管理体制。

2. 国家铁路实行高度集中、统一指挥的运输管理体制

国家铁路的这种管理体制，是由铁路运输生产活动的特点和国家铁路在国民经济中的地

位和作用决定的。首先，国家铁路运输历来就有"高、大、半"的特点。"高"即高度集中，统一指挥；"大"即大联动机，环环相扣，技术性强，管理程序复杂，整体性要求严，一环被阻，全路被动；"半"即半军事化，铁路运输组织机构和活动都带有半军事化的特点，下级服从上级。正是铁路这种"高、大、半"的特点，决定了铁路必须有一个强有力的运输指挥系统才能适应铁路运输管理的需要。其次，铁路的现状也需要实行高度集中、统一指挥的运输管理体制。随着改革开放的深入发展，城乡人民生活水平不断提高，物资交流日趋活跃，对铁路运输的要求也越来越高。但我国铁路与国民经济的发展不协调，运能低、运量大的矛盾一直得不到缓和。这种供需紧张状况在短期内不会有根本改变，这就需要充分利用有限的运输能力，最大限度地发挥铁路运输效益。因此，需要有适应这种形势的运输管理体制，强化铁路运输生产管理，为社会主义经济建设提供优质服务。

3. 国家铁路运输企业行使法律、行政法规授予的行政管理职能，是国家铁路运输企业作为公用企业的一个特点

《铁路法》规定："国家铁路运输企业行使法律、行政法规授予的行政管理职能。"这条规定是符合我国国家铁路运输企业的现状的。目前，国家铁路运输企业的行政管理权主要有：《中华人民共和国食品卫生法》（下称《食品卫生法》）授予的铁路食品卫生管理权；《铁路运输安全保护条例》规定的行政处罚权；《公共场所卫生管理条例》授予的车站公共场所卫生管理权以及卫生防疫方面的行政管理权。授予国家铁路运输企业行政管理权，是加强铁路运输管理和铁路运输安全的需要，是由国家铁路在国民经济中的地位和作用决定的。根据《铁路法》的规定，行政管理权只授予国家铁路，不能授予地方铁路、专用铁路和铁路专用线，而且授权必须以法律或行政法规为依据。

4. 铁路沿线地方政府协助管理铁路工作

铁路贯穿城乡，连接全国各地，与地方各级人民政府和沿线居民的关系非常密切。铁路露天二十四小时作业，铁路的安全管理涉及千家万户。因此，铁路安全管理经验很重要的一条就是要取得地方政府的大力支持和帮助。为此，《铁路法》明确要求地方人民政府积极协助铁路运输企业，整顿铁路沿线的治安秩序和社会秩序，确保铁路的安全畅通。铁路沿线地方人民政府协助管理铁路主要包括两个方面的内容：一是要保证铁路运输安全，包括铁路线路安全、行车安全、治安管理等；二是要保证铁路建设的顺利进行。

2013 年 3 月 14 日第十二届全国人民代表大会第一次会议通过《关于国务院机构改革和职能转变方案的决定》，其中为推动铁路建设和运营健康可持续发展，保障铁路运营秩序和安全，促进各种交通运输方式相互衔接，实行铁路政企分开，完善综合交通运输体系，进行了以下职责变动和划分：

（1）将铁道部拟订铁路发展规划和政策的行政职责划入交通运输部；组建国家铁路局，由交通运输部管理，承担铁道部的其他行政职责，负责拟订铁路技术标准，监督管理铁路安全生产、运输服务质量和铁路工程质量等。国家铁路局的主要职责：起草铁路监督管理的法律法规、规章草案，参与研究铁路发展规划、政策和体制改革工作，组织拟订铁路技术标准并监督实施；负责铁路安全生产监督管理，制定铁路运输安全、工程质量安全和设备质量安全监督管理办法并组织实施，组织实施依法设定的行政许可；组织或参与铁路生产安全事故

调查处理；负责拟订规范铁路运输和工程建设市场秩序政策措施并组织实施，监督铁路运输服务质量和铁路企业承担国家规定的公益性运输任务情况；负责组织监测分析铁路运行情况，开展铁路行业统计工作；负责开展铁路有关的政府间国际交流与合作；承办国务院及交通运输部交办的其他事项。

（2）组建中国铁路总公司，承担铁道部的企业职责。中国铁路总公司统一调度指挥铁路运输，实行全路集中统一管理，确保铁路运营秩序和安全，确保重要运输任务完成，不断提高管理水平，为人民群众提供安全、便捷、优质的服务。中国铁路总公司是经国务院批准，依据《中华人民共和国全民所有制工业企业法》设立，由中央管理的国有独资企业，由财政部代表国务院履行出资人职责，交通运输部、国家铁路局依法对公司进行行业监管。中国铁路总公司的经营范围和主要职责：以铁路客货运输服务为主业，实行多元化经营；负责铁路运输统一调度指挥，负责国家铁路运输经营管理，承担国家规定的公益性运输，保证关系国计民生的重点运输和特运、专运、抢险救灾运输等任务；负责拟定铁路投资建设计划，提出国家铁路网建设和筹资方案建议；负责建设项目前期工作，管理建设项目；负责国家铁路运输安全，承担铁路安全生产主体责任。中国铁路总公司，承担铁道部的企业职责，负责铁路运输统一调度指挥，经营铁路客货运输业务，承担专运、特运任务，负责铁路建设，承担铁路安全生产主体责任，等等。

二、铁路运输营业管理

1. 铁路运输计划管理

《铁路法》第十五条规定："国家铁路和地方铁路根据发展生产、搞活流通的原则，安排货物运输计划。对抢险救灾物资和国家规定需要优先运输的其他物资，应予优先运输。"因此，加强铁路运输计划管理是铁路运输营业管理的一项重要内容。铁路运输计划管理是指铁路的一切工作都要有计划地进行。运输计划包括旅客运输计划和货物运输计划两部分。

（1）旅客运输计划。

有计划地组织售票、合理使用运力是旅客运输组织的目的。在旅客运输计划的安排上，首先要保证重点旅客及时乘车，同时要安排好一般旅客和团体旅客的乘车。通过售票和组织签证等工作，有计划地使用和分配票额，合理组织客流，均衡组织运输，提高运输效益。

（2）货物运输计划。

国家对重点物资的铁路运输实行指令性计划，对全国铁路货运量实行指导性计划。在运输计划中要确定分品类的货物发送量、到达量，各铁路局间的接运量、交出量，货物周转量，月均装车数等重要指标。要通过计划，合理组织铁路货物运输，最大限度地利用现有运能，合理组织运输生产，迅速、安全、经济地运送货物。

2. 铁路运价管理

铁路运价是我国物价的一个重要组成部分，对整个商品经济和市场供应影响都较大，国家把铁路运价的管理作为宏观调控的一个重要手段。《铁路法》第二十五条规定："铁路的旅客票价率和货物、行李的运价率实行政府指导价或者政府定价，竞争性领域实行市场调节价。政府指导价、政府定价的定价权限和具体适用范围以中央政府和地方政府的定价目录为依据。铁路旅客、货物运输杂费的收费项目和收费标准，以及铁路包裹运价率由铁路运输企业自主制定。"《铁路法》的上述规定，明确了铁路运价的管理权限，符合我国铁路运价管理的实际情况。

3. 铁路运输票证管理

铁路运输票证是指铁路运输企业印制的，用来保证铁路运输生产活动顺利进行的各种证明文件，主要包括旅客车票、行李票、包裹票和货物运单以及货物运输中的要车计划表等。《铁路法》第二十七条规定："国家铁路、地方铁路和专用铁路印制使用的旅客、货物运输票证，禁止伪造和变造。"这就是说，铁路的客货运输票证的印制权在铁路运输企业，其他单位和个人不得印制、伪造。

4. 其他铁路运输管理

铁路运输管理的基本内容，还包括对禁运和限运货物的管理。《铁路法》第二十八条规定："托运、承运货物、包裹、行李，必须遵守国家关于禁止或者限制运输物品的规定。"在对国内、国际联运和军事运输的管理方面，《铁路法》规定，铁路运输企业与公路、航空或者水上运输企业相互实行国内旅客、货物联运，依照国家有关规定办理，国家没有规定的，按有关各方的协议办理。国家铁路、地方铁路参加国际联运，须经国务院批准。铁路军事运输管理，也依照国家有关规定办理。

三、铁路建设

（一）铁路发展规划

铁路发展规划是我国国民经济和社会发展规划的重要组成部分，应当依据国民经济和社会发展以及国防建设的需要而制订，并与其他交通运输形式的发展规划相协调。同时地方铁路、专用铁路、铁路专用线的建设规划也必须符合全国铁路发展规划，并征得国务院铁路主管部门或者国务院铁路主管部门授权机构的同意。

（二）铁路建设用地和留用土地

1. 铁路建设用地

铁路建设用地是指按修建铁路的需要而征用或者由国家划拨的土地。《铁路法》规定："铁路建设用地规划应当纳入土地利用总体规划。为远期扩建、新建铁路需要的土地，由县级以上人民政府在土地利用总体规划中安排。"

2. 铁路留用土地

铁路留用土地是指为了确保铁路路基、路堑、桥梁的稳固，修建排水系统，日常取土修路、造林绿化以及为实现铁路发展的长远规划而留下备用的土地。铁路留用土地分为铁路线路两侧的留用土地和铁路长远建设留用土地。

3. 铁路道口

铁路道口是指为方便行人和车辆通行而在铁路与道路交叉处铺设的平面交叉，俗称"平交道"。《铁路法》明确规定：铁路与道路交叉处，应当优先考虑设置立体交叉；未设立体交叉的，可以根据国家有关规定设置平交道口或者人行过道。

4. 铁路建设程序和标准化

《铁路法》规定："铁路建成后，必须依照国家基本建设程序的规定，验收合格，方能交付正式运营。"我国铁路实行标准化建设，《铁路法》规定："铁路的标准轨距为 1 435 毫米，新建国家铁路必须采用标准轨距。新建和改建铁路的其他技术标准也应符合国家标准或者行业标准。"

四、铁路安全与保护

铁路安全管理包括旅客与货物运输的安全、行车安全、线路安全、通信信号安全以及铁路道口通行安全等方面。铁路安全管理在铁路运输管理中具有重要的地位和作用。《铁路法》针对铁路安全保护方面存在的各种问题，从保障铁路运输生产活动顺利进行的立法目的出发，作了如下几个方面的规定：

（1）定期检查、维修铁路运输的各种设施。属于铁路设备带病运行、超负荷运转的，铁路运输企业都应当有计划地安排检修和更新。近期能解决的，要抓紧解决；近期不能解决的，要有个长期规划，逐步落实维修计划。国家有关部门，要根据实际情况，解决铁路维修资金来源问题，确保铁路的维修工作顺利进行。

（2）保证铁路牵引用电及重要负荷的电力供应。电力是铁路运输的重要的动力源。《铁路法》规定："电力主管部门应当保证铁路牵引用电以及铁路运营用电中重要负荷的电力供应。"保证供应铁路的牵引用电和重要负荷的电力供应，是保证铁路运输生产顺利进行的前提条件。因此，法律要求电力部门保证供电，这是电力主管部门应当切实履行的法律义务。电力主管部门要采取有效措施，确保铁路运输的电力供应。

（3）责令停止一切影响铁路线路、桥梁、涵洞安全的行为，拆除一切妨碍铁路行车瞭望的建筑物，迁移或者剪修、砍伐妨碍行车瞭望的树木等，这是法律赋予地方人民政府的职责和权限。

（4）禁止擅自在铁路线路上铺设平交道口、人行过道。要求铁路运输企业加强对铁路道口的管理，设置必要的安全防护标志；行人和车辆通过铁路道口时应当遵守国家关于铁路道口通行的规定：从铁路运输企业和行人、车辆两个方面规定了铁路道口安全管理方面各自应负的责任。

（5）禁止携带危险品进站上车或者以非危险品品名托运危险品。法律授权铁路公安人员和国务院铁路主管部门规定的铁路职工可以对旅客携带的物品进行运输安全检查。

（6）对违反铁路治安管理和破坏铁路运输生产秩序的行为规定了明确的责任。法律规定铁路职工有权制止以上行为，或者将行为人扭送公安机关处理。对一些危害铁路行车安全的行为，法律授权铁路公安人员或者地方公安人员现场负责人可以对行为人予以拘留。

（7）铁路交通卫生检疫。防止传染病流行，不仅是保证旅客的生命安全的需要，而且也是维护国家利益的需要，因此，加强交通卫生检疫，是一项重要任务。法律规定，旅客列车内发生需要检疫的情况，由铁路卫生检疫机构负责，必要时，地方卫生检疫机构应当协助。

除了上述七个方面的规定外，法律还对铁路交通事故的处理原则和人身赔偿的原则以及地方人民政府和铁路运输企业的职责及其分工作了明确的规定，使每一种危害铁路安全的行为都有人管、有人处理，从各个方面保障铁路的安全。这些措施，对加强铁路的安全管理是有利的。铁路运输企业应当充分运用法律武器，同一切危害铁路运输安全的行为做斗争。

五、违反《铁路法》的法律责任

在铁路运输生产过程中，违反《铁路法》或其他法律法规的行为，应承担相应的法律后果。其法律责任主要分三种，即行政责任、刑事责任和民事责任。

（一）违反《铁路法》的行政责任

承担违反《铁路法》的行政责任的方式有三种：一是对扰乱铁路治安管理秩序和铁路运输秩序行为的治安管理行政处罚；二是对违反《铁路法》行为的其他行政处罚；三是对违法失职的铁路职工的行政处分。

1. 违反铁路治安管理的行政处罚

《铁路法》对违反铁路治安管理的行为作了明确的规定，主要有以下 11 个方面的内容：
（1）携带危险品进站上车的行为；
（2）非法携带管制刀具进站上车的行为；
（3）以非危险品的品名托运危险品的行为；
（4）损毁、移动铁路行车信号装置以及其他行车设施的行为；
（5）聚众拦截列车或者冲击铁路行车调度机构的行为；
（6）偷乘、攀附、击打列车的行为；
（7）在列车内寻衅滋事的行为；
（8）倒卖铁路旅客车票或者其他铁路运输票证的行为；
（9）阻碍铁路职工依法执行职务的行为；
（10）哄抢铁路运输物资的行为；
（11）偷窃、骗取、抢夺和敲诈勒索旅客财物的行为。

【案例 3.1】1998 年 1 月 21 日，某单位业务员张某为图省事，将一批易燃的进口喷发胶货物，按照一般化妆品到某站托运，被车站查出。铁路公安机关根据规定予以没收，并对直接责任人张某予以拘留 10 天的治安处罚。张某不服，提起行政诉讼。

【法理分析】喷发胶虽然是一种化妆品，但由于其易燃的性质，在铁路运输中常常会引发火灾，严重的还会造成铁路列车车毁人亡的后果。因此，喷发胶运输被列入危险品运输的范围，在车站的公告中都有明确的提示，既不允许旅客携带进入列车，也不允许按普通货物运输。根据《铁路法》的规定，携带炸药、雷管上车的，要追究刑事责任，情节轻微，不构成犯罪的，可以给予治安处罚；携带其他危险品进站上车的，如未造成后果，则可以给予治安管理处罚。张某作为经营此项业务的人员，应当知道喷发胶的性能，对其行为要承担相应的法律责任。特别是在春运期间，为保障运输安全，更要严厉处理。所以，公安机关的处罚是正确的。法院判决：维持公安机关的行政决定。

2. 擅自铺设道口行为的行政责任

《铁路法》规定："擅自在铁路线路上铺设平交道口、人行过道的，由铁路公安机关和地方公安机关责令限期拆除，可以并处罚款。"

3. 对违反铁路运价管理规定的行政处罚

《铁路法》规定："铁路运输企业违反本法规定，多收运费、票款或者旅客、货运输杂费的，必须将多收的费用退还付款人，无法退还的上缴国库。将多收的费用据为己有或者侵吞私分的，依照刑法有关规定追究刑事责任。"

4. 对铁路职工违法违纪行为的行政处分

《铁路法》规定，对于铁路职工玩忽职守、违反规章制度造成铁路运营事故的，要给予行政处分，情节严重、构成犯罪的，还要依法追究刑事责任。对利用职务之便谋取私利的铁路职工，除追缴非法所得外，要对当事人或者直接责任人追究行政责任，如果构成犯罪的，要依法追究刑事责任。

(二) 违反《铁路法》的刑事责任

危害铁路运输安全的行为达到一定的严重程度，触犯我国刑事法律的规定，构成犯罪的，要给予刑事制裁。我国《铁路法》对此作了相应的原则规定，可追究刑事责任的行为有：

(1) 携带危险品进站上车或者以非危险品品名托运危险品，导致发生重大事故的；

(2) 故意损毁、移动铁路行车信号装置或者在铁路线路上放置足以使列车倾覆的障碍物的；

(3) 盗窃铁路线路上行车设施零件、部件或者铁路线路上的器材，危及行车安全的；

(4) 聚众拦截列车不听制止的；

(5) 聚众冲击铁路行车调度机构不听制止的；

(6) 聚众哄抢铁路运输物资的；

(7) 在列车内，抢劫旅客财物的、伤害旅客的；

(8) 在列车内，寻衅滋事、侮辱妇女，情节恶劣的；

(9) 在列车内，敲诈勒索旅客财物的；

(10) 倒卖旅客车票数额较大的；

(11) 违法多收运费、票款或者旅客、货物运杂费，并将多收的费用据为己有或者侵吞票款的；

（12）铁路职工利用职务之便走私、非法经营的；

（13）铁路职工玩忽职守、违反规章制度造成铁路运营事故的，滥用职权、利用办理运输业务之便谋取私利，情节严重的。

【案例3.2】1999年5月29日凌晨2时许，犯罪嫌疑人王某、郭某携带钢锯、充丝钳、铁锹、手电筒等作案工具，窜到京广线焦庄车站附近，将焦庄车站2号、4号、6号、8号道岔信号电缆锯断，影响23列客货列车正常运行。经抢修通车后，两犯罪嫌疑人又携带上述作案工具于当晚23时许，再次将该站6号、8号道岔信号电缆锯断，影响3列货物列车正常运行。两次盗窃割损坏24芯电缆450米（29.80元/米），价值13 410元，铁路公安人员在距破坏现场200米处将两犯罪嫌疑人抓获。经查实，两犯罪嫌疑人在京广线盗窃旧信号电缆5次，折价2 000多元，并在其家中搜查出大量电缆线皮及裸线。

【法理分析】两案件中当事人的行为属于"盗窃铁路线路上行车设施的零件、部件或者铁路线路上的器材，危及行车安全"的行为。根据《铁路法》的规定，对于上述行为，可以以破坏交通设施罪追究当事人的刑事责任。

【案例3.3】1998年1月11日8时许，韩某携带煤矿类铵锑炸药20管、雷管29个等物品进入雁翅火车站内，被正在检查危险物品的车站工作人员查获，违禁品全部被没收。

【法理分析】《铁路法》规定，"携带炸药、雷管或者非法携带枪支子弹、管制刀具进站上车的，依照刑法有关规定追究刑事责任"。被告的行为构成携带危险物品危及公共安全罪，可以追究当事人的刑事责任。

（三）违反《铁路法》的民事责任

民事责任是指公民、法人或者其他社会组织因违反民事法律规范所应承担的法律后果，它是法律责任的一种具体形式。

1. 铁路运输企业对由运输事故及其他运营事故造成的损害承担民事赔偿责任

《铁路法》规定："因铁路行车事故及其他铁路运营事故造成人身伤亡的，铁路运输企业应当承担赔偿责任；如果人身伤亡是因不可抗力或者由于受害人自身的原因造成的，铁路运输企业不承担赔偿责任。"

【案例3.4】原告沈某在宜昌车站买票，乘坐由被告原襄樊铁路分局经营管理的474/17次旅客列车回襄樊。当列车行至宜昌段时，13号车厢内突然发生殴斗，其中一乘客手持啤酒瓶猛砸另一乘客的头部，飞溅的啤酒瓶碎片将一旁的沈某脸部划伤，伤口长约6厘米，经法医鉴定为轻伤。事发后，沈某住进医院，治疗后脸上留下明显疤痕。沈某认为，襄樊分局应当赔偿本人因意外受伤所造成的一切经济损失共17 229.9元。沈某在多次索赔未果的情况下诉至法院。

【法理分析】《铁路法》规定："因铁路行车事故及其他铁路运营事故造成人身伤亡的，铁路运输企业应承担赔偿责任；如果人身伤亡是因为不可抗力或由于受害人自身原因造成的，铁路运输企业不承担赔偿责任。"本案是因铁路运营事故造成旅客受伤的，被告应承担赔偿责任。

2. 侵害铁路运输设施的侵权民事责任

《铁路法》规定：在铁路线路和铁路桥梁、涵洞两侧一定距离内，修建山塘、水库、堤坝，开挖河道、干渠，采石挖沙，打井取水，影响铁路路基稳定或者危害铁路桥梁、涵洞安全的，由县级以上地方人民政府责令停止建设或者采挖、打井等活动，限期恢复原状或者责令采取必要的安全防护措施。

3. 侵占铁路建设用地的民事责任

《铁路法》规定：铁路运输企业对铁路建设用地享有使用权，侵占铁路建设用地的，由县级以上地方人民政府土地管理部门责令停止侵占、赔偿损失。

【案例 3.5】湖南长沙律师何某因丢票补票问题将广州铁路（集团）公司告上法庭，要求其退还重新购票票款和 2 元手续费，并索赔 1 元。浙江一名大学生陈某因检票进站后车票遗失被要求全额补票，遂起诉昆明铁路局。乘车买票，与每个人生活息息相关。丢失的车票是否必须重新再买？

【法理分析】以前在日常工作中，铁路部门时常会遇到这样的情况：甲买了车票，乙没有买车票，甲把自己的车票交给乙，乙凭甲的车票进站乘车，而甲用自己的购票记录进站乘车。这不仅侵害了广大旅客的权益，而且损害了国家利益。《铁路旅客车票实名制管理办法》于 2015 年 1 月 1 日实施，车票实名制管理需要核验人、证、票一致。那么，《铁路旅客车票实名制管理办法》实施之后，乙拿了甲的票，根本就进不了车站，在这种情形下就无须再讨论恶意逃票的问题。而且，铁路所遇到的逃票事件是经营者面临的正常经营风险，逃票乘客也面临被要求补票、加收票款及记入个人诚信档案等违法成本威慑，所以从优化管理的角度，铁路部门可以进一步提高逃票违法成本，而不是将正常经营风险转嫁给普通乘客。

《铁路法》第十四条规定："旅客乘车应当持有效车票。对无票乘车或持失效车票乘车的，应当补收票款，并按照规定加收票款；据不交付的，铁路运输企业可以责令下车。"据此，《铁路法》授权铁路运输企业对旅客补票只限于无车票即未购票及持失效车票如过期票等两种情况，在旅客有证据证明车票丢失的情况下，车票丢失不等于无车票（未购票），因此《铁路旅客运输规程》第四十三条相关规定并没有法律的授权。1997 年 12 月 1 日起施行的《铁路旅客运输规程》的相关规定已不符合车票实名制的新情况，尤其是在车站已用二代身份证代替纸质车票验票的新情况下。铁路运输立法的变革，应当促进铁路部门在"互联网+"方面的业态探索、适应和创新，将铁路运输的消费者作为铁路运输立法的知情者、参与者、表达者和博弈者，以更为科学、民主的立法实践打造满足公众期待的铁路运输立法的升级版，甚至发挥在"互联网+"的运输法治方面的示范和标杆作用。

复习思考题

一、简答题

1. 简述铁路运输法律法规的特点和作用。
2. 铁路运输法律法规的渊源有哪些？
3. 简述《铁路法》的立法原则。
4. 简述《铁路法》的概念及其适用范围。
5. 《铁路法》中包含了哪几个方面的内容？
6. 简述违反《铁路法》应承担的法律责任。

二、填空题

1. 铁路运输法律法规的特点有_____、_____、_____、_____。
2. 我国铁路运输法律法规的渊源包括_____、_____、_____、_____、_____、_____、_____、_____八个层次。
3. 我国现行铁路运输法律法规体系的基本框架是：以_____为基础，以_____为龙头，以_____为骨干，以_____为补充的纵横相结合的系统。
4. 我国铁路运输活动中，主要发生三类社会关系：一是_____；二是_____；三是_____。
5. 违反《铁路法》应承担法律责任的方式主要有_____、_____、_____三种。
6. 违反《铁路法》承担行政责任的方式有三种：一是_____；二是_____；三是_____。

三、判断题

1. 铁路运输法规是集行政法、民法和经济法为一体的调整铁路运输关系的法律规范的总称。
2. 特别法优于普通法，特别法有规定的适用特别法的规定，特别法没有规定或规定不全的，适用普通法的规定。
3. 最高人民法院的司法解释不具有法律效力。
4. 地方性铁路法规与部门铁路规章具有同等的法律效力，在各自权限范围内施行。
5. 部门规章之间、部门规章与地方政府规章之间对同一事项的规定不一致时，由地方人民政府裁决。
6. 《铁路法》开始发生法律效力的时间是 1990 年 9 月 7 日。
7. 凡在我国领域内的国家铁路、地方铁路、专用铁路和铁路专用线，都是《铁路法》的适用范围。
8. 在我国境内乘坐火车的每个旅客或托运货物的托运人、收货人都要按照《铁路法》规定，进行铁路运输活动。
9. 抢险救灾物资应予优先运输。
10. 行政管理权不只授予国家铁路，也授予地方铁路、专用铁路和铁路专用线。
11. 国家铁路、地方铁路和专用铁路印制使用的旅客、货物运输票证，禁止伪造和变造。
12. 铁路建设用地规划应当纳入土地利用总体规划。为远期扩建、新建铁路需要的土地，由县级以上人民政府在土地利用总体规划中安排。

13. 托运、承运货物、包裹、行李，必须遵守国家关于禁止或者限制运输物品的规定。

14. 禁止携带危险品进站上车或者以非危险品品名托运危险品。

15. 法律授权铁路职工可以对旅客携带的物品进行运输安全检查。

16. 佩戴值勤标志的铁路职工可以对旅客人身进行运输安全检查。

17. 对违反铁路治安管理和破坏铁路运输生产秩序的行为，铁路职工有权制止。

18. 擅自在铁路线路上铺设平交道口或者人行过道的，由铁路运输企业责令限期拆除，可以并处罚款。

19. 铁路运输企业对铁路建设用地享有使用权，侵占铁路建设用地的，铁路运输企业有权责令停止侵占、赔偿损失。

20. 对盗窃铁路线路上行车设施的零件、部件危及行车安全的行为，可以以危害公共安全罪追究当事人的刑事责任。

第四章 合同法律制度

【学习目的】通过本章的学习，了解合同概念、特征及订立程序，掌握有效合同的类型，担保的方式及合同的变更、转让、解除与终止的条件，熟悉承担违约责任的条件及原则并具备运用《中华人民共和国合同法》（以下简称《合同法》）中相关的法律知识确定合同的效力、分析违约责任的能力。

第一节 合同概述

 知识链接

《合同法》立法始于1993年。根据第八届全国人大常委会的立法规划，7位专家参与讨论并提出了《中国合同法立法方案》。1995年1月形成了由全国12个法律院所的专家学者参与起草的合同法建议稿并提交法工委。1995年10月法工委民法室以专家建议稿为基础起草了合同法试拟稿。1996年5月27日至6月7日，法工委修改统一合同法草案，最后形成合同法试拟稿第三稿。其后在第三稿基础上法工委修改形成了1995年5月的《中华人民共和国合同法（征求意见稿）》。根据各方面意见修改后，于1998年8月九届人大常委会第四次会议第一次审议了合同法草案。会后根据常委会的决定，将《中华人民共和国合同法（草案）》公布，全面征求意见。经过四次审议后，全国人大常委会决定将合同法草案提请第九届全国人民代表大会第二次会议审议通过。1999年3月15日第九届全国人民代表大会第二次会议通过了《合同法》。1999年10月1日，《合同法》正式实施。

一、合同的概念

合同是平等主体的自然人、法人、其他组织之间设立、变更、终止民事权利义务关系的协议。

合同也称为契约，是商品交换的法律形式，是商品经济社会中最重要的一种法律制度，并随着商品经济的发展而发展。合同不仅存在于经济领域，而且已扩展到社会生活的诸多方面。合同有广义和狭义之分。广义的合同除了包括民事合同外，还包括行政合同、劳动合同等。本法所称的合同，是指狭义上的合同，其调整对象为除了婚姻、收养、监护等有关身份关系的合同以外的所有民事合同。

二、合同的分类

根据不同的标准，可将合同分为不同的种类。合同分类有助于当事人正确地理解法律，订立和履行合同，有助于正确地适用法律，处理合同纠纷，还可以对合同法律的完善起到促进作用。通常，对合同做以下分类。

(一) 按是否为法律明确规定分

按合同的名称、内容是否为法律明确规定，合同可分为列名的合同和未列名的合同两大类。

1. 列名的合同

列名的合同是指由法律作了规定并赋予特定名称的合同，又称典型合同。《合同法》中列名的合同有以下 15 种：

（1）买卖合同。

买卖合同是出卖人转移标的物所有权于买受人，买受人支付价款的合同。

（2）供用电、水、气、热力合同。

供用电合同是供电人向用电人供电，用电人支付电费的合同。供用水合同是供水人向用水人供水，用水人支付水费的合同。供用气合同是供气人向用气人供气，用气人支付气费的合同。供用热力合同是供热力人向用热力人提供热力，用热力人支付热力费的合同。

（3）赠与合同。

赠与合同是赠与人将自己的财产无偿给予受赠人，受赠人表示接受赠与的合同。

（4）借款合同。

借款合同是借款人向贷款人借款，到期返还借款并支付利息的合同。

（5）租赁合同。

租赁合同是出租人将租赁物交付承租人使用、收益，承租人支付租金的合同。

（6）融资租赁合同。

融资租赁合同是出租人根据承租人对出卖人、租赁物的选择，向出卖人购买租赁物，提供给承租人使用，承租人支付租金的合同。

（7）承揽合同。

承揽合同是承揽人按照定做人的要求完成工作，交付工作成果，定做人给付报酬的合同。承揽包括加工、定做、修理、复制、测试、检验等工作。

（8）建设工程合同。

建设工程合同是承包人进行工程建设，发包人支付价款的合同。建设工程合同包括工程勘察、设计、施工合同。

（9）运输合同。

运输合同是承运人将旅客或者货物从起运地点运输到约定地点，旅客、托运人或者收货人支付票款或者运输费用的合同。运输合同可分为客运合同、货运合同和多式联运合同。

（10）技术合同。

技术合同是当事人就技术开发、转让、咨询或者服务订立的确立相互之间权利和义务的合同。技术合同可分为技术开发合同（包括委托开发合同和合作开发合同）、技术转让合同、技术咨询合同和技术服务合同。

（11）保管合同。

保管合同是保管人保管寄存人交付的保管物，并返还该物的合同。

（12）仓储合同。

仓储合同是保管人储存存货人交付的仓储物，存货人支付仓储费的合同。

（13）委托合同。

委托合同是委托人和受托人约定，由受托人处理委托人事务的合同。

（14）行纪合同。

行纪合同是行纪人以自己的名义为委托人从事贸易活动，委托人支付报酬的合同。

（15）居间合同

居间合同是居间人向委托人报告订立合同的机会或者提供订立合同的媒介服务，委托人支付报酬的合同。

以上15种合同中，运输合同、仓储合同、保管合同、委托合同与铁路运输和铁路拓展物流服务密切相关。

2. 未列名的合同

未列名的合同是指列名合同以外的合同，如联营合同、期权期货合同、客运延伸服务合同等。

（二）按合同的标的分

按合同的标的，合同可分为转移财产的合同、完成工作的合同、提供劳务的合同、财产使用合同和其他合同。

1. 转移财产的合同

转移财产的合同是指当事人一方为取得财产所有权，付给另一方相当价值金钱的合同。

转移财产的合同有两个基本特点：一是合同标的物为物质客体，具有使用价值和交换价值；二是合同的履行最终目的是实现所有权的转移。转移财产合同主要包括买卖合同、供用电、水、气、热力合同等。

2. 完成工作的合同

完成一定工作的合同是指当事人一方自己承担风险完成他方交给的工作，并由他方支付工作报酬的合同。其特点是：

（1）主体的特定性。

要求主体有一定的技术、设备等条件。

（2）标的物的特殊性。

标的物不是通用产品，具有特定的技术、质量要求。完成工作的合同主要包括建设工程合同、承揽合同等。

3. 提供劳务的合同

提供劳务的合同是指当事人一方按照约定的条件，用自己的劳动工具和劳动，为他方提供服务活动，并由他方支付劳务报酬的合同。其特点是：提供劳务必须由提供劳务的当事人一方履行，而不能将义务转让给第三人完成。提供劳务的合同主要包括运输合同、仓储合同、委托合同等。

4. 财产使用合同

财产使用合同是指一方当事人按约定对对方的财产行使使用权，使用期满后返还原物并支付租金的合同。其特点在于，财产使用合同是取得标的物的使用权，而不是所有权，使用期满后原物返还。财产使用合同包括租赁合同等。

5. 其他合同

其他合同包括联营合同、期权期货合同等。

（三）按合同与国家计划的关系分

按合同与国家计划的关系，合同可分为计划合同和非计划合同。

1. 计划合同

计划合同指直接根据国家计划签订的合同。其特点在于计划是这类合同签订的基础与前提，对双方都具有约束力，必须严格执行。

2. 非计划合同

非计划合同指不直接根据国家计划，而是按照各经济组织业务活动的范围签订的合同。合同的内容与是否签订合同均由双方自由协商决定。

（四）按参与合同的当事人数目分

按参与合同的当事人数目的多少，合同可分为双边合同与多边合同。

1. 双边合同

双边合同指由权利义务对等的双方所签订的合同，如买卖合同、承揽合同、铁路旅客运输合同、铁路行李运输合同。

2. 多边合同

多边合同指由两个以上权利义务主体参与的合同，如当托运人与收货人不是同一主体时的铁路货运合同、铁路包裹运输合同。

（五）按是否交付标的物分

根据合同签订时，除当事人意思表示一致外，是否还要交付标的物来，可将合同分为诺成合同和实践合同。

1. 诺成合同

诺成合同指只要签约双方就权利义务关系经过协商，双方意思表示一致，不需要提交标的物即可成立的合同，如建筑工程合同、铁路旅客运输合同。

2. 实践合同

实践合同指除双方意思表示一致，并达成协议外，还需要实际履行，交付实物，才能成立的合同。例如，仓储合同，除双方协商达成协议外，存货人还需将仓储物交付给保管方，合同才能成立，并发生法律效力；又如订立铁路货物运输承运合同时，货物运输合同除托运人、承运人双方协商达成协议外，托运人还需交运货物，合同才能成立，并发生法律效力。

（六）按合同双方当事人分担权利义务的方式分

根据合同双方当事人分担权利义务的方式，合同可分为双务合同和单务合同。

1. 双务合同

双务合同指当事人双方相互享有权利和负有义务，并且一方的权利是另一方的义务的合同，如买卖合同、运输合同、仓储合同、租赁合同等。

2. 单务合同

单务合同指一方当事人只享有权利、另一方当事人只负有义务的合同，如未附带条件的赠与合同等。

（七）按两个合同之间的主从关系分

根据两个合同之间的主从关系，可将合同分为主合同和从合同。

1. 主合同

主合同指不以他种合同存在为前提，能自己独立存在的合同，如买卖合同、铁路货物运输合同、铁路旅客运输合同、铁路包裹运输合同等。

2. 从合同

从合同指必须以他种合同存在为前提才能成立的合同，如保证合同、抵押合同、铁路行李运输合同等。

（八）按合同的成立是否以一定的形式为要件分

根据合同的成立是否以一定的形式为要件，合同可分为要式合同和非要式合同。

1. 要式合同

要式合同指依照法律的规定、交易的习惯或当事人的要求，必须采用某种形式才能成立的合同。所谓形式，一般是指要求书面形式，甚至要经过批准、登记或公证等手续。

2. 非要式合同

非要式合同指对于合同成立没有形式上的要求的合同。

三、合同的特征

1. 合同是双方或多方当事人的法律行为

合同是双方或多方当事人意思表示一致的结果。合同的成立，必须有两方以上当事人共同实施，一个人或一个单位不能自己同自己订立合同。例如，购销合同必须有供方和需方，缺一不可。而合伙合同、货运合同则可以是两方或多方。合同是当事人确立、变更或终止一定法律关系的行为，是经济协作中最常见的法律事实，能引起一定的法律后果，是具有法律约束力的行为。

2. 合同关系中当事人的法律地位是平等的

合同是当事人之间的协议。在合同关系中只有当事人的法律地位平等，才能各自充分表达自己的真实意思，进行平等协商。在合同中，一方不得把自己的意志强加给另一方。

3. 合同是当事人的合法行为

合同中所确立的权利义务，必须是当事人依法可以享有的权利和能够承担的义务，这是合同具有法律效力的前提。《民法通则》第五十四条规定："民事法律行为是公民或者法人设立、变更、终止民事权利和民事义务的合法行为。"如果在签订合同中有违法行为，当事人不仅不能达到预期的目的，而且还须对其违法行为承担相应的法律责任。

四、合同的内容

根据《合同法》的规定，合同的内容由当事人约定。合同的内容规定了当事人的权利和义务，是确认合同是否合法和当事人双方是否全面履行合同的主要依据。合同的内容一般应包括以下条款：

1. 当事人的名称或者姓名和住所

当订立合同的当事人为法人或其他组织时，合同文本中应写明该法人或组织的名称、住所或经营场所，法定代表人或负责人的姓名。当合同当事人为自然人时，合同文本中应写明该自然人的姓名、住址。

2. 标的

合同标的是指合同当事人双方的权利义务共同指向的对象。合同种类不同，标的也不同。标的可以是实物，也可以是工作项目、劳务活动或智力成果。例如，买卖合同的标的是实物，借款合同的标的是货币，运输合同、仓储合同的标的是提供的劳务，等等。合同的标的，必须符合国家法律、法规的要求，并非所有的物和行为都可以作为合同的标的。标的是订立合同的前提，如果没有标的或标的不明确，合同就不能成立，也无法履行。

3. 数量

数量是标的的计量，是衡量标的大小、多少、轻重的尺度。标的数量是通过计量单位和计量方法来衡量的，必须使用国家法定计量单位、统一的计量方法，国家没有规定的，由双方商定。订立合同时，计量单位和计量方法必须合法、具体、明确。此外，特殊的标的物由于其物理属性可能会产生自然增减的情况，因此在合同中应当明确记载合理磅差、正负尾差、超欠幅度、自然损耗率等。

4. 质量

标的的质量是指标的的内在素质（物理的、机械的、化学的、生物的性能、性质等）和外观现象（造型、形状、色泽等）的状况。签订合同时，必须明确、详细地载明标的的名称、品种、规格、型号、等级、质地等具体内容。标的的质量是合同的主要内容，必须明确质量的标准。有国家标准或行业标准的，按国家标准或行业标准签订；没有国家标准或行业标准的，由双方协商签订。对于双方约定提交的样品，如果能够保存，双方应将相同的样品（经双方签封）各自保存一份；如果不易保存，应将样品名称、品种、规格、型号、等级、质地详细记载清楚，各存一份，以作为验收凭证。

5. 价款或者报酬

价款或者报酬是指合同当事人一方向交付标的的另一方所支付的以货币为表现形式的代价。在以物为标的的合同中，这种代价称为价款；在以劳务、智力成果为标的的合同中，这种代价称为报酬。价款或者报酬，除国家规定必须执行国家定价的以外，由当事人协商议定。除法律另有规定外，价款或者报酬必须采用货币计量来表示。

6. 履行期限、地点和方式

（1）履行期限。

履行期限是指履行合同标的和给付价款或者报酬的时间界限。合同履行期限分为合同的有效期限和合同的履行期限。合同的有效期限是指合同有效时间的起止界限，如长期合同、年度合同、季度合同等。合同的履行期限是指合同约定的履行时间要求，可以按日、按旬、按月、按季分期履行。有些合同的履行期限就是合同的有效期限，如仓储合同、保管合同等。有些合同既要规定有效期限，又要规定履行期限，如买卖合同的有效期限可能是 1 年，而履行期限可能按月分期履行。对于履行期限，在合同中必须规定得明确、具体。

（2）履行地点。

履行地点是指交付或提取标的的地方。合同中必须对履行地点作出明确规定。在买卖合同中，由卖方送货或采用代办托运的，履行地点为产品发运地；买方自提的，履行地点为产品的提货地。交付建筑物的，履行地点为建筑物所在地；给付货币的，在接受给付的一方所在地履行。

（3）履行方式。

履行方式是指当事人履行合同义务采用的方式。合同的履行方式，取决于标的的性质，不同性质的标的，有不同的履行方式。在合同中，必须明确规定是一次履行，还是分期、分批履行；是当事人自己履行，还是由他人代为履行。合同的履行方式还包括标的的交付方式和价款或者报酬的结算方式。以物为标的的交付方式，通常包括送货方式、自提方式和代运方式。送货方式一般由卖方承担，一切风险由卖方自己负责；自提方式是由买方按合同规定的时间、地点自行提货；代运方式是指买方委托卖方代办托运，代办托运应明确规定运输方式的种类、运输工具、运输路线及到达站（港）的准确名称及运杂费的承担。结算方式，除国家允许用现金履行义务的以外，必须通过银行转账结算。

7. 违约责任

违约责任是指因当事人一方或双方的过错，造成合同不能履行或不能完全履行时，责任方必须承担的责任。对于违约责任，法律、法规有规定的，按照法律、法规的规定执行；法律、法规没有规定的，由当事人双方协商确定。当事人可以在合同中约定，一方当事人违反合同时，向另一方当事人支付一定数额的违约金；或者约定因违反合同而产生损失的赔偿数额的计算方法。但约定的违约金、赔偿金，不得高于或者低于法律、法规规定的比例幅度或者限额。在合同中明确规定当事人双方的违约责任，有利于双方严肃认真地签订和履行合同，有利于追究责任方的违约责任。

8. 解决争议的方法

解决争议的方法是指当事人因合同发生纠纷时的处理方法。当事人可在合同中约定解决争议的方法。解决争议的方法有：双方协商解决、第三方调解、提交仲裁机关仲裁、向人民法院提起诉讼。如果双方在合同中书面约定了发生纠纷时向共同选定的仲裁机构仲裁解决，则发生纠纷后只能向该仲裁机构提起仲裁，不能向人民法院提起诉讼。

供货合同范本

供货合同合同编号：_____

甲方（供货方）：_____

乙方（购货方）：_____

签订地点：_____ 签订时间：_____

一、品种：_____。

二、数量：_____（以双方最后函电确认为准）。

三、质量要求：符合_____标准。

四、规格：_____。

五、包装标准：_____。

六、供货地点及交货方式：双方另议（凭电报、传真确定）。

七、交货日期：每月月末（最后营业日）。

八、验收方式：按第三条验收。

九、价格：凭双方函电确定；如乙方在_____把向甲方购得的该批糖再卖出，则以乙方再行卖出的价格作为甲乙双方的结算价。

十、付款方式:分期付款。当乙方将本合同项下的货物在_____再行卖出时,甲方委托_____代收,乙方付款办法为:

1. 首期预付货款为_____元/吨,乙方于卖出之日一次性支付。

2. 除首期款外,及时补足_____同期之货物的加权平均成交价与乙方卖出价的差价。

3. 交货日当月第一个工作日,付足_____元/吨或全额货款的_____%(按高者执行)。

4. 交货日当日付足剩余货款。

十一、其他约定事项。

1. 甲方在乙方履约后,一次性由甲方按结算价的_____%支付给乙方作为其销售甲方_____的酬金(以双方最后函电确认为准)。

2. 在交货日期前乙方发生_____所称提前交收情况,有关业务即中止执行,甲方委托_____按其提前交收办法与乙方结清货款。

3. 如乙方不能如期按上述付款方式足额支付货款,有关业务即行中止。甲方根据_____的交易管理办法请求_____中止乙方在_____的买卖资格,由_____代乙方提前交收。已付货款在弥补_____损失后,余额返还乙方,不足弥补的,由_____向乙方追索。

4. 甲方如到期不能及时如数交货,可以委托_____结清相应款项后退还乙方剩余货款。

十二、未尽事宜另行协议。

十三、本合同一式三份,甲、乙方各执一份,交_____一份备案。

十四、本合同经双方盖章之日起生效。

甲方(签章):_____ 乙方(签章):_____

单位地址:_____ 单位地址:_____

代表人:_____ 代表人:_____

第二节　合同的订立

 案例导入

　　S省某建筑工程公司因施工期紧迫,而事先未能与有关厂家订好供货合同,造成施工过程中水泥短缺,急需100吨水泥。该建筑工程公司同时向A市海天水泥厂和B市的丰华水泥厂发函,函件中称:"如贵厂有300号矿渣水泥现货(袋装),吨价不超过1 500元,请求接到信10天内发货100吨。货到付款,运费由供货方自行承担。"A市海天水泥厂接信当天回信,表示愿以吨价1 600元发货100吨,并于第3天发货100吨至S省建筑工程公司,该建筑工程公司于当天验收并接收了货物。B市丰华水泥厂接到要货的信件后,积极准备货源,于接信后第7天,将100吨袋装300号矿渣水泥装车,直接送至某建筑工程公司,结果遭到某建筑工程公司的拒收。理由是:本建筑工程仅需要100吨水泥,至于给丰华水泥厂发函,只是进行询问协商,不具有法律约束力。丰华水泥厂不服,遂向人民法院提起了诉讼,要求依法处理。

现问：

（1）丰华水泥厂与某建筑工程公司之间是否存在生效的合同关系？

（2）某建筑工程公司拒收丰华水泥厂的100吨水泥是否于法有据？

（3）对海天水泥厂的发货行为如何定性？

（4）海天水泥厂与建筑工程公司的合同何时成立?合同内容如何确定？

（5）设建筑工程公司收到海天水泥厂的回信后，于次日再次去函表示愿以吨价1 599元接货，海天水泥厂收到该第二份函件后即发货100吨至建筑工程公司。那么，二者之间的合同是否成立？如果成立，则何时成立？合同内容如何确定？

一、合同的订立

合同的订立是指两个或者两个以上的当事人，依法就合同的条款协商一致，达成协议的法律行为。合同的订立是合同双方动态行为和静态协议的统一，它既包括缔约各方在达成协议之前接触和洽谈的整个动态的过程，又包括双方达成合意、确定合同的主要条款或者合同的条款之后所形成的协议。

（一）订立合同的基本原则

1. 合法原则

合同的合法性是合同成立并具有法律效力的首要条件，也是合同获得国家承认、当事人的权益得到法律保护的前提。为了保证所订合同具有法律效力，达到预期的法律后果，当事人在订立合同时，必须遵守国家法律和行政法规的规定，在合法的前提下，设置合同的内容，确定当事人的权利和义务。

2. 平等原则

根据《合同法》第三条"合同当事人的法律地位平等，一方不得将自己的意志强加给另一方"的规定，平等原则是指地位平等的合同当事人，在充分协商达成一致意思表示的前提下订立合同的原则。这一原则包括三方面内容：① 合同当事人的法律地位一律平等。不论所有制性质，也不问单位大小和经济实力的强弱，其地位都是平等的。② 合同中的权利义务对等。要求当事人所取得的财产、劳务或工作成果与其履行的义务大体相当；要求一方不得无偿占有另一方的财产，侵犯他人权益；要求禁止平调和无偿调拨。③ 合同当事人必须就合同条款充分协商，取得一致意思表示，合同才能成立。任何一方都不得凌驾于另一方之上，不得把自己的意志强加给另一方，更不得以命令、胁迫等手段签订合同。

3. 自愿原则

根据《合同法》第四条"当事人依法享有自愿订立合同的权利，任何单位和个人不得非法干预"的规定，民事活动除法律强制性的规定外，由当事人自愿约定。自愿原则包括以下内容：第一，订不订立合同自愿；第二，与谁订合同自愿；第三，合同内容由当事人在不违法的情况下自愿约定；第四，当事人可以协议补充、变更有关内容；第五，双方也可以协议解除合同；第六，可以自由约定违约责任，在发生争议时，当事人可以自愿选择解决争议的方式。

4. 公平原则

根据《合同法》第五条"当事人应当遵循公平原则确定各方的权利和义务"的规定，公平原则要求合同双方当事人之间的权利义务要公平合理。具体包括：第一，在订立合同时，要根据公平原则确定双方的权利和义务；第二，根据公平原则确定风险的合理分配；第三，根据公平原则确定违约责任。

5. 诚实信用原则

根据《合同法》第六条"当事人行使权利、履行义务应当遵循诚实信用原则"的规定，诚实信用原则要求当事人在订立合同的全过程中，都要诚实，讲信用，不得有欺诈或其他违背诚实信用的行为。

6. 善序良德原则

根据《合同法》第七条"当事人订立、履行合同，应当遵守法律、行政法规，尊重社会公德，不得扰乱社会经济秩序，损害社会公共利益"的规定，"遵守法律、行政法规，尊重社会公德，不得扰乱社会经济秩序和损害社会公共利益"指的就是善序良德原则。它包括以下内涵：第一，合同的内容要符合法律、行政法规规定的精神和原则；第二，合同的内容要符合社会上被普遍认可的道德行为准则。

【案例 4.1】某小区物业与业主签订了管理合同，每个月住户缴纳 200 元管理费，物业负责小区的卫生、治安，但车辆丢失的，物业概不负责。李某的摩托车放小区内被偷，物业以合同事先约好为由，拒绝赔偿。

【法理分析】《合同法》第三十九条："采用格式条款订立合同的，提供格式条款的一方应当遵循公平原则确定当事人之间的权利和义务，并采取合理的方式提请对方注意免除或者限制其责任的条款，按照对方的要求，对该条款予以说明。格式条款是当事人为了重复使用而预先拟定，并在订立合同时未与对方协商的条款。"

《合同法》第四十条："格式条款具有本法第五十二条和第五十三条规定情形的，或者提供格式条款一方免除其责任、加重对方责任、排除对方主要权利的，该条款无效。"

物业没有履行"提醒注意"及"维护治安"的义务，也没有对合同进行说明，构成违约。合同中部分条款免除了物业的责任，违背了公平原则，违反了《合同法》的规定，属于无效的条款。物业应向被盗者赔偿，可以向盗车者追偿。

（二）订立合同的当事人资格

订立合同，当事人必须具备相应的法律资格，及当事人必须具有相应的民事权利能力和民事行为能力。民事权利能力是指法律赋予民事主体享有民事权利和承担民事义务的能力，也就是民事主体享有权利和承担义务的资格，是作为民事主体进行民事活动的前提条件。如法律规定，国家保护公民的财产所有权，则每一个公民都享有行使财产所有权的权利能力。公民的权利能力始于出生，终于死亡。公民的权利能力是法律所赋予的，与公民的人身不可分离，非依法律不得限制与剥夺，亦不得由公民本人放弃。民事行为能力是指民事主体以自己的行为享有民事权利、承担民事义务的能力，也就是民事主体以自己的行为享有民事权利、承担民事义务的资格。这里的"能力"或者"资格"是指民事主体的意识能力或者精神状态，包括思维是否正常，是否有认识能力、判断能力，是否具有辨别是非和处理自己事务的能力。民事行为能力与民事权利能力不同。民事行为能力以民事权利能力为前提，只有具备民事权利能力，才可能有民事行为能力。但有民事权利能力，不一定有民事行为能力。民事行为能力既包括民事主体对其实施的合法行为取得民事权利、承担民事义务的能力，也包括对其实施的违法行为承担民事责任的能力。自然人的民事行为能力可以分为完全民事行为能力、无民事行为能力和限制民事行为能力等三种情况。

第一，完全民事行为能力，指达到一定年龄的人，具有以自己的行为取得民事权利和承担民事义务的资格。一般而言，成年人生理和心理发育成熟，具有一定的社会经验和对事物的认识能力和判断能力，具有独立生活的能力，不仅能够有意识地实施法律行为，而且能够估计到实施某种行为可能发生的后果及对自己和他人的影响。因此，一般的立法都规定成年人在法律上具有完全民事行为能力。我国《民法总则》规定，十八周岁以上的公民是成年人，具有完全民事行为能力，可以独立实施民事法律行为，是完全民事行为能力人。十六周岁以上的未成年人，以自己的劳动收入为主要生活来源的，视为完全民事行为能力人。

第二，无民事行为能力，是指公民不具有以自己的行为参与民事法律关系取得民事权利和承担民事义务的资格。依据《民法总则》的规定，不满八周岁的未成年人及不能辨认自己行为的成年人为无民事行为能力人，由其法定代理人代理实施民事法律行为。

第三，限制民事行为能力，又称不完全民事行为能力，按照《民法总则》的规定，八周岁以上的未成年人及不能完全辨认自己行为的成年人为限制民事行为能力人，实施民事法律行为由其法定代理人代理或者经其法定代理人同意、追认，但是可以独立实施纯获利益的民事法律行为或者与其年龄、智力相适应的民事法律行为。

一方面，八周岁以上的未成年人，生理与心理有一定程度的发育，并且已接受一定程度的正规而有系统的社会教育，有一定的认识能力与判断能力，具有一定的独立生活能力，并且随着年龄的增长，各方面的能力也在不断地增强，具备了一定的从事民事活动的能力。因此，法律应当赋予他们一定的民事行为能力。另一方面，他们虽然有一定的行为能力，但智力发展还不全面，社会生活经验还不够丰富，认识能力与判断能力还比较弱。对某些较为复杂的事情还不能完全进行成熟的认识与判断，也不完全具备有效地保护自己的能力。因此，法律不能赋予他们完全的民事行为能力，而是赋予他们一定的、与其认识能力和判断能力相适应的行为能力，他们可以进行与其年龄、智力相适应的民事活动。其他民事活动，由其法定代理人代理进行，或者征得其法定代理人的同意。

以上讲的是公民（自然人）的权利能力与行为能力，法人是法律设定的民事主体，与自然人有很大不同。《民法总则》规定，法人是具有民事权利能力和民事行为能力，依法独立享有民事权利和承担民事义务的组织。法人的民事权利能力和民事行为能力，从法人成立时产生，到法人终止时消灭。法人的民事权利能力在性质上与自然人的民事权利能力一样，是法人享有民事权利、承担民事义务的能力，是法人作为民事主体的资格。法人的民事行为能力在性质上与自然人的民事行为能力也是一样的，是法人通过自己的行为参与民事活动、享有民事权利、承担民事义务的能力，是法人能够以自己的意思进行民事活动的资格。法人的民事行为能力是通过法人的法定代表人或者代理人来实现的。

法人的民事权利能力取决于有关法律、法规的规定以及有关部门对法人设立等的审查批准。一般来说，法人的业务范围或者经营范围就是法人的民事权利能力的范围。不同法人的民事权利能力的范围是不同的。法人的代表机关代表法人表达其意思，但不能超出依法确定的职能和业务范围。因此，法人的民事行为能力与民事权利能力是一致的。

自然人、法人进行民事活动，一是亲自实施某种民事法律行为，二是通过代理人实施某种民事法律行为。通过代理人实施民事法律行为，就会涉及民法中的代理。《民法总则》规定，代理人在代理权限内，以被代理人名义实施的民事法律行为，对被代理人发生效力。

凡不具备法律资格的人与相对人订立合同的，合同无效。

【案例4.2】何某的父亲给何某购买了一套房屋。后来，在何某的父母不知情的情况下，何某与董某签订了房屋买卖合同，将房屋卖给董某。此后，董某夫妇搬进房屋居住。不久，何某起诉，要求确认房屋买卖合同无效。经医学鉴定，何某为限制民事行为能力人，不能独立作出与其智力、精神状况不相符的民事行为。

【法理分析】《合同法》第四十七条规定："限制民事行为能力人订立的合同，经法定代理人追认后，该合同有效，但纯获利益的合同或者与其年龄、智力、精神健康状况相适应而订立的合同，不必经法定代理人追认。相对人可以催告法定代理人在一个月内予以追认。法定代理人未作表示的，视为拒绝追认。合同被追认之前，善意相对人有撤销的权利，撤销应当以通知的方式作出。"

经医学鉴定，何某属于限制民事行为能力人，故其不能独立实施与其智力、精神状况不相符的民事行为。签订房屋买卖合同显然是其不能独立实施的，其签订的房屋买卖合同在事后也未得到其法定代理人的追认。故何某与董某之间签订的房屋买卖合同无效。

（三）订立合同的形式

订立合同的形式有以下两种：

1. 口头合同形式

口头合同形式是指当事人双方通过对话方式而确立相互权利义务关系的合同形式。采用口头合同形式订立合同的，一方以口头向对方提出要约，另一方以口头作出承诺，合同即成立。口头合同多用于能够即时结清的简单经济往来，如当面谈判或电话对话。

口头合同简便易行，财产流转迅速，在经济交往中是一种不可缺少的合同形式。但是口头合同缺乏文字依据，一旦发生纠纷，容易出现口说无凭、举证困难的不利后果。因此，对于标的数额较大、履行期限较长、不能即时清结的合同，不应采用口头形式，而应当采用书面形式。

2. 书面合同形式

书面合同形式是指合同书、信件和数据电文等可以有形地表现所载内容的合同形式。数据电文包括电报、电传、传真、电子数据交换和电子邮件。

书面合同可以证明合同法律关系的确立，作为监督、检查、管理合同以及解决合同纠纷的依据。因此，书面合同的内容必须明确、具体。书面合同有主件和附件之分。主件是指载明合同一般条款和主要条款的合同文本、信件和数据电文。附件是指说明主要条款的图表或文字。在一些特定的合同中，与履行合同有关的技术背景资料、可行性论证和技术评价报告、项目任务书和计划书、技术或质量标准、技术或操作规范、原始设计和工艺文件以及图纸、表格、数据和照片等，都可以根据当事人的协商作为合同的附件。附件也是合同的组成部分。当事人采用书面形式订立合同，目的在于维护合同的严肃性，保证合同法律关系的连续性，避免由于组织机构的调整或者人事的变动，而影响合同的履行。书面合同可采用条文式、表格式，或者采用两者兼用、互为补充的方式。法律、法规规定应当采用书面形式的合同必须采用书面形式签订，否则视为合同形式不合法。

二、合同订立的程序

订立合同的过程，就是当事人双方就权利与义务进行协商、达成协议的过程。订立合同是一种法律行为，必须遵守一定的程序。实践中，订立合同需要经过要约与承诺两个阶段。

(一) 要约

1. 要约的含义与特征

要约是希望和他人订立合同的意思表示。提出要约的一方称为要约人，相对方称为受要约人。提出订立合同建议（即提出要约）的一方，必须是确定的自然人、法人或其他组织。同时，由于要约须经相对人承诺，才会发生要约人所希望发生的效力，所以要约必须是对于相对人的行为，要约须向一个特定人，即向一个具体的自然人、法人或其他组织提出。要约的内容要具体确定，由于要约一经相对人承诺，合同即为成立，所以要约人提出的要约，必须标明合同的主要条款，以供相对人考虑是否作出承诺。如果要约不标明合同的主要内容，或者内容不明确具体，则相对人难以表示肯定或否定，合同也就不能订立。

2. 要约成立的有效要件

（1）要约是由具有订约能力的特定人作出的意思表示。要约的提出旨在与他人订立合同，并唤起相对人的承诺，所以要约人必须是订立合同的一方当事人。例如对订立买卖合同来说，要约人既可以是买受人也可以是出卖人，但必须是准备订立买卖合同的当事人。如果是代理人，需要有本人的授权。由于要约人欲以订立某种合同为目的而发出某项要约，因此他应当具有订立合同的行为能力。我国《合同法》第九条规定，"当事人订立合同，应当具有相应的民事权利能力和民事行为能力"。因此，要约人应当具有缔约能力，无行为能力或依法不能独立实施某种行为的限制行为能力人发出欲订立合同的要约，不应产生行为人预期的效果。

（2）要约必须具有订立合同的意图。根据《合同法》第十四条，要约是希望和他人订立合同的意思表示，要约中必须表明要约经受要约人承诺，要约人即受该意思表示约束。例如甲对乙声称"我正在考虑卖掉家中祖传的一套家具，价值10万元"，显然甲并没有决定订立合同，但是如甲向乙提出"我愿意卖掉家中祖传的一套家具，价值10万元"，则表明甲已经决定订立合同，且在该意思表示中已表明如果乙同意购买，则甲要受到此意思表示的约束。再如一方向另一方传达了有关商业上的信息，或者发布了有关的价目表或商品目录或销售广告，但并没有明确地表明要与对方订约，也不是要约。由于要约具有订约意图，因此要约一经承诺，就可以产生合同，要约人要受到相应约束。

（3）要约必须向要约人希望与其缔结合同的受要约人发出。要约人向谁发出要约也就是希望与谁订立合同，要约只有向要约人希望与其缔结合同的受要约人发出才能够唤起受要约人的承诺。受要约人的特定意味着要约人对谁有资格作为承诺人的问题作出了选择，也只有特定才能明确确定承诺人。如果受要约人不能确定，则意味着要发出提议的人并未选择真正的相对人，该提议不过是为了唤起他人发出要约，本身不是要约。如向公众发出某项提议，常常是希望公众中的某个特定人向其发出要约。如果要约的对象不能确定仍可以称为要约，那么向不特定的许多人同时发出以出让某一特定物为内容的要约便是有效的，这就可能会造成一物数卖、影响交易安全的后果。要约原则上应向特定人发出，并不是说法律要严格禁止要约向不特定人发出。一方面，法律在某些特定情况下允许向不特定的人发出要约的提议具有要约的效力，如对悬赏广告可明确规定为要约。另一方面，要约人愿意向不特定人发出要约，并自愿承担由此产生的后果的，在法律上也是允许的。例如《联合国国际货物销售合同公约》第14条第2款规定，如果"提出建议的人明确地表示相反的意向"，也可以使向不特定的人发出的订约提议具有要约的效力，所以要约人可以从选择订约伙伴、广泛参与市场竞争的需要出发，而向不特定人发出要约。例如，向多数人散发其已经起草的标准合同，或向多人提出出售某件物品要约。但是向不特定人发出要约必须具备两个要件：① 必须明确表示其作出的建议是一项要约而不是要约邀请。这里所说的"明确表示"可以以各种方式表示，如在广告中注明"本广告构成要约"，或者注明"本广告所列的各种商品将售予最先支付现金或最先开来信用证的人"，等等。② 必须明确承担向多人发出要约的责任，尤其是要约人向不特定人发出要约后，应当具有在合同成立以后，向不特定的受要约人履行合同的能力。

（4）要约的内容必须具体确定。根据我国《合同法》第十四条，要约的内容必须具体确定。所谓"具体"，是指要约的内容必须具有足以使合同成立的主要条款，如果不能包含合同的主要条款承诺人即难以作出承诺，即使作了承诺，也会因为这种合意不具备合同的主要条款而使合同不能成立。当然，合同的主要条款应当根据合同的性质和内容来加以判断。合同的性质不同，它所要求的主要条款是不同的。所谓"确定"，是指要约的内容必须明确，而不能含糊不清，使受要约人不能理解要约人的真实意图，否则无法承诺。

只有上述四个要件一起，才能构成一个有效的要约。

3. 要约与要约邀请的区别

要约邀请是希望他人向自己发出要约的意思表示。虽然要约邀请和要约都是意思表示，但两者的目的不同。要约以订立合同为目的，一旦相对人作出承诺，合同即告成立；要约邀请则不以订立合同为目的，而只能唤起别人向自己作出要约的表示，要约邀请自身并不发生必须与对方订立合同的效力，只是订立合同的预备行为。例如，商品带有标价的陈列，自动售货机的设立及投标书的寄送等，都视为要约。而寄送的价目表、拍卖公告、招标公告、招股说明书则视为要约邀请。广告是要约还是要约邀请，应依不同情况而定。目前我国广告大致有两种类型：一是广告人为了引起顾客的兴趣，广告内容仅作商品（或服务）质量的一般宣传，不含有订立合同的条款，此类广告没有要约所具有的约束力，只能视为一种要约邀请。现在市面上的广告，大多属于此种类型。二是广告表明了合同的内容，对广告人有约束力，如悬赏广告、声明完成某项工作即予以一定报酬的广告等。这种广告的目的在于唤起对方响应而订立合同，因此应视为要约，而不应看作要约邀请。

【案例 4.3】甲商场定于 10 月 1 日开张，然后就做广告吸引人气，并派发传单。某天乙女士接到传单，看到上面有一款非常便宜的化妆品，比其他商场的价格便宜很多，心里非常高兴。中学生丙在放学路上收到传单，看到上面有一款便宜的电脑，也心动了。到了 10 月 1 日，乙女士买了许多那款便宜的化妆品，结账时发现那款商品价格是少打了一个零。商场要求乙女士补钱。乙女士拒绝了，便发生了暴力事件。丙也偷偷拿了家里的钱，跑去买电脑了。丙的爸爸发现后，非常生气，带着丙去退货。商场称在无任何质量问题的情况下，拒绝退货，双方为此事纠缠起来。问：（1）甲商场的传单广告的法律性质是什么？理由是什么？（2）甲商场跟乙女士的买卖合同的法律效力（性质）是什么？如何处理？（3）甲商场与丙学生的买卖合同的法律效力是什么？如何处理？

【法理分析】（1）传单广告的法律性质是要约邀请，《合同法》第十五条已采用列举方式明确规定了其性质。且此广告也不明确具体，所以为要约邀请。

（2）甲商场与乙女士之间的合同是有效合同，但由于商场少打一个零的事实，乙女士构成了不当得利，应当返还不当得利，也就是说需要补足差额。

（3）甲商场与丙学生的买卖合同是无效的。从案例中可看，丙还是中学生，属于限制民事行为能力人，其所签订的合同属于效力待定合同，需要得到监护人的同意。案例中，其父要求退款的行为明确说明其监护人不追认此合同，所以此合同归于无效。由于合同无效，所以商场应当退款。

4. 要约的约束力

要约是订立合同的一个重要阶段，也是一种法律行为。除要约人预先声明不受约束的以外，要约于送达受要约人时生效，要约人受其约束，在一定限期内不得撤回、变更或限制其要约。《合同法》第十六条规定："要约到达受要约人时生效。"要约实际送达给特定的受要约人时，要约即发生法律效力，要约人不得在事先未声明的情况下撤回或变更要约，否则构成违反前合同义务，要承担缔约过失的损害赔偿责任。需明确一点，到达是指要约的意思表示客观上传递到受要约人处，而不管受要约人主观上是否实际了解到要约的具体内容。例如，要约以电传方式传递，受要约人收到后因临时有事未来得及看其内容的，要约也生效。

5. 要约失效的情形

要约的失效，也可以称为要约的消灭或者要约的终止，指要约丧失法律效力，要约人与受要约人均不再受其约束。要约人不再承担接受承诺的义务，受要约人亦不再享有通过承诺使合同得以成立的权利。要约失效有如下几种情形：

（1）对要约的拒绝。受要约人接到要约后，通知要约人不同意与之签订合同，则拒绝了要约。在拒绝要约的通知到达要约人时，该要约失去法律效力。如果受要约人的回复中没有作出承诺，但提出了一些条件，经过要约人的回复，受要约人在规定期限内仍不作答复，可以视为拒绝要约。也有这种情况：受要约人拒绝了要约，但又反悔。这时受要约人可以撤回拒绝的通知，但撤回拒绝的通知也应像撤回要约一样，必须在拒绝的通知到达之前或者同时到达要约人。

（2）要约人撤销要约。

（3）受要约人未在承诺期限内承诺。要约中确定了承诺期限的，表明要约人规定了要约发生法律效力的期限，超过这个期限不承诺，要约的效力当然归于消灭。

（4）受要约人对要约的内容作出实质性变更。受要约人对一项要约的内容作出实质性的变更，为反要约。反要约是否就使原要约失去效力呢？一般的看法是，提出反要约就是对要约的拒绝，使要约失去效力，要约人即不受其要约的约束。

（二）承诺

1. 承诺的概念和特征

承诺是受要约人同意要约的意思表示。作出这种意思表示的人称为承诺人。要约人的要约一经受要约人（即承诺人）的承诺，合同即告成立。合同关系中的受要约人须是特定人，承诺的发出者须是受要约的自然人、法人或其他组织。承诺应以明示的方式作出，缄默或者不作为不视为承诺。除了根据交易习惯或者要约表明可以通过行为作出承诺的以外，承诺的表示应以通知的方式作出。承诺的内容须与要约的内容一致。承诺必须是无条件地接受要约，才能构成有效的承诺，从而与要约人构成合同关系。但承诺与要约完全一致，也只能是相对而言的。如果受要约人表示愿意与要约人订立合同，而且在承诺中仅对要约的某些非要害条款作了增、删、改等非实质性改变，除要约人及时表示反对或者要约表明承诺不得对要约的内容作出任何变更的以外，该承诺有效，并且合同的内容应以承诺内容为准。如果受要约人承诺时，对要约的内容作出实质性变更的，则不是承诺，应视为拒绝原要约而提出新要约。如对合同的标的、数量、质量、价款或者报酬、履行期限、履行地点和方式、违约责任、解决争议方法的变更，是对要约内容的实质性变更。承诺必须在要约有效期内作出。要约对于要约人是有约束力的，但这种约束力不是没有限制的。通常把对要约人有约束力的期限，称为要约的有效期。因此，受要约人只有在要约的有效期内作出赞同要约的意思表示，才是承诺。否则，均为迟到的承诺，即逾期的承诺，除要约人及时通知受要约人该承诺有效外，为新要约。承诺需要通知的，于通知到达要约人时生效。承诺不需要通知的，根据交易习惯或者要约的要求作出承诺的行为时生效。承诺生效时合同成立，当事人一方要求签订确认书的，签订确认书时起合同成立。承诺也可以撤回，但要求撤回承诺的通知应在承诺生效之前或者与承诺通知同时到达要约人。签订合同，就是当事人双方进行要约和承诺的协商过程。在实践中，可能经过一次协商就能达成协议，也可能需要经过多次反复协商，才能达成协议。这种反复协商的过程，就是要约—新要约—再新要约……直至承诺的过程。

2. 有效承诺要件

（1）承诺必须由受要约人作出。要约和承诺是一种相对人的行为。因此，承诺必须由被要约人作出。被要约人以外的任何第三者即使知道要约的内容并对此作出同意的意思表示，也不能认为是承诺。被要约人，通常指的是受要约人本人，但也包括其授权的代理人。无论是前者还是后者，其承诺都具有同等效力。

（2）承诺必须在有效时间内作出。所谓有效时间，是指要约定有答复期限的，规定的期限内即为有效时间；要约并无答复期限的，通常认为合理的时间（如信件、电报往来及受要约人考虑问题所需要的时间），即为有效时间。

（3）承诺必须与要约的内容完全一致。承诺必须是无条件地接受要约的所有条件。

3. 承诺的失效

有下列情形之一的，受要约人接受要约所做的答复不发生法律效力：（1）承诺撤回。承诺人可以发出承诺后又撤回承诺，但撤回承诺的通知应当在承诺通知到达要约人之前或者与承诺通知同时到达要约人；（2）承诺逾期。受要约人主观上超过承诺期而发出的承诺，要约方没有认可其为承诺。

4. 承诺的效力

承诺是受要约人同意要约的意思表示。承诺生效时合同成立。

【案例4.4】甲公司于2008年11月1日给乙公司发出电报称："现有当年产玉米50吨，每吨1 000元，如果贵方需购，望于接到电报之日起一周内回复为盼。"11月3日乙公司给甲公司复电称："接受贵方条件，但望以每吨800元成交。"问：（1）甲乙之间的合同关系是否成立？为什么？（2）假设乙方公司11月10日复电给甲公司称"完全接受贵方条件"，则甲乙之间的合同关系是否成立？为什么？（3）假设乙公司在接到甲公司的电报后，于11月3号派人直接去付款提货时，甲公司已将这50吨玉米高价卖给了丙公司，甲公司是否需对乙公司承担责任？请说明理由。

【法理分析】（1）甲乙之间的合同关系不成立。《合同法》第三十条规定，承诺的内容应当与要约的内容一致。受要约人对要约的内容作出实质性变更的，为新要约。有关合同标的、数量、质量、价款或者报酬、履行期限、履行地点和方式、违约责任和解决争议方法等的变更，是对要约内容的实质性变更。本案中，乙对甲提出的合同价款进行了实质性变更，应视为新要约。

（2）甲乙之间合同关系未成立。甲方在11月1日发出的要约中提出承诺应在接到电报之日起一周内作出，而乙方在11月10日才回复，已过承诺期限。根据《合同法》第二

第三节　合同的效力

案例导入

为庆贺小红的 12 岁生日，小红的姑姑给她买了一把价值 500 元的古筝。生日后不久，小红在学校里以古筝交换 14 岁的同学小杰的价值 100 元的电动玩具 1 个。3 个月后，小红的母亲知道此事，将电动玩具返还给了小杰，并要求小杰返还古筝，小杰拒不返还。小红的母亲要求小杰返还古筝的请求能否得到法律的支持？

一、合同的成立

合同成立是指订约当事人就合同的主要条款达成合意。合同的本质是一种合意，合同成立就是各方当事人的意思表示一致，达成合意。

（一）合同成立的条件

合同的成立的条件主要有：

（1）订约主体存在双方或多方当事人。所谓订约主体是指实际订立合同的人，他们既可以是未来的合同当事人，也可以是合同当事人的代理人。订约主体与合同主体是不同的，合同主体是合同关系的当事人，是实际享受合同权利并承担合同义务的人。

（2）当事人必须就合同的主要条款协商一致，即合同必须是经过双方当事人协商一致的。所谓协商一致，就是指经过谈判、讨价还价后达成的相同的、没有分歧的看法。

（3）合同的成立应具备要约和承诺阶段。要约和承诺是合同成立的基本规则，也是合同成立必须经过的两个阶段。如果合同没有经过承诺，而只是停留在要约阶段，则合同未成立。合同从合同当事人之间的交涉开始，在合同要约和对此的承诺达成一致时成立。

（二）合同成立的地点

合同成立的地点和时间常常是密切联系在一起的。根据《合同法》第三十四条的规定，

"承诺生效的地点为合同成立的地点"，可见，承诺生效地就是合同成立地。由于合同的成立地有可能成为确定法院管辖权及选择法律的适用等的重要因素，因此明确合同成立的地点十分重要。根据我国《合同法》第三十五条的规定，当事人采用合同书形式订立合同的，双方当事人签字或者盖章的地点为合同成立的地点。《合同法》第三十四条规定，采用数据电文形式订立合同的，收件人的主营业地为合同成立的地点；没有主营业地的，其经常居住地为合同成立的地点。当事人另有约定的，按照其约定。

（三）合同成立的时间

合同成立的时间是由承诺实际生效的时间所决定的。这就是说，承诺在何时生效，当事人就应当在何时受合同关系的约束，享受合同上的权利和承担合同上的义务，因此承诺生效时间在合同法中具有极为重要的意义。

由于我国合同法采取到达主义，因此承诺生效的时间以承诺到达要约人的时间为准，即承诺何时到达要约人，承诺便在何时生效。

（四）合同成立的方式

（1）协议成立：当事人就合同条款以书面形式达成协议签字或盖章，即为合同成立。

（2）确认成立：《合同法》第三十三条规定："当事人采用信件、数据电文等形式订立合同的，可以在合同成立之前要求签订确认书。签订确认书时合同成立。"

（3）批准、登记成立：批准形式是指法律规定某些类别的合同须经国家主管机关批准才能生效的一种合同形式。如《技术引进合同管理条例》（已失效）第四条规定，签订技术引进合同应在双方签字后报经对外经济贸易部授权的机关批准，经批准以后合同生效。登记形式是指当事人依照法律规定，将合同提交主管机关登记而订立合同的一种方式。在我国，转让专利权利应当由国家专利局登记并公告，专利权自公告之日起转移。

【案例 4.5】李某酷爱收藏，并且具有相当的古玩鉴赏能力。其家中收藏有一商代酒杯，但由于年代太久远，李某无法评估其真实价值，而只能大略估计其价值在 10 万元以上。某日，李某将其酒杯带到一古董店，请古董店老板鉴赏，店老板十分喜欢该酒杯，并且知道其价值不下百万，于是向李某提出购买该酒杯，出价为 50 万元。李某对此高价内心十分满意，但仔细一想，心知该酒杯价值绝对超过 50 万，如果拍卖，超过百万也有可能。但苦于拍卖成本过高，自身也没有条件拍卖。于是，李某心生一计，同意将酒杯卖给古董店老板，待日后古董店老板高价卖出后再主张合同可撤销，要求变更合同。结果，古董店老板通过拍卖，酒杯被卖到 1 000 万元。此后，李某向法院主张合同显失公平，要求古董店老板至少再补偿 900 万元。

试分析：

（1）李某与古董店老板的合同是否成立？是否有效？

（2）李某的请求是否具有法律依据？为什么？

（3）法院应如何处理？

【法理分析】（1）李某与古董店老板的买卖合同已经成立，双方意思表示真实并且一致，合同有效。（2）没有法律依据。我国《合同法》规定，显失公平的合同属于可撤销或可变更合同，但本案中的买卖合同不属于此种情况。首先，李某具有相当的古玩鉴赏能力，虽然他不知道酒杯的真实价值，但内心已经知道其价值绝对超过 50 万元，在此情况下他仍然将酒杯卖给古董店老板，法律上就应该推定其意思表示真实有效，而不属于因缺乏经验导致判断失误的情形；其次，李某将酒杯卖给古董店老板的时候，就已经准备事后主张合同变更，因此当然不存在被骗或者失误的情形，相反，李某心知肚明，不属于合同显失公平；再次，李某主张合同显失公平属于恶意，不应得到支持。（3）根据上述分析可知，法院不应支持李某的请求，应认定合同有效。

二、合同的效力

合同成立于合同签订之日，合同的成立不等于合同的生效。依法成立的合同，自成立之日时生效。

（一）有效合同的概念和成立条件

有效合同是指依法成立、在当事人之间产生法律约束力、并受法律保护的合同。

双方当事人订立合同必须是"依法"进行的。所谓"依法"订立合同，是指订立合同要符合法律、行政法规的要求，由于合同约定的是当事人双方之间的权利和义务关系，而权利和义务是依照法律规定所享有和承担的，所以订立合同必须符合法律、行政法规的规定。如果当事人订立的合同违反法律、行政法规的规定，法律就不予承认和保护。这样，当事人达成协议的目的就不能实现，订立合同也就失去了意义。

有效合同成立的条件主要有：

（1）当事人具有相应的民事行为能力。民事行为能力包括合同行为能力和相应的缔约行为能力，这是当事人了解和把握合同的发展状况及法律效果的基本条件。自然人签订合同，原则上须有完全行为能力，限制行为能力人和无行为能力人不得亲自签订合同，而应由其法定代理人代为签订。《合同法》有一个例外规定，限制行为能力人可以独立签订纯获利益的合同或者与其年龄、智力、精神健康状况相适应的合同。对于非自然人而言，必须是依法定程序成立后才具有合同行为能力，同时还要具有相应的缔约能力，即必须在法律、行政法规及有关部门授予的权限范围内签订合同。

（2）当事人意思表示真实。缔约人的表示行为应真实地反映其内心的效果意思，即其效果意思与表示行为相一致。意思表示不真实，对合同效力的影响应视具体情况而定。在一般误解等情况下，合同仍为有效。在重大误解时，合同则可被变更或者撤销。在乘人之危致使合同显失公平的情况下，合同可被变更或者撤销。在因欺诈、胁迫而成立合同的场合，若损害国家利益，合同无效；若未损害国家利益，合同可被变更或撤销。

（3）不违反法律的强行性规定。

（4）符合法定形式。

（二）无效合同

1. 无效合同的概念

合同依法成立，便具有法律效力。依法成立的含义，不仅包括合同订立过程应符合法律规定，而且包括已经成立的合同应当符合法律规定的生效要件。凡不符合法律规定的要件的合同，不能产生合同的法律效力，从而属于无效合同。所谓无效合同是相对于有效合同而言的，是指合同虽然成立，但因其违反法律、行政法规、社会公共利益，被确认为无效。可见，无效合同是已经成立的合同，是欠缺生效要件、不具有法律约束力的合同，不受国家法律保护。无效合同自始无效，合同一旦被确认为无效，就产生溯及既往的效力，即自合同成立时起不具有法律的约束力，以后也不能转化为有效合同。

2. 无效合同的特征

（1）具有违法性。

所谓违法性，是指违反了法律和行政法规的强制性规定和社会公共利益。

（2）具有不履行性。

不履行性是指当事人在订立无效合同后，不得依据合同实际履行，也不承担不履行合同的违约责任。

（3）无效合同自始无效。

无效合同违反了法律的规定，国家不予承认和保护。合同一旦被确认为无效，将具有溯及力，合同从订立之日起就不具有法律约束力，以后也不能转化为有效合同。

3. 无效合同的种类

无效合同按照全部还是部分不具有法律效力分为全部无效合同和部分无效合同。

（1）全部无效合同。

全部无效合同是指合同的全部内容自始不产生法律约束力。

① 订立合同主体不合格，表现为：a. 无民事行为能力人、限制民事行为能力人订立合同且法定代理人不予追认的，该合同无效，但有例外，即纯获利益的合同和与其年龄、智力、精神健康状况相适应而订立的合同，不需追认，当然有效；b. 代理人不合格且相对人有过失而成立的合同，无效；c. 法人和其他组织的法定代表人、负责人超越权限订立的合同，且相对人知道或应当知道其超越权限的，无效。

② 订立合同内容不合法，表现为：a. 违反法律、行政法规的强制性规定的合同，无效；b. 违反社会公共利益的合同，无效；c. 恶意串通，损害国家、集体或第三人利益的合同，无效；d. 以合法形式掩盖非法目的的合同，无效；e. 无处分权的人处分他人财产的合同，无效。但有例外：事后经权利人追认的，有效；事后取得处分权的，有效；善意取得，有效。

③ 意思表示不真实的合同，即意思表示有瑕疵，如一方以欺诈、胁迫的手段订立合同，损害国家利益的，无效。

（2）部分无效合同。

部分无效合同是指合同的部分内容不具有法律约束力，合同的其余部分内容仍然具有法律效力。

根据《合同法》的规定，有下列情形之一的，可认定合同全部或者部分条款无效：

① 一方以欺诈、胁迫的手段订立的损害国家利益的合同。一方以欺诈、胁迫手段订立的合同，属于意思表示不真实的合同，一般属于可变更或撤销的合同，只有在损害了国家利益时，才属于无效合同。损害国家利益，主要是指损害国家经济利益，例如，欺诈国有的银行和其他金融机构而使国有财产造成损失。

② 恶意串通，并损害国家、集体或第三人利益的合同。恶意串通的合同是指双方当事人非法串通在一起，共同订立的，造成国家、集体或第三人利益的损害的合同。由此可见，行为人的行为具有明显的不法性，据此可以将其作为违法合同对待。

这种合同的特点主要包括：

第一，当事人出于恶意。恶意是相对于善意而言的，即明知或应知某种行为将造成对国家、集体或的第三人利益的损害，而故意为之。双方当事人或一方当事人不知或不应知道其行为的损害后果的，不构成恶意。当事人出于恶意，表明其主观上具有违法的意图。

第二，当事人之间互相串通。互相串通，首先是指当事人都具有共同的目的，即都希望通过实施某种行为而损害国家、集体或第三人的利益。共同的目的可以表现为当事人事先达成一致的协议，也可以是一方作出意思表示，而对方或其他当事人明知实施该行为所达到的目的非法，而用默示的方式表示接受。其次是指当事人互相配合或者共同实施了该非法行为。在恶意串通行为中当事人所表达的意思是真实的，但这种意思表示是非法的，因此是无效的。

③ 合法形式掩盖非法目的的合同。以合法形式掩盖非法目的是指当事人实施的行为在形式上是合法的，但在内容上和目的上是非法的，这种行为又称为隐匿行为。在实施这种行为时，当事人故意表示出来的形式或故意实施的行为并不是其要达到的目的，也不是其真实意思，而只是希望通过这种形式和行为掩盖和达到其非法目的。比如，通过合法的买卖行为达到隐匿财产、逃避债务的目的；以合作的形式变相移转、划拨土地使用权，等等。这种行为就其外表来看是合法的，但是外表行为只是达到非法目的的手段。由于被掩盖的目的是非法的，且将造成对国家、集体或第三人的损害，因此这种行为是无效的。

掩盖非法目的的行为与规避法律的行为并不完全等同。掩盖非法目的的行为是以一种行为掩盖另一种当事人所希望实施的行为；而规避法律行为只是通过实施某种规避行为，达到违法的目的，而并没有实施掩盖的行为。应当指出，如果当事人所掩盖的目的并不是违法的，而是合法的（如公民之间通过租赁私人房屋的办法掩盖借用的目的），则应按照行为人的真实意图处理，使被掩盖的行为生效。

④ 损害社会公共利益的合同。公共利益体现了全体社会成员的最高利益，违反社会公共利益的合同无效，这是各国立法普遍确认的原则。根据我国《合同法》第五十二条第四款，损害社会公共利益的合同无效。因此凡订立合同危害国家公共安全和秩序（如买卖枪支和毒品等），损害公共道德、危害公共健康和环境（如购买"洋垃圾"等）以及给公共利益带来了其他损害，无论当事人是否主张无效，法律和仲裁机构都应主动宣告合同无效。

⑤ 违反法律和行政法规的强制性规定的合同。这种合同属于最典型的无效合同。此处所说的法律是指由全国人大及其常委会制定的法律，行政法规是指由国务院制定的法规，违反这些全国性的法律和法规的行为是当然无效的。无效合同都具有违法性，而违反法律、行政法规的强行性规定的行为，在违法性方面较之于其他无效合同更为明显。当事人在订立此类

合同时，主观上大都具有违法的故意。当然，即使当事人主观上出于过失而违反了法律，即在订约时根本不知道所订立的合同条款是法律所禁止的，亦应确认合同无效。

⑥ 对于造成对方人身伤害或者因故意或重大过失造成对方财产损失免责的合同条款。

⑦ 提供格式条款一方免除责任、加重对方责任、排除对方主要权利的条款无效。

4. 无效合同的确认

无效合同的确认是指具有确认权的机构，依法对已经签订的合同是否具有法律效力的事实予以确认和认可。

（1）无效合同确认的机构。

法律规定，合同的无效，由人民法院或仲裁机构确认。

（2）无效合同确认的依据。

人民法院和仲裁机构在确认无效合同时，主要应看以下几个方面：

① 合同当事人是否具有主体资格。

不具备法人资格和未领取营业执照的社会团体和组织、未经核准登记领取营业执照的个体工商户、国家法律规定限制行为能力的人均不能成为合同的当事人，其所签订的合同是无效合同。

② 合同内容是否合法。

合同当事人的权利义务构成了合同的内容。如果权利、义务不符合法律规定则属内容违法，内容违法的合同应视为无效合同。合同内容不合法具体表现为：

a. 合同标的属于国家禁止生产经营或流通的范围。标的如果是国家禁止买卖的物，如土地，未经许可的物，如实行专营许可证制度的化肥、烟草等，则所订合同全部无效。

b. 合同的其他条款违法。如标的的数量、质量、价格、违约责任等违反法律或行政法规。如执行国家定价的产品（商品）违反物价法规，则该条款无效，但其余部分仍然有效。

c. 合同内容损害国家利益或社会公共利益。例如，销售超过保质期的食品的合同，损害了社会公共利益；偷漏税款的合同损害了国家利益。这些合同的内容损害了国家或社会公共利益，全部无效。

d. 合同内容超越经营范围或者违反经营方式。例如，某商店经营范围是食品、百货，却与某企业签订钢材买卖合同；某粮油经营部门本来只允许经营粮油，却与某贸易公司签订彩电买卖合同。这些合同的标的物超越其经营范围，合同全部无效。

③ 合同当事人意思表示是否真实。

当事人双方依法就合同的主要条款在自愿协商、平等互利的基础上达成一致协议，合同就成立，违反这一原则订立的合同则无效。

④ 合同的订立是否符合法定程序，手续是否完备。

有些合同的订立必须遵循一定的程序，如建设工程合同，签订前必须做到初步设计和总概算已经获得批准，违反这些程序，合同无效。因此，作为一种法律文书的合同，订立时的手续要完备。具体要求是：

a. 书面合同，要由双方法定代表人或授权的经办人（委托人）签字，并加盖单位或合同专用章，才正式成立。

b. 双方当事人约定必须公证或鉴证的合同，必须履行公证、鉴证手续，合同才生效。

c. 法律、法规规定必须公证或鉴证的合同，必须履行了法定手续才能生效。

d. 法律规定经过行政机关批准才能成立的合同，应报有关机关批准，否则不能生效。

【案例 4.6】甲乙双方口头约定买卖合同，甲方向乙方购买加盖名牌商标，以便甲方冒充名酒出售。在合同履行时，甲方借口一时手头紧，只付了 25 万元即提走了全部货物。乙方一再催讨无着，遂向人民法院起诉，要求甲方如数支付拖欠的货款。问：（1）该买卖合同是否有效？理由何在？（2）双方返还财物给对方是否可以？为什么？（3）人民法院在审理该案时，应如何处理双方的经济责任？（4）该买卖合同若为无效合同，其无效应从何时开始？

【法理分析】（1）该合同无效。《合同法》第五十二条规定，有下列情形之一的，合同无效：一方以欺诈、胁迫的手段订立合同，损害国家利益；恶意串通，损害国家、集体或者第三人利益；以合法形式掩盖非法目的；损害社会公共利益；违反法律、行政法规的强制性规定。

（2）不可以。甲乙双方的行为已经触犯了《刑法》，构成假冒注册商标罪。未经注册商标所有人许可，在同一种商品上使用与其注册商标相同的商标，具有下列情形之一的，属于《刑法》第二百一十三条规定的"情节严重"，应当以假冒注册商标罪判处三年以下有期徒刑或者拘役，并处或者单处罚金：非法经营数额在五万元以上或者违法所得数额在三万元以上的；假冒两种以上注册商标，非法经营数额在三万元以上或者违法所得数额在二万元以上的；其他情节严重的情形。

具有下列情形之一的，属于《刑法》第二百一十三条规定的"情节特别严重"，应当以假冒注册商标罪判处三年以上七年以下有期徒刑，并处罚金：非法经营数额在二十五万元以上或者违法所得数额在十五万元以上的；假冒两种以上注册商标，非法经营数额在十五万元以上或者违法所得数额在十万元以上的；其他情节特别严重的情形。

当事人恶意串通，损害国家、集体或者第三人利益的，因此取得的财产收归国家所有或者返还集体、第三人。

根据《关于贯彻执行<中华人民共和国民法通则>若干问题的意见》（下称《民通意见》）中对《民法通则》第六十一条第二款"追缴双方取得的财产"的解释，应追缴财产包括双方当事人已经取得的财产和约定取得的财产。

（3）法院应当没收与合同有关的商品、注册商标以及货款。

（4）无效的合同应当自始无效。

（三）可撤销合同

1. 可撤销合同的概念

可撤销合同是指合同因欠缺一定的生效要件，其有效与否，取决于有撤销权的一方当事人是否行使撤销权的合同。可撤销合同是一种相对有效的合同，在有撤销权的一方行使撤销权之前，合同对双方当事人都是有效的。它是一种相对无效的合同，但又不同于绝对无效的无效合同。

2. 可撤销合同的范围

（1）因重大误解订立的合同。行为人因对行为的性质、对方当事人、标的物的品种、质量、规格和数量等产生错误的认识，致使行为的后果与自己的真实意思相违背，并造成较大损失的，可以认定为重大误解。

（2）订立合同时显失公平。按照我国的司法解释，显失公平是指一方当事人利用优势或者利用对方没有经验，致使双方的权利与义务明显违反公平、等价有偿原则的民事行为。

3. 撤销权的行使期间

依我国《合同法》第五十五条，具有撤销权的当事人自知道或者应当知道撤销事由之日起一年内没有行使撤销权的，撤销权消灭。第七十三条第二款规定，可变更、可撤销的民事行为，自行为成立时起超过一年当事人才请求变更或者撤销的，人民法院不予保护。据此可知，撤销权的行使期限是一年，且不得中止、中断，也不得延长，自当事人知道或应当知道撤销事由之日起计算。如果自知道或应当知道撤销事由之日起超过一年不行使，则该可撤销合同转化为有效合同。

根据《民法通则》的规定，无效的民事行为和被撤销的民事行为，从行为开始起就没有法律约束力。《合同法》第五十六条贯彻了《民法通则》的上述立法精神，明确规定："无效的合同或者被撤销的合同自始没有法律约束力。"

【案例4.7】某山区农民赵某家中有一清朝花瓶，系赵某的祖父留下。李某通过他人得知赵某家有一清朝花瓶，遂上门索购。赵某不知该花瓶真实价值，便让李某用1.5万元买下。随后，李某将该花瓶送至某拍卖行进行拍卖，卖得价款11万元。赵某在一个月后得知此事，认为李某欺骗了自己，通过许多渠道找到李某，要求李某退回花瓶。李某以买卖花瓶是双方自愿的，不存在欺骗为由，拒绝赵某的请求。经人指点，赵某到李某所在地人民法院提起诉讼，请求撤销合同，并请求李某返还该花瓶。问：（1）赵某的诉讼请求有无法律依据？为什么？（2）法院应如何处理？

【法理分析】（1）根据《合同法》第五十四条的规定，"下列合同，当事人一方有权请求人民法院或者仲裁机构变更或者撤销：（一）因重大误解订立的；（二）在订立合同时显失公平的。一方以欺诈、胁迫的手段或者乘人之危，使对方在违背真实意思的情况下订立的合同，受损害方有权请求人民法院或者仲裁机构变更或者撤销。"李某与赵某之间的合同属于显失公平的买卖合同，且显失公平系由于赵某欠缺交易经验所致，因此赵某有权请求法院撤销合同。买卖合同一旦被撤销，合同即自始没有法律约束力。

（2）法院应根据《合同法》第五十四条的规定撤销该花瓶买卖合同。另依《合同法》第五十八条的规定，"合同无效或者被撤销后，因该合同取得的财产，应当予以返还；不能返还或者没有必要返还的，应当折价补偿。有过错的一方应当赔偿对方因此所受到的损失，双方都有过错的，应当各自承担相应的责任"要求李某将花瓶退还给赵某，赵某将收到的花瓶款退还给李某。若李某愿意支付与该花瓶价值相当的价款，赵某也同意接受，赵某可以不用撤销该合同，由李某补齐余下的价款即可。

（四）无效合同和可撤销合同的区别

第一，产生的原因不同。可变更、可撤销合同产生的原因主要有重大误解、显失公平；而无效合同产生的原因主要有以合法形式掩盖非法目的、损害社会公共利益、违反法律强制性规定等。

第二，认定程序的启动不同。在可变更、可撤销合同中，由撤销权人决定是否变更、撤销合同，其他机关、团体、个人都无权干预；而无效合同中，人民法院和仲裁机关有主动干预权。

第三，可变更、可撤销合同并非当然无效，其在未被撤销前是有效的；而无效合同是当然无效、自始无效，且不能变更。

第四，对于可变更、可撤销合同，撤销权人行使撤销权必须符合法律规定的期限，超过行使期限，合同有效，不得行使撤销权；而无效合同，不存在期限的限制。

（五）无效或可撤销合同的法律后果

《合同法》关于合同无效的法律后果有两个条文。第五十八条规定："合同无效或者被撤销后，因该合同取得的财产，应当予以返还；不能返还或者没有必要返还的，应当折价补偿。有过错的一方应当赔偿对方因此所受到的损失，双方都有过错的，应当各自承担相应的责任。"第五十九条规定："当事人恶意串通，损害国家、集体或者第三人利益的，因此取得的财产收归国家所有或者返还集体、第三人。"

可见，合同被认定无效后的法律后果如下：

1. 返还财产

返还财产，是指合同当事人在合同被确认为无效或者被撤销以后，对已经交付给对方的财产，享有返还财产的请求权，对方当事人对于已经接受的财产负有返还财产的义务。返还财产有以下两种形式：

第一，单方返还。单方返还，是指一方当事人依据无效合同从对方当事人处接受了财产，该方当事人向对方当事人返还财产；或者虽然双方当事人均从对方处接受了财产，但是一方没有违法行为，另一方有故意违法行为，无违法行为的一方当事人有权请求返还财产，而有故意违法行为的一方当事人无权请求返还财产，其被对方当事人占有的财产，应当依法上缴国库。单方返还就是将一方当事人占有的对方当事人的财产，返还给对方，返还的应是原物：原来交付的是货币，就应当返还货币；原来交付的是财物，就应当返还财物。

第二，双方返还。双方返还，是在双方当事人都从对方接受了给付的财产，则将双方当事人的财产都返还给对方。接受的是财物，就返还财物；接受的是货币，就返还货币。如果双方当事人故意违法，则应当将双方当事人从对方得到的财产全部收归国库。

2. 折价补偿

折价补偿是在因无效合同所取得的对方当事人的财产不能返还或者没有必要返还时，按照所取得的财产的价值进行折算，以金钱的方式对对方当事人进行补偿的责任形式。

3. 赔偿损失

根据《合同法》第五十八条之规定，当合同被确认为无效后，如果由于一方或者双方的过错给对方造成损失时，还要承担损害赔偿责任。此种损害赔偿责任应具备以下构成要件：（1）有损害事实存在；（2）赔偿义务人具有过错，这是损害赔偿的重要要件；（3）过错行为与遭受损失之间有因果关系。

如果合同双方当事人都有过错，依《合同法》第五十八条的规定，双方应各自承担相应的责任。责任的大小取决于：（1）过错的程度，如一方的过错为主要原因，另一方为次要原因，则前者责任大于后者；（2）过错的性质，如一方系故意，另一方系过失，故意一方的责任应大于过失一方的责任。

因合同无效或者被撤销，一方当事人受到损失的，另一方当事人对此有过错时，应赔偿受害人的损失。这里的"损失"应以实际已经发生的损失为限，不应当赔偿期待利益，因为无效合同的处理以恢复原状为原则。

第四节　合同的履行和担保

案例导入

某罐头厂有两台闲置的机器设备要处理。某果品加工厂听说后，即到罐头厂联系购买事宜。双方协商后，签订了合同。合同约定，果品加工厂以 15 万元的价格购买机器设备，合同生效后 10 天内果品加工厂到罐头厂付款提货，任何一方违约须承担 2% 的违约金。某冷库也听说罐头厂要处理两台设备，也派人到罐头厂洽谈购买。但迟了一步，设备已卖给了果品加工厂。冷库考虑若购买新的设备要花上近三倍的价格，见设备未运走，机不可失，就对罐头厂说，愿以 20 万元的价格购买该机器。罐头厂见有利可图，便与冷库签了同样的合同，只是价格高了，并要求冷库尽快来人付款提货。冷库第三天即派车来提货，不巧这一天果品加工厂也来提货。双方互不相让，均有合同为据。罐头厂自觉理亏，对果品加工厂说愿支付违约金，合同就不再履行了。但果品加工厂坚决不同意，一定要机器设备，罐头厂与冷库联合强行让冷库将设备拉走，对果品加工厂置之不理。于是，果品加工厂向法院起诉，要求罐头厂履行合同，支付违约金。罐头厂表示愿意承担违约责任，支付违约金，但履行合同已不可能，设备已经卖掉。法院受理后，将冷库列为第三人，一同参加审理。合同当事人能否以支付违约金为由拒绝履行合同？

一、合同的履行

（一）合同履行的概念

合同的履行，是指合同的当事人按照合同完成约定的义务，如交付货物、提供服务、支付报酬或价款、完成工作、保守秘密等。在社会生活中，人们之所以要磋商和订立合同，以自己的某种具有价值的东西去与别人交换，无非是期望能获得更大的价值，创造更多的财富。而这一价值能否实现，完全有赖于双方订立的合同能否真正得以履行。如果仅仅是订立了合同而没有实际履行合同，那么不但为争取签约的所有努力付之东流，而且还可能招致经济上和信誉上的严重损失。因此，履行合同是实现合同目的最重要和最关键的环节，直接关系到合同当事人的利益。

（二）合同履行的原则

1. 实际履行原则

实际履行原则，又称实物履行原则，是指经济合同当事人必须严格按照合同规定的标的去履行自己义务的原则。它包括两层含义：

（1）合同中规定的是什么标的，当事人就必须交付什么标的，不得擅自更换，不能用其他物品或金钱来代偿。

（2）在经济合同当事人一方违反合同的情况下，违约方即使支付了违约金或赔偿金，也不能免除其履行合同的责任，如果受害方要求违约方继续履行合同，违约方还应按照合同规定的标的继续履行。

实际履行作为一项原则，双方当事人必须严格遵守。但遇到下列情况时，允许以货币、其他物品、劳务行为代替履行：

（1）由于不可抗力发生致使合同无法实际履行。不可抗力是指当事人无法抗拒的事件，当事人没有能力或没有条件进行抵抗。如果发生不可抗的事件，要当事人按原合同履行义务是不可能的，所以法律允许当事人不实际履行合同。

（2）以特定物为标的的合同实物已经灭失，实际履行已不可能。特定物是指具独特属性不能用其他物品代替的物。如在铁路运输过程中，货物发生被盗丢失或毁损灭失，承运人无法再交付货物，只能用支付违约金或赔偿损失的办法代替合同的履行。

（3）由于一方违约，使合同履行成为不必要。在这种情况下因合同义务人迟延履行合同，标的物的交付不仅不能给权利人带来经济利益且还会带来损失。如季节性较强的商品迟延交货，就可能给权利人造成损失。在这种情况下实际履行已没有意义，法律也允许用支付赔偿金的办法代替原标的的实际履行。

2. 适当履行原则

适当履行原则，又称全面履行原则，是指合同双方当事人必须严格按照合同中约定的标的、数量、质量、价款、时间、地点、包装、运输、结算等各项条款全面正确地履行义务。全面履行原则是实际履行原则的具体化。具体讲，它包含以下内容：

（1）履行的主体。一般情况下，合同必须由合同双方当事人亲自履行；特殊情况下，依据法律规定，合同义务也可以由第三方完成，如保证合同。

（2）履行的标的。经济合同规定的标的是什么，义务人就必须交付什么，不能用金钱代替（特殊情况除外）。

（3）履行的数量和质量。经济合同规定的标的数量是多少，就必须履行多少；合同规定什么质量就按什么质量交付。

（4）履行的价款或酬金。经济合同当事人要按照合同规定的价款或酬金支付。

（5）履行的期限、地方、方式。必须严格按照合同规定履行，任何一方不得擅自变更，否则视为违约，并承担相应的法律责任。

《合同法》第六十条第一款规定："当事人应当按照约定全面履行自己的义务。"这一规定，确立了全面履行原则。

3. 诚实信用原则

根据诚实信用原则的要求，当事人在履行合同时至少应做到以下几点：

（1）债务人不得履行自己已知有害于债权人的合同，于此种情形，债权人可以请求撤销合同；

（2）在以给付特定物为义务的合同中，债务人于交付物之前，应以善良管理人的注意，妥善保存该物；

（3）在发生不可抗力或者其他原因致使合同不能履行或者不能按预定条件履行时，债务人应及时通知债权人，以便双方协商处理合同债务；

（4）在合同就某一有关事项未规定明确时，债务人应依公平原则并考虑事实状况合理履行。

【案例 4.8】某生产资料公司（买方）与某贸易货栈（卖方）签订了一份苎麻购销合同，数量 50 吨，总价款 21.5 万元。合同签订后，买方按照约定付给卖方定金 2 万元，并按照卖方通知携汇票到卖方所在地提货。验货时买方发现卖方提供的货物是线麻而不是苎麻，遂拒绝提货。卖方称在当地方言中线麻就是苎麻，因此不能认为是标的不符，买方不能拒收。双方遂起诉讼。

【法理分析】《合同法》第六十一条规定"当事人应当遵循诚实信用的原则"。在合同订立、履行的过程中，缔约人应当诚实有信，遵守诺言，实践成约，正当竞争，而不能规避法律和曲解合同。诚实信用原则体现于合同的订立、履行、变更和终止的各个方面和各种阶段。卖方以方言为借口，试图以线麻代替苎麻进行交付，违背了诚实信用的原则，买方可以拒收货物，并要求卖方双倍返还定金。

二、合同的担保

（一）合同担保的概念

合同的担保，是指合同的当事人根据法律规定或双方约定，为确保合同的切实履行而设定的一种权利义务关系。

（二）合同担保的法律特征

1. 附属性

附属性也称从属性。合同的担保一经成立，即在原合同关系的基础上产生一种新的担保法律关系。但这种担保法律关系不是一种独立存在的法律关系，而是一种从属于主合同的法律关系，必须以有效的合同存在为前提，如果合同主债权的请求权转移给第三人，那么担保的请求权也转移给第三人，合同变更或消失时，担保也随之变更或消失。

2. 预防性

担保一般是在签订合同的同时成立，既可以为合同的条款之一，也可以另立担保合同。设立担保的目的就是防止违约和在违约的情况下保障权利人不受经济损失。担保确立后即具有法律约束力，只要一方不履行合同，另一方就有权请求履行合同担保义务或主动行使相应的权利，这对违约有警诫作用，因而会产生预防违约的积极效果。

3. 选择性

当事人对是否设立担保、担保的具体形式及金额均可根据合同的性质加以选择。但留置权这一担保形式只适用于特定的合同，且担保金额的最大限度只能是合同的实际损失，故不能由当事人选择。

（三）合同的担保形式

合同的担保形式主要有如下几种：

1. 定金

定金是指合同的一方，为了证明合同的成立和保证合同的履行，预先付给对方一定数量的货币。我国法律规定的定金属于违约定金。违约定金具有预定赔偿额的性质，但其作用却不限于此，主要体现在：

（1）定金具有证明合同成立的作用。

给付和接受定金，可视为该合同成立的依据。

（2）定金具有预先给付的资助作用。

定金是在合同签订后、未履行前先行付给的，因此接受定金的一方就可以及时将这笔款项用于生产经营，从而有利于合同的履行。

（3）定金具有督促双方当事人履行合同的作用。

根据定金罚则，给付定金的一方不履行合同时，就丧失了该定金；接受定金的一方不履行合同时，应向对方双倍返还定金。正是定金的这种惩罚性加强了合同的约束力，因而能促进合同的全面履行。例如，在铁路旅客运输中，办理包车运输，包车人应向铁路运输企业预交定金，双方如有违约即适用定金罚则。

2. 保证

（1）保证的概念。

保证是指保证人作为一方当事人的关系人，以自己的名义向另一方当事人履行合同担保的一种方式。保证合同履行的第三人是保证人，被担保履行合同的义务人为被保证人。保证合同一般由保证人与被担保合同的权利人订立。保证合同是从合同，被担保的合同是主合同，保证人是保证合同的义务人，主合同的权利人也是保证合同权利人。例如，在铁路货物运输中，收货人在到站领取货物时，如果领货凭证未到或丢失，则收货人除应出具有效证明外，还应取得铁路认可的担保单位的保证合同，方可领取货物。此时，被担保的铁路货物运输合同是主合同，保证合同是从合同。

（2）保证人的资格。

按法律规定，保证人应具有相应的财产能力，即当被保证人不履行合同时，保证人能够代替被保证人履行合同或承担不履行合同的赔偿责任。保证的实质是以担保人的财产、名誉进行担保，存在着一定风险，所以在签订担保合同时，应注意审查保证人的保证能力，选择有偿付能力的人做担保人。

（3）保证的主要法律特征。

① 保证人是主合同当事人以外的第三人，以自己的名义担保主合同的履行，而不是主合同义务人的代理人，在义务人不履行债务时，承担代履行或连带承担赔偿损失的责任。

② 保证是从合同，保证债务为从债务，以主合同存在为前提，保证以其所担保的合同为转移，合同无效则保证无效。

③ 保证人的承责范围，应以主合同中义务人所承担的义务为限，具体范围依保证人与被保证合同权利人的规定，但法律另有规定的除外。

④ 保证人代被保证人履行合同后，即相应取得权利人的地位，有权向主合同的义务人请求赔偿。

3．抵押

（1）概念。

抵押是指在债务人或者第三人的特定财产不转移占有的前提下，将该财产作为债权的担保。当债务人不履行债务时，债权人有权依法以该财产折价或者从拍卖、变卖该财产的价款优先受偿。在抵押法律关系中，提供财产的债务人或者第三人称为抵押人，债权人享有的当债务人不履行债务时以变卖抵押物优先受偿的权利称为抵押权，享有抵押权的债权人称为抵押人。

抵押物必须是可以转让的抵押人拥有所有权的财产，凡是法律规定禁止流通的或当事人不享有的不得作为抵押物。抵押担保应当签订书面合同，合同内容应包括被担保的主债务的种类、数额，债务人履行债务的期限，抵押物的名称、数量、所在地、权属、抵押范围等。

按照法律规定，抵押担保应当办理抵押登记，抵押合同自登记之日起生效，抵押登记受理机关应当是该财产的管理机关，如土地使用权的抵押登记机关为土地管理机关，船舶、车辆的抵押登记机关为运输工具的登记部门，等等。

（2）法律特征。

① 抵押权是担保物权。抵押权是针对财产的交换价值而设定的一种物权，它本质上是价值权，其目的在于以担保财产的交换价值确保债权得以清偿。故从抵押权的性质和目的的角度来看，抵押权是担保物权。

② 抵押权是在债务人或第三人的特定财产上设定的担保物权。债权人无须为了自己债权的清偿而在自己的财产上设定抵押权，抵押权是为担保债权的清偿而设定的，它只能存在于债权人以外的债务人或者愿意提供财产为债务人履行债务作担保的第三人。

③ 抵押权属约定担保物权而非法定担保物权。根据《中华人民共和国物权法》（下称《物

权法》）第一百八十一条、一百八十五条以及《中华人民共和国担保法》（下称《担保法》）第三十三条、三十八条至四十三条的规定，抵押权由当事人的抵押合意而设定。当事人可以自由地就抵押财产、抵押期限、抵押担保范围以及当事人认为需要约定的其他事项进行约定，并在抵押合同或者主债权合同的抵押条款中予以明确。

④ 抵押权是不转移标的物占有的物权。抵押权的公示主要是登记，抵押权的成立与存续只需登记即可，不必转移标的物的占有。

⑤ 抵押权的内容是变价处分权和优先受偿权。抵押权的内容有两项：一是抵押财产的变价处分权；二是就抵押财产卖得价金的优先受偿权。对抵押财产的变价处分权是指当债务人届期不履行债务时，抵押权人有权以合法方式拍卖、变卖抵押财产或者与抵押人协议以抵押财产折价抵充债务。就抵押财产卖得价金的优先受偿权：a. 有抵押权担保的债权，债权人能就抵押财产卖得的价金优先于债务人的普通债权人而受清偿；b. 就抵押财产卖得价金的优先受偿权还表现在两物权之间，即如果同一抵押物上设定两个以上的抵押权，先次序之抵押权人优先于后次序之抵押权人而受清偿；c. 抵押权人在债务人破产等程序中享有别除权，即抵押财产应从债务人的破产财产中除去，抵押权人对此别除出来的抵押财产卖得的价金有优先受偿权。

【案例4.9】某县水泥厂和服装厂达成一份联营协议，约定由服装厂向水泥厂注入资金200万元，水泥厂每年支付给服装厂利润20万元，两年后归还服装厂的出资，并且服装厂的利润分配不受水泥厂盈亏的影响。协议达成后，为保证水泥厂能正常履行协议，水泥厂请当地化肥厂以其自有厂房向服装厂提供抵押担保，并就抵押事宜到有关登记机构办理了抵押登记。问：（1）抵押权是否已成立？为什么？（2）如果化肥厂明知联营协议有问题仍提供抵押担保，应承担什么责任？

【法理分析】（1）抵押权并未成立。《担保法》第五条规定："担保合同是主合同的从合同，主合同无效，担保合同无效。"本案中，水泥厂与服装厂之间的协议名为联营，实际上是借贷合同。根据我国法律规定，法人之间借贷是非法的，属无效行为。因此主合同实际上是无效合同，抵押合同作为从合同自然也无效，抵押权不成立。

（2）化肥厂应承担过错赔偿责任。《担保法》第五条规定："担保合同被确认无效后，债务人、担保人、债权人有过错的，应当根据其过错各自承担相应的民事责任。"如果化肥厂明知主合同有问题仍提供担保，应认定其主观上有过错，并应根据其过错程度承担过错赔偿责任。

4. 质押

（1）概念。

质押，指债务人或第三人将其动产或权利凭证移交债权人占有，以该财产作为债权的担保，当债务人不履行债务时，债权人有权以该财产折价或以拍卖、变卖该财产的价款优先受偿。例如：某甲借某乙10万元，为了保证10万元债务能到期偿还，甲、乙签订质押合同，合同约定如到期某甲不能偿还10万元借款，某乙可以将某甲价值20万元的汽车变卖，所得价款偿还借款。该财产称之为质物，提供财产的人称之为出质人，享有质权的人称之为质权人。质押担保应当签订书面合同，质押合同自质物或质权移交于质权人占有时生效。质押合同的内容与抵押合同的内容基本相同。

（2）种类及特点。

质押包括动产质押与权利质押。

动产质押的特点：债务人或第三人（质押人）须将其动产移交债权人占有，提供动产的债务人或第三人是动产的所有人，动产质权的行使须以债务人不履行债务为前提。动产质押的质权人保管质物不善使之灭失或毁损的，应承担民事责任，在质物可能灭失或毁损时，出质人可以要求质权人将质物提存或提前清偿债务而返还质物，而质权人则可以要求出质人提供相应的担保，出质人不提供的，质权人可以对质物拍卖或变卖后用于优先受偿或者与出质人约定的第三人提存。

权利质押是以依法可以转让的股票或商标专用权、专利权、著作权中财产权出质。出质人与质权人应当在签订书面合同后向证券登记机构或向其管理部门办理出质登记，质押合同自登记之日起生效。

【案例 4.10】甲乙签订了一份借款合同，甲为借款人，乙为出借人，借款数额为 500 万元，借款期限为两年。丙、丁为该借款合同进行保证担保。担保条款约定，如甲不能如期还款，丙、丁承担保证责任。戊对甲、乙的借款合同进行了抵押担保，担保物为一批布匹（价值 300 万元），未约定担保范围。请问：

（1）设甲、乙均为生产性企业，借款合同的效力如何？为什么？

（2）设甲、乙均为生产性企业，甲到期无力还款，丙、丁应否承担责任？为什么？

（3）设甲、乙之间的合同有效，甲与乙决定推迟还款期限一年，并将推迟还款协议内容通知了丙、丁、戊，丙、丁、戊未予回复。丙、丁、戊是否承担担保责任？为什么？

（4）设甲、乙决定放弃戊的抵押担保，且签订了协议，但未取得丙、丁的同意。则丙、丁是否承担保证责任？为什么？

（5）设甲到期不能还款，乙申请法院对戊的布匹进行拍卖，拍卖价款为 550 万元，扣除费用后得款 520 万元，足以偿还乙的本金、利息和费用。乙能否以拍卖所得清偿自己的全部债务？为什么？

（6）设戊的布匹因不可抗力灭失；丙被宣告失踪，其财产已由庚代管。现甲不能偿还到期债务，丁偿还了乙的全部债权，丁的追偿权可向谁行使？为什么？

【法理分析】（1）无效。法人之间借款属于违法资金拆借行为，合同无效。

（2）不承担保证责任，但应承担过错赔偿责任。该过错赔偿责任为不能还款数额的三分之一。主合同无效，担保合同无效。但债务人、担保人、债权人有过错的，应当根据各自相应的过错承担责任。

（3）保证人丙、丁不承担保证责任，但抵押人戊仍应承担担保责任。保证合同未约定保证期限的，为主债务履行届满之日起六个月，现甲、乙推迟还款期限一年，未取得保证人的书面同意，保证人只在原保证期限内承担保证责任。因超出了六个月的保证期限，故保证人不承担保证责任。而抵押权消灭的期间为主债务诉讼时效届满之日起两年。虽然甲、乙推迟还款期限一年，仍未超出抵押权的消灭期间，故戊应承担抵押担保责任。

（4）保证人丙、丁仍应承担 200 万元的保证责任。因为债权人放弃物保的，保证人在放弃物保的范围内免除保证责任。

（5）可以。同一债权既有第三人提供的保证，又有第三人提供的抵押且未约定担保范围的，债权人可向任一担保人请求全部清偿。

（6）可向债务人甲和财产代管人庚追偿。保证人承担保证责任后就取得了对债务人的追偿权，也取得了对其他担保人的应承担份额的追偿权。戊作为抵押担保人，其抵押物灭失，抵押权消灭。故其丧失抵押担保人的身份，丁不能向戊追偿。丙已失踪，其财产由庚代管，财产代管人在诉讼中可为诉讼当事人，故可向庚追偿。

5. 留置

（1）概念。

留置是指债权人按照合同的约定占有债务人的动产，债务人不按照合同约定的期限履行债务的，债权人有权依照法律规定留置财产，以该财产折价或者以拍卖、变卖该财产的价款优先受偿。例如：甲有一块名贵的罗马表，不慎摔坏。甲将手表送到乙处维修，双方约定维修费用为1000元，过30日修好后甲再向乙支付维修费。之后，乙将手表修好，但是过了60日甲还没有来取表，也未支付维修费。乙无法联系到甲。所以，乙将手表变卖得款1万元，乙将1000元留下作为维修费，将9000元提存等甲来领取。

（2）留置权的主要特征。

第一，留置权只能发生在特定的合同关系中，如保管合同、运输合同和加工承揽合同。

第二，留置权发生两次效力，即留置标的物和变价并优先受偿。

第三，留置权具有不可分性，即债权得到全部清偿之前，留置权人有权留置全部标的物。

第四，留置权实现时，留置权人必须确定债务人履行债务的宽限期。

《物权法》第二百三十条规定"债务人不履行到期债务，债权人可以留置已经合法占有的债务人的动产，并有权就该动产优先受偿"。《合同法》第三百一十五条规定："托运人或者收货人不支付运费、保管费以及其他运输费用的，承运人对相应的运输货物享有留置权，但当事人另有约定的除外。"留置权优于抵押权。法律规定或者当事人约定不得留置的动产，不得留置。

【案例4.11】甲公司向乙银行贷款30万元，期限为1年，甲公司以自己新购的高级小轿车抵押，该抵押办理了合法有效的抵押登记手续。某日该公司一名无驾驶证的员工将车开出，发生重大交通事故。该车在丙修理厂大修，费用10万元。因修理费未付，该车被留置在丙处。贷款到期后，甲公司未能归还贷款，乙银行提起诉讼。

【法理分析】《最高人民法院关于适用〈中华人民共和国担保法〉若干问题的解释》第七十九条第二款规定："同一财产抵押权与留置权并存时，留置权人优先于抵押权人受偿。"留置权是指债权人按照合同约定占有债务人的动产，债务人不按照合同约定的期限履行债务时，债权人可依法留置该财产，以该财产折价或者以拍卖、变卖该财产的价款优先受偿的担保物权。享有留置权的债权人叫作留置权人，即本案丙修理厂，留置的财产称为留置物，即本案的小轿车。留置权是基于法律的规定而直接发生的，并非产生于当事人之间的约定，本案中只要甲公司未付修理费，丙留置该车，留置权即产生，而无须双方当事人约定，因此留置权属于法定担保物权，具有对抗其他担保物权的效力。而抵押权为约定担保物权，根据我国法定担保物权优于约定担保物权的物权法原则，留置权的效力优于抵押权。

留置权一般是由于留置权人就标的物提供了材料或者劳动而未得到适当补偿而产生的，即留置权人首先进行了保管、运输、加工、修理等劳动，而使标的物的价值增加或标的物的价值本应减少而未减少。如果没有这种直接针对于标的物的劳动，则标的物的价值受损，其他物权亦难以实现。因此，留置权担保之债实际上为其他债权之受偿创造了条件，因而它应优先受偿。因此，在处置该车时，应先付清丙的修车款 10 万元，剩余部分归还银行贷款本息。

第五节　合同的变更、解除、转让和终止

案例导入

近年来，商品房价格始终居高不下，许多企业为增加职工福利，与开发商合作建房或向开发商团购，这种形式的商品房通常价格低廉，含有一定的优惠，弃之可惜。于是，一些职工在不需要购房的情况下将购房资格转让，以赚取一笔不菲的差价，使得市场上的购房指标交易"火爆"异常。然而，由于房价不断攀升，房产在短期内可能出现每平方米升值数百元甚至上千元的现象，在此巨大利益的驱动下，卖房者为了弥补自己购房指标卖出价与现在房屋市场价的差额损失，便找各种理由欲让已签订的买卖合同无效，双方因此引发纠纷而诉至法院。

王某夫妻所属单位在楚雄彝人古镇与开发商合作建房，其拥有了一个购房指标，但无意购买，便将该购房指标通过协议转让给了李某，转让费为一万元。之后，李某将转让费及购房定金、首付款付给了王某夫妻，并一起认购了日后将建盖的房屋。由于房价上涨，王某夫妻觉得一万元的转让费太低，于是自己去交了购房尾款，不再履行转让协议。于是，李某将王某夫妻告上法庭，要求继续履行转让协议。王某夫妻辩称：购房权具有人身依附性，依法不得转让；转房协议违反了单位内部"五年内不得转让"的规定；原告李某没有按时交购房尾款，已构成违约，导致合同无法继续履行；因情势变更，转房协议应当解除；转房协议签订时尚未取得房屋所有权，该房屋的买卖违反《城市房地产管理法》的规定。王某夫妻请求驳回原告李某的诉讼请求。

一、合同的变更、解除

（一）合同变更、解除的概念

1. 合同的变更

合同的变更是指合同签订以后，由于履行条件发生变化，当事人之间就原合同的某些条

90

款进行修改或补充所达成的新的协议。合同的变更是以原来签订的合同为基础的，是对原合同局部要素的变更。

2. 合同的解除

合同的解除是指在合同没有履行或没有完全履行时，由于实现合同的条件发生变化，致使合同的履行成为不可能或不必要，由当事人依照法律或合同规定的条件和程序，提前终止合同效力的行为。合同的解除是当事人为避免履行合同而带来不应有的损失所采取的一项措施，自合同解除之日起，未履行的合同部分即不再履行。但是，合同的解除并不意味着因合同产生的债权债务关系的终止。合同解除后，责任方仍应当依法承担相应的经济责任，只有在责任方偿付了违约金和赔偿了损失后，双方的法律关系才真正消灭。

（二）合同变更、解除的条件

合同的变更和解除是有条件的：

1. 允许变更或解除合同的情况

（1）当事人双方经过协商同意。

合同的订立只有经过双方当事人协商一致才能成立，因而变更或解除合同也必须经过双方协商并达成协议。任何当事人单方擅自变更或解除合同都是违法的，也是无效的。另外，变更或解除合同不能损害国家、社会公共利益和第三人利益，否则即使双方协商一致，变更或解除合同也是无效的。

> 【案例 4.12】四川某贸易公司与某县一农场签订了书面种植收购桔梗的合同。合同规定由农场种植 20 万平方米的桔梗，秋季成熟后由公司全数收购，收购价为 2.6 元/千克，并办理了公证手续。为此农场聘用了专业技术人员进行栽种、管理，秋后收获桔梗 60 万千克。由于合同签订时间为春季，当时市价为 7 元/千克，秋季市价跌为 2.8 元/千克，贸易公司提出应按市价 1.4 元/千克收购，农场不接受，贸易公司于是拒收桔梗，致使桔梗大部分霉烂在地里，农场只得将剩余桔梗按市价卖掉。后农场诉至法庭，经法院调查审理后判决，贸易公司单方面变更价格条款不成而拒收桔梗，构成违约，应按原合同价格赔偿农场所受全部损失。
>
> 【法理分析】上述案例表明，当事人变更合同应与对方当事人协商，达成变更协议，不能单方面变更合同，也不得因无法达成变更协议而随意终止履行合同。否则因此给对方造成经济损失的，应偿付全部责任与损失。

（2）因不可抗力致使合同的义务不能履行。

由于不可抗力致使合同无法履行时，当事人可以变更或解除合同。不可抗力是指当事人在订立合同时不能预见，对其发生和后果不能避免并不能克服的客观情况。不可抗力一般表现为自然现象（如洪水、地震、台风、泥石流等）和社会现象（如战争、动乱等）。例如，因洪水造成铁路行车中断，致使旅客列车停运，铁路可安排旅客退票或乘坐恢复通车后的车次。

（3）对方当事人在合同约定的期限内没有履行合同。

当事人在对方当事人于合同约定的期限内没有履行合同的情况下，有权依照法定程序变更或解除合同，并且有权请求违约方支付违约金或赔偿损失。此类情况包括两种情形：一是对方当事人没有在合同约定的期限内履行合同，以致严重影响当事人订立合同所期望的经济利益，使合同的履行成为不必要。例如，农副产品买卖合同，卖方交付季节性产品，合同中约定了交付期限，若卖方错过了销售季节才交付，使得履行合同对买方来讲已失去必要性，买方即可提出变更或解除已经订立的合同。二是当事人一方在合同约定的期限内没有履行合同，在被允许推迟履行的合理期限内仍未履行。在这两种情形下，当事人有权依照法定程序变更或解除合同，并且有权请求违约的对方当事人支付违约金或赔偿损失。

2. 不准变更或解除合同的情况

法律还规定了不准当事人变更或解除合同的两种情况：

（1）当事人一方发生合并、分立。

当事人一方发生合并、分立时，由变更后的当事人享受或分别享受应有的权利，同时也应承担或分别承担履行合同的义务。因此，合同当事人不能以合并、分立为由变更或解除合同。当事人的合并、分立有三种情况：一是当事人同其他单位合并，原来确立的权利义务由新合并的单位承担；二是合同双方当事人合并，合同所设定的权利义务就成为单位的内部权利义务关系，无需再按单位外部的合同继续履行；三是当事人一方或双方发生分立，需由分立后的几个单位承担其权利义务。

（2）承办人或法定代表人的变动。

合同订立后，不得因承办人或法定代表人的变动而变更或解除。这是因为合同当事人的行为是一种整体行为，在法律上是法人的行为，而不是法定代表人或承办人的个人行为，行为的责任也不能由法定代表人或承办人来承担，当然法定代表人或承办人有过错的除外。如果合同可以因法定代表人或承办人的变动而变更或解除，必然会使法人之间的经济往来经常处于不稳定状态，从而干扰法人的生产和经营，影响正常的经济秩序。

（三）合同变更、解除的程序

1. 合同变更和解除程序的两种情况

（1）合同当事人双方协商变更或解除合同的，应按订立合同的程序进行。

首先由要求变更或解除合同的一方当事人提出变更或解除的提议，然后由对方在规定或约定的期限内作出答复。对方接受变更或解除的提议，双方当事人的意思表示一致，变更或解除的协议即成立、生效。如果对方不接受变更或解除的提议，双方意思表示不一致，原合同继续有效。

（2）当事人一方通知另一方变更或解除合同。

因合同性质或法定事由发生，单方可变更或解除合同的，有权变更或解除合同的当事人一方应及时通知对方。如果对方当事人不同意变更或解除合同，有权变更或解除合同的一方可以诉请仲裁机关或人民法院解决。

2. 在变更或解除合同的过程应注意的问题

（1）变更或解除合同的通知和协议应采用书面形式。

采用书面形式，落纸为文，当事人一旦发生经济纠纷，便于举证和取证，有利于避免和解决经济纠纷。

（2）变更或解除合同的建议或答复应在合同规定的或法律规定的期限内作出。

一方当事人要求变更或解除合同，及时通知对方是一项重要义务，当事人应严格遵守，一旦当事人超过法定或约定的期限通知对方就构成延迟通知。延迟通知的责任，既不是变更或解除合同的责任，也不是违约责任。延迟通知一般会造成两种结果：一种是变更或解除无效，另一种是变更或解除有效。如果提出要求的一方构成延迟通知，那么不能变更或解除合同，由此造成的损失应由提出要求的一方负责。如果答复的一方构成延迟通知，可以视为已经接受对方要求变更或解除合同的提议，因变更或解除而产生的责任应由答复方负责。

（四）合同变更、解除的责任

合同一旦被变更或解除，会出现两种法律后果：一是新合同的产生或旧合同的灭失；二是损失赔偿。变更和解除合同是合法行为，因而不能对负有责任的一方予以法律制裁，但是变更或解除合同的合法性，并不能免除责任方的一切经济责任。因变更或解除合同使一方遭受损失的，除依法可以免除责任的情况外，应由责任方负责赔偿。变更或解除合同的责任还应根据具体情况来确定。

（1）双方协商同意变更或解除合同的，不违反国家法律的，只要对损失承担协商一致即有效。

（2）一方当事人违约，造成变更或解除合同的，违约方应依法承担违约责任，并向受害方赔偿损失。

（3）因不可抗力事件致使合同变更或解除的，可根据实际情况部分或全部免除其赔偿责任。

（4）由于一方当事人在合同约定的期限内没有履行合同，受害方有权单方面变更或解除合同并不负赔偿责任，且有向违约方请求赔偿的权利。

（5）有关法律、法规规定有免责条件的，符合免责条件即可免责。

（6）合同双方约定有变更或解除的免责条件。免责条件是当事人协商一致的结果，只是要求不得违背国家法律的规定。这种情况下变更或解除合同，也不负赔偿责任。

二、合同的转让

合同的转让是指合同一方将合同的权利、义务全部或部分转让给第三人的法律行为。按法律规定，当合同一方将合同的权利、义务全部或者部分转让给第三人时，应当取得合同另一方的同意，并不得牟利。依照法律规定应由国家有关部门批准的合同，除非法律另有规定或合同另有约定外，仍需经原批准部门批准。合同权利、义务的转让，除另有规定的外，原合同当事人之间以及转让人与受让人之间应当采取书面形式。合同当事人一方依法将其合同债权和债务全部或部分转让给第三方的行为分为：

（1）合同权利的转让（通知义务）；

（2）合同义务的转让（须经债权人同意）；

（3）合同权利和义务的全部转让（须经对方同意）。

根据《合同法》第七十九条规定，债权有三种情形不得转让：

（1）依合同性质不得转让的。这类债权要么与债权人的人身有不可分割的关系，要么基于债权人与债务人间的信任关系产生。例如扶养请求权，雇主对于雇员、委托人对于代理人的债权，不作为债权，等等。对这类债权转让，应按无效处理。

（2）当事人约定不得转让的。要求这种约定须在转让之前订立，否则，该约定无效。

（3）法律规定不得转让的。国家以法律禁止转让的，违反禁止性规定的，合同当然无效。如某涉及具有特定人身份的权利或义务的演出合同，某特定的演员便不能将其演出的义务转让于他人；某具有抚恤金请求权的人，便不能将其权利转让。除此之外，一般民商事合同中，只要不违反当事人的约定，合同的转让是允许进行的。

合同转让与合同变更有着明显区别。合同变更是指合同双方当事人对合同条款的更改，而当事人并未发生变化，而合同转让则是合同当事人中增加进来第三人，其受该合同某种程度的约束，而合同的内容则未有任何变化。例如：某甲公司作为卖方，按约定向乙公司供应 2 万支显像管，合同签订后，甲公司因条件发生变化预计在合同约定交货期无法生产出 2 万支显像管，于是经与乙公司协商将 2 万支显像管减少到 1.5 万支。这便是合同的变更。假如甲公司并未要求减少供应数量，而是与同样生产该产品的丙公司达成协议，由丙公司供应其余的 5 000 支显像管，则属于合同义务的转让，丙公司加入进来作为该买卖合同的新主体。

【案例 4.13】某资产管理公司将其所享有的 5 000 万元的债权以 1 000 万元的价格出让给了某民营公司。该民营公司在向债务人某国有公司追偿时，债务人抗辩称其曾以 2 000 万元的价钱向资产管理公司要求受让，却被拒绝，资产管理公司的行为损害了国家利益，转让合同无效，受让人无权向其主张清偿。

【法理分析】根据《合同法》第七十九条的规定，不得转让的债权有：（1）依合同性质不得转让的；（2）当事人约定不得转让的；（3）法律规定不得转让的。国家以法律禁止转让的，违反禁止性规定的，合同当然无效。在我国禁止转让债权多以行政规章形式出现，如财政部财金〔2005〕74 号通知第二条规定，下列资产不得对外公开转让：债务人或担保人为国家机关的不良债权；经国务院批准列入全国企业政策性关闭破产计划的国有企业债权；国防、军工等涉及国家安全和敏感信息的债权以及其他限制转让的债权。本案涉及国有资产流失问题，应以损害国家利益否定转让协议的效力。

三、合同的终止

1. 概念

合同的终止，即合同的权利和义务终止，是指合同当事人之间的权利、义务关系归于消灭，在客观上不复存在。合同终止后，便失去了法律上的效力。除法律另有规定外，原债权人不得主张合同债权，债务人也不再负合同义务，债权债务关系归于消灭。同时，合同关系的终止，使合同的担保及其他从权利义务关系也归于消灭。如抵押权、违约金债权、利息债权等和主债权一样也归于消灭。

2. 合同终止的法定情形

《合同法》第九十一条规定有下列情形之一的，合同的权利义务终止：

（1）债务已经按照约定履行。

（2）合同解除。合同解除是合同终止的一种形式。合同解除必然导致合同终止，但合同终止不全是合同解除导致的。

（3）债务相互抵销。互负到期债务，且该债务的标的物种类、品质相同的，任何一方可以自己的债务与对方的债务抵消。

债务抵销生效要具备的条件：

① 必须是双方当事人互负债务、互享债权。

② 抵销权的产生，在于当事人对于对方既负有债务，又享有债权。只有债务而无债权，或者只有债权而无债务，均不发生抵销问题。

③ 双方债务的给付须种类相同。为确保双方债权目的的实现，只有双方债务的给付种类相同时才可抵销。

④ 必须是自动债权均届清偿期。因债权人通常仅在清偿期将至时，才可以现实地请求清偿。若未届清偿期，也允许抵销的话，就等于在清偿期前强制债务人清偿，牺牲其期限利益，显属不合理。所以，自动债权已届清偿期才允许抵销。不过，自动债权未定清偿期的，只要债权人给债务人以宽限期，宽限期满即可抵销。因债务人有权抛弃期限利益，在无相反的规定或约定时，债务人可以在清偿期前清偿。所以，受动债权即使未届清偿期，也应允许抵销。在破产程序中，破产债权人对其享有的债权，无论是否已届清偿期，无论是否附有期限或解除条件，均可抵销。

⑤ 法律规定不得抵销的债务不得抵销。

（4）债务人依法将标的物提存。

提存，指由于债权人的原因而无法向其交付合同标的物时，债务人将该标的物交给提存机关而消灭债务的制度。比如甲购买乙1 000千克苹果，甲货款已付，到了交付的时候，找不到甲，乙就可以将这1 000千克水果交给在提存机关，视为已经交付。甲、乙都履行了义务，合同终止。

（5）债权人免除债务。《合同法》第一百零五条债权人免除债务人部分或者全部债务的，合同的权利义务部分或者全部终止。免除是债权人抛弃债权的单方行为。

（6）债权债务同归于一人（但涉及第三人利益的除外）。债权债务同归于一人在合同法上叫作混同。混同是一种事实，即因某些客观事实发生而产生的债权债务同归一人，不必由当事人为意思表示。主要有：① 企业合并，合并前的两个企业之间的债权债务因同归于合并后的企业而消灭。② 债权人继承债务人，比如父亲向儿子借钱后死亡，儿子继承父亲的债权和债务。③ 第三人继承债权人和债务人，比如儿子甲向父亲乙借钱后，因意外事件二人同时死亡，由甲的儿子丙继承甲乙二人的财产。

合同关系的存在必须有债权人和债务人。当事人双方混同，合同失去存在基础，自然应当终止。合同终止，债权消灭，债权的从权利如利息债权、违约金债权、担保债权同时消灭。

但当债权是他人权利的标的时，为保护第三人的利益，债权不能因混同而消灭。

（7）法律规定或当事人约定终止的其他情形。例如当事人对合同的内容有重大误解或显失公平，可以经利害关系当事人请求，撤销该合同，使其已经发生的法律效力归于消失。

合同终止后，当事人应当遵循诚实信用的原则，根据交易习惯履行通知、协助、保密等义务。

第六节　违反合同的责任

案例导入

　　2004年8月20日，湖南省天海实业有限公司到四川收购了一批干辣椒，价值15万元，准备用于出口。因收购时并没有组织好运输，故在当地与四川省某铁路储运公司签订了保管合同，约定湖南省天海实业有限公司将这批干辣椒在四川省某铁路储运公司仓库中存放7天后派车来运。湖南省天海实业有限公司支付了保管费后即回去组织车辆来运。8月23日夜，四川省某铁路储运公司仓库遭雷击起火，致使装在麻袋中的干辣椒被火烧掉近一半。公司人员在废墟中将剩下的干辣椒清理出来，堆放在露天场坝上就各自回去睡觉了。半夜突然下起了暴雨，装辣椒的麻袋经过火灾后不很结实，有的辣椒已散落在地上。辣椒经暴雨一冲，且在雨水中浸泡时间过长，到第二天工作人员上班时，已根本不能再用了。见此情景，铁路储运公司遂以发生火灾为由拍电报给湖南省天海实业有限公司，要求来人处理。湖南省天海实业有限公司来人了解情况后，要求铁路储运公司赔偿损失，铁路储运公司以不可抗力为由拒绝赔偿。双方发生纠纷。

一、违反合同责任的概念

　　违反合同的责任，是指合同当事人由于自己的过错或无法防止的外因，造成合同不能履行或不能完全履行，依照法律规定或合同约定，必须承担的法律责任。违反合同的责任制度，在合同法律制度中处于重要地位，其目的在于用法律的强制力督促当事人认真履行合同，保护当事人的合法权益，维护社会经济秩序。

二、承担违反合同责任的条件

　　承担违反合同责任的前提条件是当事人双方签订的合同必须有效。在此基础上，认定当事人是否具备承担违约责任的条件，然后才能确认合同当事人是否应该承担违反合同的责任。根据法律规定，承担违反合同责任的条件是：

1. 要有不履行或不完全履行合同的行为

有不履行或不完全履行合同的行为是确认违约责任的首要条件。合同一经成立即具有法律约束力，不履行或不完全、不适当履行合同的行为都是与原合同的立意背道而驰的，是一种违背法律的行为，除非具有法定的免责条件，必须承担法律责任。不履行或不完全履行合同的行为有以下几种情况：

（1）拒绝履行，也称毁约，是指合同当事人故意违约，随意撕毁合同，拒不履行合同义务。这种情况自然应由毁约方承担违反合同的责任。

（2）不完全履行，又称部分履行，是指当事人只履行了合同标的的一部分。如买卖合同中卖方交货少于合同规定的数量，买方给付的货款少于实际货款等现象，都属于不完全履行。但是属于符合国家规定的在计量方面的正负误差、合理磅差、超欠幅度的，则不在此列。例如运送西瓜、鱼苗时，西瓜、鱼苗在途中的自然损耗。

（3）迟延履行，也称逾期履行，是指当事人无正当理由，在合同规定期限届满后，仍未履行自己应承担的义务。如果合同中对履行期限未作出明确、具体的规定，则应以在对方当事人提出履行催促后，留给合理的准备时间，准备时间期满仍未履行的才为迟延履行。

（4）质量不合格，也称瑕疵，是指履行标的不符合规定的质量要求。此类违约行为引起的纠纷较为常见且情况复杂，在合同有关法规中对质量不合格问题，规定了买方有用书面明示的方式在法律规定或合同约定的期限内提出异议的权利，否则视为默认。

（5）不正确履行，也称不适当履行，是指合同当事人虽然履行了合同义务，但其履行方式有错误，而且给对方造成了不应有的损失。如卖方未能按合同中规定的运输方式和路线运送货物，承租方未完全按约定用途使用租赁物，等等。

2. 当事人要有主观上的过错

所谓过错，是指当事人不履行或不适当履行合同的主观心理状态，包括故意和过失两种。故意违反合同，是指无视法律、法规和合同的约束，主观过错严重；过失违反合同一般具有盲目性和轻信性，主观过错较轻。但无论故意还是过失，都造成了合同不能履行或不能完全履行的后果。因此，都要承担违反合同的责任。

（1）故意。

故意指当事人明知自己的行为会引起合同不能履行或不能完全履行的后果，但仍实施这一行为，有意促成或放任这种结果的发生。

（2）过失。

过失指当事人应当预见到自己的行为可能引起合同不履行或不能完全履行的后果，由于疏忽大意没有预见或已预见而轻信可以避免，致使合同不能履行或不能完全履行。过失又分为重大过失和一般过失。通过区分故意和过失，能分清责任的轻重，防止平均分摊，对故意违约方给予严厉的制裁。依照过错原则，当事人由于主观上的过错而造成了违约行为事实，才能确定其违约责任。也就是说在违反合同事实的前提下，谁有过错谁就承担责任，没有过错就不承担责任。另外，法律规定，由于当事人一方的过错，造成合同不能履行或者不能完全履行的，由有过错的一方承担违约责任；如属双方的过错，根据双方过错的大小，分别承担与其过错相应的违约责任。因双方当事人的过错造成合同不能履行或不能完全履行的，称为"混合过错"。对于混合过错的违约责任，双方当事人不能因对方违约而减轻或免除自己的责任，应根据实际情况分别承担自己相应的违约责任。

3. 当事人的违约行为造成损害事实

损害事实是指当事人违约给对方造成的经济损失或其他不利后果。损害事实必须是客观存在的，不是主观估计的。损害事实分为物质损害和精神损害，物质损害是承担赔偿责任的主要部分，其中包括直接损失和间接损失。

4. 违反合同的行为与损害事实之间有因果关系

就是说，违反合同的行为和经济损失之间有着客观的必然的因果联系。损害事实是违反合同行为所引起的必然结果，违反合同的行为是这一损害事实发生的原因。违反合同行为和损害事实之间没有因果关系，则不承担违反合同的责任。需要指出的是，追究合同违约责任与对无效合同依法追究当事人的责任是两种性质不同的问题。无效合同自订立之日起就没有法律效力，自然也就不存在违反合同条款的法律责任问题。无效合同被依法确认后，当事人取得的不当得利要返还给对方，有过错的当事人要赔偿对方因此所受的损失，但并不构成违约，也不支付违约金。对于部分无效、部分有效的合同，当事人只对有效部分违约后才承担违约责任。

三、承担违反合同责任的方式

法律规定，当事人一方违反合同时，应向对方支付违约金。给对方造成的损失超过违约金的，还应进行赔偿，以补偿违约金不足的部分。对方要求继续履行合同的，应继续履行。承担违反合同责任的方式主要有以下几种：

(一) 支付违约金

1. 违约金的概念

违约金是指当事人因主观过错致使合同不能履行或不能完全履行，按照合同约定或者法律规定向对方支付一定数额的款项。

2. 违约金的性质

违约金具有两种性质：一是具有惩罚性，违约金的偿付不以违约是否给对方造成经济损失为条件，只要发生违约，即使没给对方造成经济损失或损失数额小于违约金数额，也要按规定向对方赔付违约金；二是具有赔偿性，当合同当事人违约给对方当事人造成损失，而且这种损失数额超过违约金数额时，按照法律规定应进行赔偿，以补足违约金不足部分，这时，违约金便具有赔偿的性质。

3. 违约金的种类

违约金从其产生来看，可分为法定违约金和约定违约金。
（1）法定违约金。
法定违约金是指法律直接规定的，并且不允许当事人自行商定的违约金。我国的一些合同实施条例就对违约金作了具体规定，当事人必须遵照执行。法定违约金又分为固定比率的违约金和浮动比率的违约金。

（2）约定违约金。

约定违约金是指法律、法规没有具体规定，而由当事人在签订合同时协商确定的违约金。当事人自行商定违约金时，数额和比例要适当，通常情况下，违约金最高不能超过合同标的总价值。

（二）支付赔偿金

1. 赔偿金的概念

赔偿金是指合同当事人一方因违约给对方造成经济损失，在没有规定违约金或者违约金不足以弥补损失时，支付给对方的一定数额的补偿货币。

2. 赔偿金的范围

赔偿金的范围包括：

（1）直接经济损失。

直接经济损失是指违约行为所直接造成的财产的减少，包括标的物本身的灭失或损坏以及由于违约而使对方为此多付出的费用，如处理损害后果的检验费、清理费、保管费、劳务费或采取其他措施防止损害事态继续扩大所支付的费用等。

（2）间接经济损失。

间接经济损失又称可能利益损失，是指因违约行为使对方失去实际上可以获得的利益，包括：

① 利润损失，指被损害的财产可以带来的利润。

② 利息损失，指被损害财产可得的利息。如借贷关系中出借方有权收取利息，财产租赁关系中出租方收取租金的利息，等等。

③ 自然孳息损失，是基于自然规律可以产生的收益。如土地上生长的庄稼、树木、果实，牲畜生的幼畜、挤出的牛奶、剪下的羊毛等。

（三）其他违约责任

按照法律的有关规定，除支付违约金和赔偿金以外，还有其他承担违反合同责任的方式：

1. 继续履行

在合同当事人一方因违约而向对方当事人支付违约金或赔偿金以后，一方要求继续履行的，必须在指定或约定的期限内继续履行合同中规定的义务。

2. 价格制裁

对执行国家定价的合同，当事人一方逾期履行合同而遇价格调整时，在原价格和新价格中选择一种对违约方不利的价格执行。

3. 单方解除合同

当事人一方因违约在合同规定期限内未履行合同，另一方依法享有直接以书面形式通知对方解除合同的权利，同时还有权要求对方对其因违约给自己造成的损失进行赔偿。但此权利仅在违约方构成根本违约时才可以行使。

4. 定金制裁

定金制裁即按定金罚则对违约方进行制裁。

5. 信贷制裁

信贷制裁指在借款合同中，借款方不按借款合同规定的用途使用贷款时，贷款方依法实施的一种制裁措施，包括加收利息、停止发放新的贷款、限期追回贷款等。此外，还有采取补救措施消除或减轻违约后果的方式。

四、违约的免责条件

（一）免责事由

所谓免责事由，是指免除违反合同义务的债务人承担违约责任的原因和理由。具体包括法定的免责事由和约定的免责事由。具体内容如下：

1. 不可抗力

《合同法》第三百一十四条规定："货物在运输过程中因不可抗力灭失，未收取运费的，承运人不得要求支付运费；已收取运费的，托运人可以要求返还。"

【案例 4.14】甲托运人将 2 万吨优质煤炭交铁路承运人运输 2 000 千米，运输至 1 000 千米时，因罕见、突发、未有预报的洪水冲击铁路，该 2 万吨煤炭灭失。承运人已经运输了 1 000 千米，能否要求甲方承担 1 000 千米的运费？

【法理分析】货物在运输过程中因不可抗力灭失，损失由双方当事人分担，托运人承担货物的损失，承运人承担运费的损失，因此承运人不能要求甲方承担 1 000 千米的运费。

根据我国《合同法》，不可抗力是指不能预见、不能避免并不能克服的客观情况。其划分为三类：自然灾害、政府行为、社会异常事件。对于因不可抗力导致的合同不能履行，应当根据不可抗力的影响程度，部分或全部免除有关当事人的责任。但在法律另有规定时，即使发生不可抗力也不能免除责任，这样的责任主要有：其一，迟延履行后的责任。法律大都规定，一方迟延履行债务之后，应对在逾期履行期间发生的不可抗力所致的损害负责。我国《合同法》第一百一十七条对此有所规定。其二，客运合同中承运人对旅客伤亡的责任。我国《合同法》第三百零二条对承运人采取了特殊的严格责任原则，其规定，"承运人应当对运输过程中旅客的伤亡承担损害赔偿责任，但伤亡是旅客自身健康原因造成的或者承运人证明伤亡是旅客故意、重大过失造成的除外"。因此从本条规定来看，承运人对旅客在运输过程中的伤亡负的是无过错责任,除非承运人能够证明伤亡是旅客故意、重大过失或旅客自身健康原因造成的,否则承运人均应负赔偿责任。

此外,对于不可抗力免责,还有一些必要条件,即发生不可抗力导致履行不能之时,债务人须及时通知债权人,还须将经有关机关证实的文书作为有效证明提交债权人。例如,某水产公司与其铁路运输企业于 2005 年 7 月 30 日签订了运输 20 吨带鱼的合同,约定铁路运输企业于 2005 年 8 月 10 日将带鱼运抵到站。铁路运输企业如期起运后因暴雨引发泥石流,造成铁路线路中断,导致无法按时履行合同。铁路运输企业将此情况及时通知对方。铁路运输企业可以因不可抗力而免除违约责任。当事人一方因不可抗力不能履行合同时,应当及时通知对方,以减轻可能给对方造成的损失,对方也应当采取适当措施防止损失的扩大。

2. 债权人过错

因债权人的过错致使债务人不能履行合同的,债务人不负违约责任,我国法律对此有明文规定。如《合同法》第三百一十一条(货运合同)、第三百七十条(保管合同)等。

3. 其他法定免责事由

主要有两类:第一,对于标的物的自然损耗,债务人可免责。这一情形多发生在运输合同中。《合同法》第三百一十一条规定,承运人能证明运输过程中货物的毁损、灭失是货物本身的自然性质造成的或系合理损耗的,不承担损害赔偿责任。这一免责事由意在平衡承运人与货主间的利益关系,由货主负担货物本身的自然性质、货物合理损耗所导致的损失。第二,未违约一方未采取适当措施,导致损失扩大的,债务人对扩大的损失部分免责。

【案例 4.15】A 厂与 B 公司订立了一份买卖合同,合同规定:由 B 公司出售给 A 厂特级羊毛 400 千克,总价款为 20 万元。交货时间为订立合同之日起三个月内(即 2003 年 10 月 20 日之前)。合同还规定:A 厂向 B 公司先支付总价款 20% 的定金。任何一方若违约,违约方应承担对方的全部经济损失。A 厂于合同签订后 10 日内汇去了全额定金。10 月初,A 厂致函 B 公司询问提货情况。B 公司回答,公司因没有现货,组织人员到牧区收购,但因现在不属于剪毛季节,无法收到,要求延迟到明年春季履行。A 厂因生产急需,所以又组织货源,幸未造成经济损失,但提出解除合同。双方发生争执,A 厂提起诉讼。A 厂要求解除合同,并追究违约责任。B 公司辩称,无法收到羊毛是季节原因,属不可抗力,应予免责,况且并未造成 A 厂的经济损失,因此 A 厂无权单方面解除合同。问:(1)A 厂是否有权解除合同?法律依据是什么?(2)B 公司是否应承担违约责任?如应承担责任,应如何承担责任?

【法理分析】(1)有权解除合同。《合同法》第九十四条规定,有下列情形之一的,当事人可以解除合同:因不可抗力致使不能实现合同目的;在履行期限届满之前,当事人一方明确表示或者以自己的行为表明不履行主要债务;当事人一方迟延履行主要债务,经催告后在合理期限内仍未履行;当事人一方迟延履行债务或有其他违约行为致使不能实现合同目的;法律规定的其他情形。

(2)应承担违约责任,双倍返还 A 公司交付的定金。

《合同法》第一百一十五条规定，当事人可以依照《中华人民共和国担保法》约定一方向对方给付定金作为债权的担保。债务人履行债务后，定金应当抵作价款或者收回。给付定金的一方不履行约定的债务的，无权要求返还定金；收受定金的一方不履行约定的债务的，应当双倍返还定金。《合同法》第一百一十六条规定，当事人既约定违约金，又约定定金的，一方违约时，对方可以选择适用违约金或者定金条款。

【案例 4.16】因不可抗力导致合同不能履行时责任的承担纠纷案，见本节导入案例。

【法理分析】不可抗力主要由自然灾害如水灾、火灾等或由一些社会因素如计划的变更、国家某项政策的调整等构成。它必须同时具备三个特征，即不可预见性、不可避免性和不可克服性，三个特性缺一不可。由于不可抗力对双方来说都是没有过错的，所以当事人是可以免责的。但应当注意的是，依《合同法》有关规定，不可抗力事件发生后，当事人应采取一切措施尽力避免损失的扩大。如果能够采取措施而未采取，致使损失扩大，那么对扩大的损失，当事人是不可免责的。

综上所述，本案中的火灾确是不可抗力，铁路储运公司对天海实业有限公司的损失依法可不负责任。但火灾中，天海实业有限公司只损失了一半数量的干辣椒，另一半数量的干辣椒在火灾后仍保存下来。照理，铁路储运公司应采取措施将其保管好，但却将之仓促露天堆放，未加遮盖，结果被暴雨冲毁。本案中的暴雨不是不可抗力：一是铁路储运公司对暴雨的到来应当是有预见的，因为夏季天气变化无常，况且刚打过雷；二是暴雨所造成的损失也应是可以避免和克服的，只要加以遮盖或放在房内，损失就不会发生。因此，对暴雨造成的损失，铁路储运公司是不能免责的，应承担赔偿的责任。

复习思考题

一、填空题

1. 实践中，订立合同需要经过_____与_____两个阶段。

2. 订立合同的形式有以下两种：_____形式、_____形式。

3. 合同的担保形式主要有：_____、_____、_____、_____等。

4. 自然人的民事行为能力可以分为_____、_____、_____三种情况。

5. 按照《民法通则》的规定，代理分为_____、_____、_____三种形式。

6. 质押包括_____、_____两种形式。

7. 合同履行的原则有_____、_____、_____。

8. 合同被确认无效后的法律后果主要有_____、_____、_____。

二、选择题

1. 按合同标的分，铁路行李运输合同属于（　　）的合同。

    A. 转移财产   B. 完成工作   C. 提供劳务   D. 其他

2. 铁路包裹运输中，因收货人未补齐应交运输费用，铁路车站不予领取包裹，属于合同担保中的（　　）。

    A. 抵押   B. 保证   C. 质押   D. 留置

3. 包裹在发站装车前，托运人因市场价格变化，向铁路发站要求取消托运，经车站同意并按规定办理了手续，属于（　　　）。

    A. 合同因协议而终止   B. 合同因撤销而终止

    C. 合同因期限届满而终止   D. 合同因履行而终止

4. 铁路将行李安全运抵目的站，并正确交付旅客完毕，属于（　　　）。

    A. 合同因提存而终止   B. 合同因撤销而终止

    C. 合同因履行而终止   D. 合同因不可抗力而终止

5. 货物在运输途中遇洪水全批灭失，属于（　　　）。

    A. 合同因履行而终止   B. 合同因撤销而终止

    C. 因期限届满而终止   D. 合同因不可抗力而终止

6. 旅客所持车票在乘车中途过了有效期，属于（　　　）。

    A. 合同因履行而终止   B. 合同因撤销而终止

    C. 合同因期限届满而终止   D. 合同因提存而终止

7. 对无法交付的货物、行李、包裹，车站按规定通告期满后，报上级主管部门批准，予以变卖，属于（　　　）。

    A. 合同因履行而终止   B. 合同因撤销而终止

    C. 合同因提存而终止   D. 合同因期限届满而终止

8. 行李合同是（　　　）的从合同。

    A. 包裹合同   B. 货运合同   C. 客运合同   D. 保管合同

9. 按合同标的分，租赁合同属于（　　　）的合同。

    A. 转移财产   B. 完成工作   C. 提供劳务   D. 财产使用

10. "遵守法律、行政法规，尊重社会公德，不得扰乱社会经济秩序和损害社会公共利益"是订立合同的（　　　）原则。

    A. 合法   B. 平等自愿   C. 公平诚信   D. 善序良德

11. 无处分权的人处分他人财产订立的合同属于（　　　）。

    A. 有效合同   B. 无效合同   C. 可撤销合同   D. 未成立合同

12. 以合作的形式变相移转、划拨土地使用权的合同属于（　　　）。

    A. 恶意串通，并损害国家、集体或第三人利益的合同

    B. 一方以欺诈、胁迫的手段订立的损害国家利益的合同

    C. 合法形式掩盖非法目的的合同

    D. 损害社会公共利益的合同

13. 欺诈国有银行和其他金融机构而给国有财产造成损失的合同属于（　　　）。

    A. 恶意串通，并损害国家、集体或第三人利益的合同

    B. 一方以欺诈、胁迫的手段订立的损害国家利益的合同

    C. 合法形式掩盖非法目的的合同

    D. 损害社会公共利益的合同

14. 可撤销合同撤销权的行使期间为（　　　）。

    A. 六个月   B. 一年   C. 两年   D. 三个月

15. 甲公司的业务员丙对汽车型号不太熟悉，在签订合同时，将甲公司原先想买的 B 型

号轿车写成了 A 型号轿车，丙的行为属于（　　　　）。

    A. 重大误解行为　　　　　　　　　B. 损害集体利益的行为

    C. 显失公平行为　　　　　　　　　D. 恶意串通行为

16. 给付定金的一方不履行合同时，就丧失了该定金；接受定金的一方不履行合同时，应向对方（　　　　）。

    A. 返还定金　　　B. 双倍返还定金　　　C. 支付违约金　　　D. 支付赔偿金

17. 承诺生效则（　　　　）。

    A. 合同成立　　　B. 合同生效　　　C. 合同履行完毕　　　D. 要约生效

18. 无效合同的确认权由（　　　　）行使。

    A. 工商局和人民法院　　　　　　　B. 仲裁机关和人民法院

    C. 工商局和业务主管机关　　　　　D. 业务主管机关和人民法院

19. 以合法形式掩盖非法目的的合同是（　　　　）。

    A. 可撤销的合同　B. 无效的合同　　　C. 部分无效的合同　　D. 有效的合同

20. 铁路行李运输合同的客体是（　　　　）。

    A. 行李　　　　B. 运输工具　　　C. 运输劳务行为　　　D. 智力成果

21. （　　　　）属于国家铁路运输企业行使法律、法规授予的行政管理职能。

    A. 货物运输　　　B. 旅客运输　　　C. 行包运输　　　D. 运输安全检查

三、多选题

1. 订立合同的基本原则有（　　　　）。

    A. 合法　　　　　B. 平等自愿　　　C. 公平诚信　　　D. 善序良德

2. 无民事行为能力人，是指（　　　　）。

    A. 不满八周岁的未成年人　　　　　B. 八周岁以上的未成年人

    C. 十六周岁以上不满十八周岁的公民　D. 不能辨认自己行为的精神病人

3. 有效的承诺，都必须具备以下条件（　　　　）。

    A. 承诺必须由受要约人作出　　　　B. 承诺必须在有效时间内作出

    C. 必须与要约的内容完全一致　　　D. 承诺应以明示的方式作出

4. 合同成立的方式有（　　　　）。

    A. 协议成立　　　B. 确认成立　　　C. 批准成立　　　D. 登记成立

5. 有效合同成立的条件主要有（　　　　）。

    A. 主体合法　　　　　　　　　　　B. 当事人意思表示真实

    C. 内容合法　　　　　　　　　　　D. 形式合法

6. 无效合同的特征有（　　　　）。

    A. 违法性　　　　　　　　　　　　B. 不履行性

    C. 无效合同自始无效　　　　　　　D. 可转化成有效合同

7. 合同的无效，由（　　　　）确认。

    A. 人民法院　　　B. 地方人民政府　　　C. 合同管理机构　　D. 仲裁机构

8. 可撤销合同的范围有（　　　　）。

    A. 因重大误解订立的合同　　　　　B. 显失公平而订立的合同

    C. 损害社会公共利益的合同　　　　D. 以合法形式掩盖非法目的的合同

9. 甲乙双方口头约定买卖合同，甲方向乙方购买加盖名牌商标，以便甲方冒充名酒出售。甲、乙的行为属于（　　　）。

    A. 恶意串通　　　　B. 损害社会公共利益　C. 显失公平　　　　D. 合法的买卖行为

10. 合同被认定无效后的法律后果主要有（　　　）。

    A. 返还财产　　　　B. 折价补偿　　　　C. 赔偿损失　　　　D. 支付违约金

11. 合同履行的原则有（　　　）。

    A. 实际履行原则　　B. 全面履行原则　　C. 合法原则　　　　D. 诚信原则

12. 合同担保具有（　　　）的法律特征。

    A. 附属性　　　　　B. 临时性　　　　　C. 预防性　　　　　D. 选择性

13. 下列哪些合同适用留置担保？（　　　）

    A. 保管合同　　　　B. 运输合同　　　　C. 加工承揽合同　　D. 租赁合同

14. 下列哪种情况当事人不能变更或解除合同？（　　　）

    A. 当事人一方发生合并　　　　　　B. 当事人一方发生分立

    C. 承办人变动　　　　　　　　　　D. 法定代表人的变动

15. 据法律规定，承担违反合同责任的条件包括（　　　）。

    A. 有不履行或不完全履行合同的行为

    B. 当事人要有主观上的过错

    C. 当事人的违约行为造成损害事实

    D. 违反合同的行为与损害事实之间有因果关系

16. 下列哪些是承担违反合同责任的方式？（　　　）

    A. 继续履行　　　　B. 价格制裁　　　　C. 定金制裁　　　　D. 支付赔偿金

17. 下列哪些行为承担违约责任？（　　　）

    A. 逾期运到　　　　　　　　　　　　B. 质量不合格

    C. 鱼苗在途中的自然损耗　　　　　D. 承租方未完全按约定用途使用租赁物

18. 完成工作成果的合同包括（　　　）。

    A. 建设工程承包合同　　　　　　　B. 财产租赁合同

    C. 加工承揽合同　　　　　　　　　D. 居间合同

19. 下列哪些合同无效？（　　　）

    A. 恶意串通　　　　B. 重大误解　　　　C. 显失公平　　　　D. 违反公共利益

20. 对于（　　　）的合同，一方有权请求法院或仲裁机关予以变更或者撤销。

    A. 无行为能力人实施　　　　　　　B. 以合法形式掩盖非法目的

    C. 行为人对行为内容显失公平　　　D. 有重大误解

四、判断题

1. 按参与合同的当事人数目分，托运人与收货人不是同一当事人时，铁路货物运输合同为多边合同。

2. 按参与合同的当事人数目分，托运人与收货人不是同一当事人时，铁路包裹运输合同为多边合同。

3. 按参与合同的当事人数目分，铁路旅客运输合同是双边合同。

4. 铁路旅客运输合同是实践合同。

5. 铁路货物运输合同是诺成合同。

6. 在签订合同中有违法行为，当事人不仅不能达到预期的目的，而且还须对其违法情况承担相应的法律责任。

7. 在合同中，一方不得把自己的意志强加给另一方。

8. 合同标的是指合同的客体，没有标的或标的不明确的，合同依然成立。

9. 自然界中所有的物都可以作为合同的标的。

10. 当事人双方协商确定的违约金、赔偿金，可以高于法律、法规规定的比例幅度或者限额。

11. 双方在合同中书面约定了发生纠纷时由共同选定的仲裁机构仲裁解决，则发生纠纷后只能向该仲裁机构提起仲裁，不能向人民法院提起诉讼。

12. 铁路包裹运输合同是货运合同的从合同。

13. 十六周岁以上不满十八周岁的公民，以自己的劳动收入为主要生活来源的，视为完全民事行为能力人。

14. 凡不具备法律资格的人与相对人订立的合同，合同无效。

15. 要约是希望他人向自己发出要约的意思表示。

16. 要约到达受要约人时生效。

17. 承诺是受要约人同意要约的意思表示。

18. 要约人的要约一经受要约人的承诺，合同即告成立。

19. 承诺应以明示的方式作出，缄默或者不行为不视为承诺。

20. 承诺生效的地点为合同成立的地点。

21. 合同成立于合同签订之日，合同的成立等于合同的生效。

22. 依法成立的合同，自成立之日生效。

23. 有效合同是指依法成立、在当事人之间产生法律约束力、并受法律保护的合同。

24. 转让专利权利应当由国家专利局登记并公告，专利权自公告之日起转移。

25. 无效合同从订立之日起就不具有法律约束力，以后也不能转化为有效合同。

26. 在重大误解时，合同可能被变更或者撤销；在一般误解等情况下，合同仍为有效。

27. 在乘人之危致使合同显失公平的情况下，合同可被变更或者撤销。

28. 在因欺诈、胁迫而成立合同的场合，若损害国家利益，合同无效；若未损害国家利益，合同可被变更或撤销。

29. 当事人在订立无效合同后，也可依据合同实际履行。

30. 恶意串通，损害国家、集体或第三人利益的合同无效。

31. 合同的无效只能由人民法院确认。

32. 执行国家定价的产品（商品）违反物价法规定价，则该条款无效，但其余部分仍然有效。

33. 偷漏税款的合同损害了国家利益，故无效。

34. 某粮油经营部门本来只能经营粮油，却与某贸易公司签订彩电买卖合同，该合同的标的物超越其经营范围，合同全部无效。

35. 法律、法规规定必须鉴证或公证的合同，必须履行了法定手续才能生效。

36. 可撤销合同从订立之日起就不具有法律约束力，以后也不能转化为有效合同。

37. 可变更、可撤销的民事行为，自行为成立时起超过一年当事人才请求变更或者撤销的，人民法院不予保护。

38. 具有撤销权的当事人知道撤销事由后明确表示或者以自己的行为放弃撤销权的,撤销权消灭。

39. 可变更、可撤销合同在未被撤销前是有效的;而无效合同自始无效,且不能变更。

40. 当事人恶意串通,损害国家、集体或者第三人利益的,因此取得的财产收归国家所有或者返还集体、第三人。

41. 合同中规定的标的,当事人不得擅自更换,但可以用其他物品或金钱来代偿。

42. 在经济合同当事人一方违反合同的情况下,违约方支付了违约金或赔偿金,能免除其履行合同的责任。

43. 由于不可抗力发生致使合同无法实际履行,允许以货币、其他物品、劳务行为代替履行。

44. 在铁路运输过程中,货物发生被盗丢失或毁损灭失,承运人无法再交付货物,只能用支付违约金或赔偿损失的办法代替合同的履行。

45. 季节性较强的商品迟延交货,法律上允许用支付赔偿金的办法代替原标的的实际履行。

46. 债务人履行自己已知有害于债权人的合同,债权人可以请求撤销合同。

47. 在发生不可抗力或者其他原因致使合同不能履行或者不能按约定条件履行时,债务人应及时通知债权人。

48. 合同的担保是为确保合同的切实履行而设定的一种权利义务关系。

49. 担保合同从属于主合同,也可独立存在。

50. 合同变更或消失时,担保也随之变更或消失。

51. 担保确立后即具有法律约束力,只要一方不履行合同,另一方就有权请求履行合同担保义务。

52. 留置权只适用于特定的合同,担保金额由当事人选择。

53. 给付和接受定金,可视为该合同成立的依据。

54. 铁路货物运输中,收货人到站领取货物时,如果领货凭证丢失,收货人除应出具有效证明外,还应取得铁路机关认可的担保单位的保证合同,方可领取货物。

55. 主合同无效,保证合同依然有效。

56. 质押是指在债务人或者第三人的特定财产不转移占有的前提下,将该财产作为债权的担保。

57. 抵押物必须是可以转让的抵押人拥有所有权的财产,凡是法律规定禁止流通的或当事人不享有的不得作为抵押物。

58. 抵押担保应当办理抵押登记,抵押合同自登记之日起生效。

59. 质押担保应当签订书面合同,质押合同自质物或质权移交于质权人占有时生效。

60. 债务人不履行到期债务,债权人可以留置已经合法占有的债务人的动产,并有权就该动产优先受偿。

61. 托运人或者收货人不支付运费、保管费以及其他运输费用的,承运人对相应的运输货物享有留置权。

62. 合同的解除意味着因合同产生的债权债务关系的终止。

63. 合同的解除是指在合同没有履行或没有完全履行时,提前终止合同效力的行为。

64. 变更或解除合同须经过双方协商并达成协议,任何当事人不能单方擅自变更或解除合同。

65. 由于不可抗力致使合同无法履行时,当事人可以变更或解除合同。

66. 在对方当事人于合同约定的期限内没有履行合同的情况下，另一方有权依照法定程序变更或解除合同，并且有权请求违约方支付违约金或赔偿损失。

67. 要求变更或解除合同的一方当事人提出变更或解除的提议，对方不接受的，原合同继续有效。

68. 合同订立后，因承办人或法定代表人的变动可以变更或解除合同。

69. 合同义务的转让须经债权人同意。

70. 合同的转让不得以牟利为目的。

71. 由于疏忽大意没有预见致使合同不能履行或不能完全履行，当事人可免除责任。

72. 在违反合同事实的前提下，谁有过错谁就承担责任，没有过错的就不承担责任。

73. 货物在运输过程中因不可抗力灭失，未收取运费的，承运人不得要求支付运费；已收取运费的，托运人可以要求返还。

74. 承运人应当对运输过程中旅客的伤亡承担损害赔偿责任，但伤亡是旅客自身健康原因造成的或者承运人证明伤亡是旅客故意、重大过失造成的除外。

75. 承运人对旅客在运输过程中的伤亡承担的是过错责任，有过错就承担责任，没有过错就不承担责任。

76. 承运人能证明运输过程中货物的毁损、灭失是货物本身的自然性质或合理损耗造成的，不承担损害赔偿责任。

77. 某水产公司与铁路运输企业签订了运输合同。铁路运输企业如期起运后因暴雨引发泥石流，铁路线路中断，导致无法按时履行合同。铁路运输企业将此情况及时通知对方。铁路运输企业可以因不可抗力而免除违约责任。

四、简答题

1. 如何理解留置权？留置权的担保方式主要用于哪些合同？

2. 指出过错的分类、故意与过失的区别及区分故意和过失的作用。

3. 何谓"混合过错"？混合过错的违约责任应如何承担？

五、案例分析题

1. 某百货公司向某化工厂订购洗衣粉 5 吨。双方在合同中约定："工厂应于 2002 年 9 月 1 日至 10 日将货送到百货公司第二仓库；在此期间内的任何时候只要化工厂送货上门，百货公司都应当立即收下，并于收货后的 10 日内付款；若有一方违违约，应向对方支付违约金 300 元。"9 月 10 日上午 10 时，化工厂司机王某开车将这批洗衣粉运至百货公司第二仓库时，发现仓库门锁着，经了解才得知该仓库的保管员此时正在公司开会。在王某去公司找该保管员来收货时，恰遇天降暴雨，将车上的洗衣粉淋湿了一部分。仓库保管员来后见此状，便拒绝收货。王某只得开车返回化工厂，另换了 5 吨于当天下午再运到该仓库交货。因该仓库保管员上午收货不及时，致使洗衣粉被淋湿，给化工厂造成损失 1 000 元。事后查明，该仓库保管员在那天早晨便被告知那场暴雨将于本日上午 10 时左右降临。交货之后第五天，百货公司向化工厂支付了合同约定货款 6 000 元。化工厂向百货公司要求支付违约金并赔偿上述损失，但这一要求被百货公司拒绝。问：

（1）百货公司是否构成违约？为什么？

（2）本案中如果百货公司构成违约，除了违约金外，是否还应承担损害赔偿责任？该赔多少？

2. 甲汽车销售公司与乙汽车制造公司签订了一份轿车买卖合同。由于甲公司的业务员丙对汽车型号不太熟悉，在签订合同时，将甲公司原先想买的 B 型号轿车写成了 A 型号轿车。虽然乙公司提供的型号不是甲公司原想购买的 B 型号轿车，但 A 型号轿车销量也不错。甲公司按照合同约定提货并支付了货款。问：

（1）如何认定此次买卖行为？

（2）如果甲又反悔，可以退回车子、要回货款吗？

3. 某省果品公司派人到某省土特产公司签订由土特产公司向果品公司提供 50 吨鸭梨的合同。合同约定：标的质量必须保证为 98% 的完好无损，提货时间是 9 月 5 日。交货方式为由果品公司派车自提，单价为 2.8 元/千克，违约金按总价款的 8% 计算。

9 月 5 日上午，土产公司把 50 吨鸭梨从冷库提出，等待果品公司提货，可同日下午接到对方电报，要求延迟 9 天提货。土产公司不同意对方的要求，并在两小时内回了电报。可果品公司收电后置之不理，9 天后才派车提货。在这 9 天中，由于露天暴晒，25% 的鸭梨有了不同程度的腐烂，造成损失 3 万多元。

9 月 14 日，果品公司在提货时发现这批鸭梨已不符合合同规定的要求，故要求削价处理，否则就不提货。而土产公司则认为鸭梨变质是对方逾期提货造成的，不能削价处理，对方应尽快提货。纠纷发生后，双方不能协商解决，土产公司向人民法院起诉。问：

（1）果品公司是否违约？为什么？

（2）鸭梨变质造成的损失应由谁负责赔偿？

4. 某运输公司受农场委托长途运送生猪，途径某市时遭遇热天气，运输公司派出的押运员根据经验决定给生猪降温。押运员从某农资公司购得喷雾器，清洗后即灌入自来水向生猪喷水降温。运达后食品公司发现生猪异常，经检测生猪不同程度农药中毒。后查押运人员购得的喷雾器售前曾供农户李某使用过，农药系李某使用后残留所致。问：

（1）肉食公司可否拒收生猪？

（2）谁应对生猪中毒负责？

（3）农场应向谁提出索赔要求？

第五章　铁路运输合同

【学习目的】铁路客货运输关系，反映在法律上就是合同关系。通过本章的学习了解铁路运输合同的概念、分类、特点；明确铁路运输合同中各方当事人的权利义务；掌握铁路客运、货运、行包合同订立、变更、终止的有关法律规定。

第一节　铁路运输合同概述

 案例导入

2013 年 9 月 8 日，周某在成都铁路局重庆代售 67 号窗口，买了一张 K775 次列车（重庆北—广州）票，欲到秀山去办事。车票上写着：当天 16:15 开。但列车并未按时发车，而是在 17:20 才开始检票发车。列车时刻表显示，K775 次列车 21:45 到达秀山，但实际到达时间是 22:45。周某认为，成都铁路局的晚点发车和晚点到站，严重违反双方的合同约定，起诉要求成都铁路局赔偿损失 43.4 元，并承担诉讼费。

一、铁路运输合同的概念

铁路运输合同是《铁路法》的重要内容之一。《铁路法》第十一条第一款规定："铁路运输合同是明确铁路运输企业与旅客、托运人及收货人之间权利义务关系的协议。"

二、铁路运输合同的分类

铁路运输合同根据其内容可以分为铁路旅客运输合同、铁路包裹运输合同、铁路行李运输合同和铁路货物运输合同。

三、铁路运输合同的特点

铁路运输合同除了具有一般民事合同所具有的共同特点，诸如合同当事人的法律地位一律平等、合同是双方的法律行为而不是单方的法律行为、依法成立的合同受法律保护等特点以外，还具有其本身的特点，主要表现在：

1. 铁路运输合同具有计划性，通常为诺成合同

《合同法》第三十八条规定："国家规定需要下达指令性任务或者国家订货任务的，有关法人、其他组织之间应当依照有关法律、行政法规规定的权利和义务订立合同。"国家批准的运输计划，是铁路货物运输合同签订的依据。货物运输合同受国家计划的制约、大宗货物受年度、季度和月度计划的制约，其他货物运输也受运力和其他条件的限制，要有计划地进行安排。双方订立货物运输合同，应贯彻优先运输国家指令性计划产品，兼顾指导性计划产品和其他物资的原则。大宗货物的铁路运输，有条件的可按年度、半年或季度签订货物运输合同，也可以签订更长期限的运输合同。

《合同法》第二百九十三条规定：客运合同自承运人向旅客支付客票时成立，但当事人另有约定或者另有交易习惯的除外。《铁路货物运输合同实施细则》第五条规定：按年度、半年度、季度或月度签订的货物运输合同，经双方在合同上签认后，合同即告成立。零担货物和集装箱货物的运输合同，以承运人在托运人提出的货物运单上加盖车站日期戳后，合同即告成立。随着我国向社会主义市场经济体制的纵深发展，将铁路运输合同界定为诺成性合同，有利于维护交易秩序，维护交易安全，也有利于维护合同双方当事人的合法利益，有利于交通运输业健康、有序地发展。

2013 年 6 月 15 日，中国铁路总公司宣布，铁路货运组织改革在全国范围正式推行，推动铁路货运从计划全面走向市场。除了国家规定的有特殊运输限制的货物之外，对各类货物敞开受理。铁路此次货运改革，把过去依靠计划组织运输、运输市场服从运输计划的生产模式，改为根据市场需求组织运输，按照敞开收货、实货组织装车、随到随运的运输组织模式，实现运输组织由内部生产型向市场导向型的转变，使货运组织在今后更具灵活、安全、便捷等特性，是铁路市场化改革的一大变革和进步。

2. 铁路运输合同是格式合同

所谓格式合同，又称标准合同，是指由这类合同的一方当事人（主要是有绝对权威的一方）根据有关法律、法规和规章印制的、具有固定式样和既定条款内容的标准合同文本。《合同法》第三十九条规定，格式条款是当事人为了重复使用而预先拟定，并在订立合同时未与对方协商的条款。铁路运输合同广泛采用格式合同形式，主要是由于运输营业的频繁地不断重复地进行的特点。由承运方制订合同，是运输经济关系产生的必然要求。双方当事人在订立格式合同的时候，不需要协商，只需按照固定式样中预先留下的空白项填写，双方再确认后合同即告成立。铁路的旅客车票、行李票、包裹票和货运单都是格式合同，其主要内容、基本条款及具体形式，均由国务院铁路主管部门统一制订，当事人不得自行更改或商议不同条款。

《合同法》第三十九条同时规定："采用格式条款订立合同的，提供格式条款的一方应当遵循公平原则，确定当事人之间的权利和义务，并采用合理的方式提请对方注意免除或者限制其责任的条款，按照对方的要求，对该条款予以说明。"根据该项规定，铁路运输企业应对格式合同中的有关条款向托运人做出说明，并按照公平的原则确定双方的权利和义务。另外，根据《合同法》第四十一条的规定，当运输企业和托运人对格式条款的理解发生争议的，应当按照通常的理解予以解释。对格式条款有两种以上解释的，应当做出不利于提供格式条款

一方的解释，也就是对运输企业一方不利的解释。格式条款和非格式条款不一致的，应当采用非格式条款。

3. 铁路运输合同有些基本内容具有法律上的强制性

铁路运输合同有些基本内容当事人不能约定，不能变更和修改，如旅客票价率、货物运价率等内容。

4. 铁路运输合同的主体具有特殊性

铁路运输合同大多有第三人参加，即在一般情况下，参加签订运输合同的当事人是承运人和托运人。在托运人与收货人不是同一人时，收货人就成为参加货物运输合同关系的第三人，依运输法律规定和合同约定，享有一定的权利并承担相应的义务。

四、铁路运输合同的构成要素

铁路运输合同是合同的一种，也是由合同的主体、客体和内容三个要素构成的。

（一）铁路运输合同的主体

铁路运输合同的主体包括铁路运输企业、旅客、托运人和收货人。

1. 铁路运输企业

铁路运输企业在运输合同关系中称为承运人。《铁路法》所称的铁路运输企业是指国家铁路运输企业和地方铁路运输企业。专用铁路在兼办公共客货运输时，适用《铁路法》中关于铁路运输企业的规定。国家铁路运输企业是指铁路局。铁路的站段不是铁路运输企业，而是铁路运输企业的基层组织，只能以铁路局的名义进行运输生产活动，不能作为铁路运输合同的主体对待。

2. 托运人、收货人

托运人就是把货物、包裹或者行李交付铁路运输的人。收货人是指在到站领取到达的货物、包裹或者行李的人。铁路行李运输中，托运人、收货人即旅客本人。托运人、收货人可以是自然人、法人或者其他社会组织。

3. 旅客

旅客作为铁路运输合同的主体，是指具有相应民事行为能力的自然人（含公民、外国人、无国籍的人）。根据《民法总则》的有关规定，凡是年满八周年以上的人都可成为铁路运输合同的主体。对于八周岁以下的未成年人或者正在生病的不能辨认自己行为的精神病人，不能作为铁路运输合同的主体对待。这些人乘车旅行，必须要有其监护人或监护人委托的人同行。如果没有监护人或监护人委托的人同行，则铁路运输企业有权拒绝其乘车。在铁路实际工作中，为简化手续，铁路运输企业主要是通过身高来确定是否买票乘车。因此，身高就成为铁路旅客运输合同主体的条件。

旅客作为运输合同一方当事人，人数是不特定的，可以是一人，也可以是多人（即团体旅客）。在铁路旅客运输合同中，旅客既是当事人，又是被运输的对象。

（二）铁路运输合同的客体

铁路运输合同的客体是指铁路运输的劳务行为（即服务行为）。

必须注意的是，铁路运输的对象是货物、行李、包裹或者旅客，但这些对象不是法律意义上的客体，而是客体所指向的事物。在合同关系中，合同客体主要指物、行为、智力成果。铁路运输企业和旅客托运人之间订立合同的目的是要按照托运人和旅客的要求把货物、行李、包裹或旅客从一地运至另一地，运输劳务行为是双方权利义务所共同指向的目标。因此，只有铁路运输的劳务行为才是铁路运输合同的客体。

（三）铁路运输合同的内容

铁路运输合同的内容就是各方当事人的权利义务。

1. 承运人的权利和义务

（1）承运人的权利。

根据《铁路法》的规定，铁路运输企业享有的权利有：

① 有权对托运人填报的货物、包裹的品名、重量、数量进行检查；对托运人申报不实的，有权按照有关规定加收运费和其他费用。

② 有权按照规定向托运人收取运费、杂费，托运人不按规定交付运费和杂费的，有权拒绝承运。

③ 有权向逾期领取货物、包裹、行李的收货人和旅客收取保管费。

④ 对因旅客、托运人或者收货人的责任给铁路运输企业造成财产损失的，铁路运输企业有权要求当事人承担赔偿责任。

⑤ 对无票乘车或者持失效票乘车的，铁路运输企业有权补收票款，并按规定加收票款，对拒不补交票款或者加收票款的，铁路运输企业有权责令其下车。

⑥ 对自承运人发出领取货物通知之日起满30天仍无人领取的货物，或者收货人书面通知不予领取的行李，铁路运输企业有权依照法定程序进行变卖。

⑦ 有权拒绝办理违章的运输变更。

⑧ 托运人对托运的货物不按约定的方式或法定方式包装货物的，承运人可以拒绝承运。

托运人托运易燃、易爆、有毒、有腐蚀性、有放射性等有危险的物品的，未按国家有关危险物品运输的规定，对危险物品妥善包装，做出危险物标志和标签，并将有关危险物品的名称、性质和防范措施的书面材料提交承运人的，承运人可以拒绝运输。

（2）承运人的义务。

① 有义务按照合同约定的期限或国务院铁路主管部门规定的运到期限，安全、准确地将旅客、货物、包裹、行李运到合同约定的地点。

② 除法律规定可以免责的以外，承运人对承运的货物、包裹、行李，自承运时起到交付

时止发生的灭失、短少、变质、污染、损坏，有义务承担赔偿责任。因检查造成货物、包裹中的物品损坏时，也应当赔偿损失。

③ 采取有效措施做好旅客运输服务工作。做到文明礼貌、热情周到，保持车站和车厢内的清洁卫生，提供饮用开水，做好列车上的饮食供应工作。

④ 按照规定或合同约定，对承运的容易腐烂变质的货物和活动物，有义务采取有效措施加以保护。

2. 托运人的权利和义务

（1）托运人的权利。

有权要求承运人按合同约定的期限和国务院铁路主管部门规定的运到期限将货物完整无损地运达约定地点，交给收货人；由于承运人的责任造成货损、货差或逾期运到时，有权要求承运人支付违约金、赔偿金。逾期30天承运人仍未交付托运的行李、包裹，有权按灭失向承运人要求赔偿。另据《合同法》的有关规定，承运人未按照约定路线或者通常路线运输增加运输费用的，托运人可以拒绝支付增加部分的运输费用；托运人有要求承运人终止运输、返还货物、变更到达地或者将货物交给其他收货人的权利，但应当赔偿承运人因此受到的损失；货物在运输过程中因不可抗力灭失，已收取运费的，托运人可以要求返还。

（2）托运人的义务。

① 托运人有向承运人准确表明收货人的名称或者姓名或者凭指示的收货人，以及货物的名称、性质、重量、数量、收货地点等有关货物运输的必要情况的申报义务。

② 按照货物运输合同约定的时间和要求向承运人交付托运的货物。

③ 按规定向承运人支付运费、杂费。

④ 对需要进行包装的货物，按国家规定标准进行包装的义务。

⑤ 合同约定自行装卸货物时，按照作业规程按时完成装卸作业，如实填报货物运单和物品清单。

⑥ 需要凭证明运输的货物托运时，托运人应将证明文件与货物运单同时提出。需办理海关、检疫、公安等证明文件运输的货物，托运人未按规定提出证明文件的，承运方有权拒绝承运。另外，托运人要对自己提出的证明文件的真实性负责。

⑦ 将领取货物凭证及时交给收货人并通知其按时向到站领取货物。

3. 收货人的权利和义务

（1）收货人的权利。

有权在货物到达后凭有关凭证（提单）领取货物；在领取货物时，发现运单与实际不符的，有权查询，发现货物缺少、损坏的，有权要求赔偿。

（2）收货人的义务。

及时领取货物，逾期领取时须交付保管费；交付按规定应由收货人交付的有关运费和其他费用；在约定的期限或在合理期限内检验货物的义务；对货物的数量、毁损等有异议的，及时提出异议的义务；货运合同规定由收货人自己卸货的，在货物运至到站后，应在规定的时间内完成卸货任务。卸货完毕后，应将货车清扫干净；运输货物具有污秽、毒害性质的，还应负责洗刷、消毒，使载运货车恢复正常清洁状态。

4. 旅客的权利和义务

（1）旅客的权利。

因铁路运输企业的责任，造成旅客不能按车票载明的日期、车次乘车时，有权要求铁路运输企业退还全部票款或安排改乘到达相同目的站的其他列车；对由于铁路运输企业的责任造成的行李逾期到达、灭失或损毁的，旅客有权要求铁路运输企业承担违约责任。

（2）旅客的义务。

旅客必须购买车票乘车，无票乘车或持无效车票乘车的，应当履行补票义务，并交付按规定加收的票款。托运行李的旅客应当及时领取行李，逾期领取的，有义务按规定交付保管费。

【案例 5.1】某客运公司的客车上的售票员发现甲、乙、丙 3 人没有买票，于是让其补票。三人蛮不讲理，司机说："你们没有买票，我们就可以把你们赶下车。"三人听后，感到害怕，其中甲、乙马上就补了票，但丙由于身上没带钱，央求客车司机和售票员把他带到某某站。售票员不同意，把丙赶下车。当日下午 1 点，售票员发现客车上人太多，已经超员 5 人，于是便拒载后来的人。丁由于有急事，央求上车，售票员说："客车运输不能超载，出了问题，我们要负责任的。"丁说："出了问题，我负责。不管什么问题，我都一人负责。"售票员无奈便让其上了车，还说："出了问题可由你一人全部负责！"下午 3 点，售票员发现戊携带危险品，便准备把危险品拿到车下销毁。戊坚决反对。售票员说："要么你拿着危险品下车，要么让我销毁。"后来，由于拥挤，王某把孕妇赵某挤得流产了。

根据上述案情，回答下列问题：

（1）乘车人甲、乙、丙 3 人没买票，售票员可否把其赶下车？

（2）由于丙身上没带钱，售票员最终还是把他赶下车，这样是否合法？为什么？

（3）售票员是否有权销毁旅客携带的危险品？为什么？

（4）对于赵某的流产，丁是否应负责？为什么？

（5）对于赵某的流产，售票员和其运输公司是否应承担责任？

（6）对于赵某的流产，王某是否应该承担责任？

（7）设检票员未把丙赶下车，在赶往某某站的途中，由于司机突然刹车致丙倒地重伤，谁应对丙的损失负责？

【法理分析】《合同法》第二百九十四条规定："旅客应当持有效客票乘运。旅客无票乘运、超程乘运、越级乘运或者持失效客票乘运的，应当补交票款，承运人可以按照规定加收票款。旅客不交付票款的，承运人可以拒绝运输。"第二百九十七条规定："旅客不得随身携带或者在行李中夹带易燃、易爆、有毒、有腐蚀性、有放射性以及有可能危及运输工具上人身和财产安全的危险物品或者其他违禁物品。旅客违反前款规定的，承运人可以将违禁物品卸下、销毁或者送交有关部门。旅客坚持携带或者夹带违禁物品的，承运人应当拒绝运输。"

根据以上两个条文，可得出第（1）～（3）问的答案。

《合同法》第三百零二条规定："承运人应当对运输过程中旅客的伤亡承担损害赔偿责任，但伤亡是旅客自身健康原因造成的或者承运人证明伤亡是旅客故意、重大过失造成的除外。前款规定适用于按照规定免票、持优待票或者经承运人许可搭乘的无票旅客。"

依该规定，客运承运人对旅客的伤亡应负无过错责任。本案中赵某作为旅客，在乘运期间人身受到伤害，客运公司依法应负违约损害赔偿责任。至于丙的伤害赔偿责任，依第三百零二条第二款之规定，仍应由客运公司负担。若检票员未将不买票的丙赶下车，而是同意将其带到某某站，这就意味着丙是经承运人许可搭乘的无票旅客，在运输途中发生人身伤亡的，照样适用第三百零二条第一款的规定。

故可得到第（4）~（7）问的答案。

第二节　铁路旅客运输合同

案例导入

2012年2月6日21时54分，因2270次列车在耒阳站让T90次列车晚开，广州北—石门南L714次旅客列车扣在耒阳站机外停车时，列车广播员向旅客通报临时停车的原因，并说明不能随意开启车门。但该车13号车厢仍有3名旅客从车窗跳车，被临线下行21时56分通过的岳阳—广州的0611次列车撞死、撞伤，当场死亡2人，重伤1人送医院后死亡，造成旅客意外伤亡事故。铁路运输企业是否需要对案例中旅客的人身损害承担赔偿责任？

一、铁路旅客运输合同的概念特征

铁路旅客运输合同是明确铁路运输企业与旅客之间相互权利义务关系的协议，是承运人与旅客签订的由承运人将旅客及其行李运输到目的地而由旅客支付票款的合同。客运合同是一种较特殊的合同，它的运输标的是人而不是物，所以，客运合同具有其特殊性。（1）旅客既是合同一方当事人，又是运输对象。（2）客运合同通常采用票证形式。（3）客运合同包括对旅客行李的运送。（4）起运地承运人与旅客订立的旅客运输合同，对所涉及的承运人都有连带关系，具有同等约束力。

二、铁路旅客运输合同的基本凭证

客票为表示承运人有运送其持有人义务的书面凭证，是收到旅客承运费用的收据。客票并非旅客运输合同的书面形式，但它却是证明旅客运输合同的唯一凭证，也是旅客乘运的唯一凭证，是旅客和承运人订立运输合同关系、支付票价和办理旅客意外伤害强制保险的基本依据。因此，无论采用哪一种运输方式，旅客均须凭有效客票才能承运，除特别情形外，不能无票承运。旅客无票乘运、超程乘运、越级乘运或者持失效客票乘运的，应当补交票款，承运人可以按照规定加收票款。旅客不交付票款的，承运人可以拒绝运输

车票票面主要应当载明发站、到站、径路、座别、卧别、票价、车次、乘车日期、有效期等内容（特殊票种除外）。车票是乘车票据的总称。从票价来分，可分为全价票和减价票。减价票包括儿童减价票（简称儿童票）、学生减价票（简称学生票）和伤残军人半价票。

三、铁路旅客运输合同的成立和生效

1. 成立

《合同法》第二百九十三条规定："客运合同自承运人向旅客交付客票时成立，但当事人另有约定或另有交易习惯的除外。"这就是说，有偿的旅客运输合同通常自承运人向旅客交付客票时成立。

旅客运输，属于公共运输，承运人通过公布价目表向社会公众发出要约邀请。购票人支付票价的行为为要约，承运人发给客票的行为为承诺。因此，自购票人取得客票时起，双方意思表示一致，客运合同成立。旅客运输合同自旅客购得客票时成立只是通例，法律允许当事人另行约定。出现旅客先乘坐后补票的常见情形时，旅客运输合同自旅客登上交通工具时成立，其后旅客补票的行为则是旅客向承运人履行支付票款的合同义务。因为此时双方的行为表明双方已就运输合同达成协议，只是双方的合同为非书面形式。

2. 生效

客运合同是诺成性合同，双方经过要约、承诺，形成意思表示一致，合同即告成立。但其成立时间和生效时间并不完全一致，主要涉及以下几种情况：

（1）旅客预订车票。在旅客向承运人预订车票，承运人实施送票服务的方式下，旅客的预订行为为预约合同，承运人送票为要约，旅客签收客票为承诺，合同自旅客签收车票时成立，登车前检票时生效。

（2）旅客上车后补票。经承运人同意旅客先上车后购票的情况下，旅客登上承运人的车辆为要约，承运人准许旅客上车视为承诺，客运合同自旅客登上车时成立并生效；未经承运人同意上车，则以办理补票手续后取得客票为标志，合同成立并生效。

（3）旅客先行购票。在旅客向承运人指定的购票地点先行购票的方式下，旅客向承运人提出到站路线要求，并支付相应的票款即构成要约，承运人给旅客合乎要求的客票即为承诺，交付客票时客运合同成立，登车前检票时生效。

（4）电子客票。在12306.cn网站上购买的火车电子客票，也是具有法律效应的，购买后铁路旅客即与承运人签订了合同，电子票与纸质车票具有同等法律效力。在12306.cn网站上购票后显示交易成功的时间为铁路旅客运输合同生效的时间，退票时以12306.cn网站确认交易成功的时间作为铁路旅客运输合同终止的时间，改签所涉及的原车票退票、换（购）新票分别按照退票、购票处理。

在合同成立后尚未检票前，旅客一方主体可以发生变更，但在检票后，旅客一方主体已经特定，不再允许发生变更。合同订立生效后，承运人不得在无正当理由下任意解除、延误或拒绝履行合同，旅客无正当理由不得延误合同履行。

3. 铁路客运合同的有效期

旅客购票后，应当按车票票面所载明的有效期乘车。

对车票有效期应做如下理解：

（1）按票面载明的乘车日期、车次乘车。旅客需提前或推后乘车时，应提前到发站办理改签手续。

（2）直达票当日当次有效，但全程在铁路运输企业内运行的动车组列车车票有效期由企业自定，有效期有不同规定的其他票种除外。

（3）通票的有效期按乘车里程计算：1 000 千米为 2 日，超过 1 000 千米的，每增加 1 000 千米增加 1 日，不足 1 000 千米的尾数按 1 日计算；自指定乘车日起至有效期最后一日的 24 时止。

四、铁路旅客运输合同主体资格的确认

旅客作为铁路运输合同的主体，应是具有相应民事行为能力的自然人（含公民、外国人、无国籍的人）。《合同法》规定，当事人订立合同，应当具有相应的民事权力能力和民事行为能力。依据《民法通则》的规定，民事权力能力指公民在人身和财产方面能够享有民事权利和负担民事义务的能力或资格。民事权力能力是与人身存在不可分离的。民事行为能力指公民通过自己的行为，取得民事权利和承担民事义务，从而使法律关系发生、变更和消灭的能力和资格。

根据《铁路旅客运输规程》第十九条的规定，承运人一般不接受儿童单独旅行（乘火车通学的学生和承运人同意在旅途中监护的除外）。随同成人旅行身高 1.2 m～1.5 m 的儿童，享受半价客票、加快票和空调票。超过 1.5 m 时应买全价票。每一成人旅客可免费携带一名身高不足 1.2 m 的儿童，超过一名时，超过的人数应买儿童票。儿童票的座别应与成人车票相同，其到站不得远于成人车票的到站。如果没有监护人或监护人委托的人同行，则铁路运输企业有权拒绝其乘车。

五、旅客的权利和义务

旅客指持有铁路有效乘车证的人和同行的免费乘车儿童。根据铁路货物运输合同，押运货物的人视为旅客。

（一）旅客的主要权利

（1）依据车票票面记载的内容乘车。

（2）要求承运人提供与车票等级相适应的服务并保障其旅行安全。

（3）对运送期间发生的人身损害有权要求承运人赔偿。

（4）对运送期间因承运人过错造成的随身携带物品损失有权要求承运人赔偿。

（二）旅客的主要义务

（1）支付运输费用。

（2）遵守国家法令和铁路运输规章制度，听从铁路车站、列车工作人员的引导，按照车站的引导标志进、出站。

（3）爱护铁路设备、设施，维护公共秩序和运输安全。

六、承运人的权利和义务

承运人指与旅客或托运人签有运输合同的铁路运输企业。铁路车站、列车及与运营有关人员在执行职务的过程中代表承运人。

（一）承运人的主要权利

（1）依照规定收取运输费用。

（2）要求旅客遵守国家法令和铁路规章制度，保证安全。

（3）对损害他人利益和铁路设备、设施的行为有权制止、消除危险和要求赔偿。

（二）承运人的主要义务

1. 承运人的告知义务

《合同法》第二百九十八条规定："承运人应当向旅客及时告知不能正常运输的重要事由和安全运输应当注意的事项。"所谓不能正常运输的重要事项，是指因承运人的原因或天气等原因使运输时间迟延，或运输合同所约定的车次、航班取消等影响旅客按约定时间到达目的地的事项。所谓安全运输应当注意的事项，是指在运输中为保障旅客的人身、财产安全，需要提醒旅客注意的事项。

2. 承运人有按照客票载明的时间和班次运输旅客的义务

客票是证明旅客运输合同有效成立的书面凭证。客票上所载明的时间、班次经承运人和旅客双方当事人意思表示一致，从而成为合同内容的重要组成部分，对此，双方均应按约定履行。承运人只有按客票载明的时间、班次运输，才属于全面、适当地履行了合同。对于承运人未按客票载明的时间和班次进行运输的，旅客有权要求安排改乘其他班次、变更运输路线以到达目的地或者退票。

3. 承运人在运输过程中的救助义务

列车是一种高速行驶的、提供位移服务的运载工具。承运人应根据客运合同的要求，保证安全、及时地将旅客送达目的地。所谓"安全"，就是确保旅客的人身利益和财产利益不受损害。

我国《合同法》第三百零一条规定，承运人在运输过程中，应当尽力救助患有急病、分娩、遇险的旅客。也就是说，承运人在这三种情况下负有救助义务。"患有急病、分娩"是指旅客由于自身的健康状况而遭遇到困难；"遇险"是指旅客因意外事故、自身的原因或与他人殴打、犯罪行为等情况而遭遇的对其生命、健康造成威胁的危险，包括自然灾害造成的危险，也包括第三人不法行为造成的危险。"救助"就是救济、帮助，以维护旅客的人身和财产安全。"尽力救助"是指当旅客面临困难、险情时，合法、合理地采取一切可行救助措施，以保证旅客的人身和财产安全。义务分法定义务和约定义务。法定义务是指法律上强制性规定要求承担的义务或者是基于公序良俗而要求承担的义务；约定义务是基于当事人的协议，在某种情况下要求一方或双方承担的义务。根据《合同法》和有关法律的规定，承运人的救助义务是法定义务，承运人必须在旅客面临危险时提供救助义务，当事人不得随意变更。承运人在运输过程中，应当尽力救助患有急病、分娩、遇险的旅客。如果承运人对患有急病、分娩、遇险的旅客不予救助，因其不作为即可被要求承担民事责任。例如王某在火车上遭小偷行窃，发觉后与小偷抗争。当时该车上的列车员目睹了这一切，却未出声制止或报警。王某下车后即向法院提起诉讼，要求该列车所属的铁路局承担损害赔偿责任。在本案中，承运人对面临险情的旅客没有提供救助义务而导致损害结果发生，承运人的这种不作为行为构成违约。承运人作为经营者，对旅客负有安全保障义务，如对旅客面临的险情采取消极避让的不作为行为，将构成对旅客权益的侵害。承运人的这种不作为行为属于责任的竞合，既构成违约责任也构成侵权责任，旅客可以选择对自己有利的形式要求承运人承担损害赔偿责任。在本案例中，正是由于承运人的纵容，才导致了旅客所遭受的损害发生或扩大。承运人的过失以及第三人的故意行为共同导致了损害结果的发生，他们的这种行为构成不真正共同侵权行为，他们对旅客负有相同的给付义务，故应承担不真正连带责任。乘客既可以要求不法侵害人承担赔偿责任，也可以要求承运人承担赔偿责任。承运人承担了赔偿责任后，有权向终局责任人——不法侵害第三人追偿。

4. 承运人的安全运送义务

运输合同生效后，承运人负有将旅客安全送达目的地的义务，即在运输中承运人应保证旅客的人身安全。对旅客在运输过程中的伤亡，承运人应承担损害赔偿责任。但伤亡是旅客自身健康原因造成的或者承运人证明伤亡是旅客故意、重大过失造成的除外。这种免责事由的规定，说明承运人应对旅客的人身伤亡承担无过错责任。承运人对旅客伤亡的赔偿责任及其免责事由的适用，不仅限于正常购票乘车的旅客，也适用于按照规定免票、持优待票或者经乘运人许可搭乘的无票旅客。对于无票乘车又未经承运人许可的人员的伤亡，因没有合法有效的合同关系存在，承运人不承担违约赔偿责任。承运人负有安全运输旅客自带物品的义务。在运输过程中旅客自带物品毁损、灭失，承运人有过错的，应当承担损害赔偿责任。

七、变更解除合同的处理

1. 因旅客自身原因导致的变更或解除

（1）旅客运输合同成立后，在合同履行之前，旅客一方因自己的原因不能按照客票记载的时间乘坐的，可以在法定或约定的时间内变更或解除合同，即变更客票记载或办理退票手续。此种变更或解除被称为自愿变更或解除。旅客因自己的原因不能按照客票记载的时间乘坐的，应当在约定的时间内办理退票或者变更手续。逾期办理的，承运人可以不退票款，并不再承担运输义务。

（2）旅客在乘车途中，向站、车客运工作人员提出旅行变更要求，应按规定办理。

① 变更等级。

旅客要求变更座席、卧铺、列车等级时，由高等级变更为低等级不办理（即不退还变更区段的票价差额），由低等级变更为高等级则应换发代用票。

② 变更径路。

旅客在中途站或列车内，可要求变更一次径路，但必须在客票有效期间内能够到达原到站方可办理。变更径路是指发站、到站不变，只是改变经过的线路。

2. 因承运人的原因导致的变更或解除

因承运人的原因导致的客运合同变更或解除，称为非自愿的变更或解除，主要包括两种情况：

一是因承运人的迟延运输导致的变更或解除。承运人应当按照客票载明的时间和班次运输旅客。承运人迟延运输的，应当根据旅客的要求安排改乘其他班次、变更运输路线以到达目的地或者退票。二是承运人擅自变更运输工具引起的合同变更。在客运合同订立后，承运人单方变更运输工具的，应视为一种违约行为。承运人擅自变更运输工具而降低服务标准的，旅客有权要求退票或者减收票款。承运人变更运输工具，提高服务标准的，无权向旅客加收票款。

【案例 5.2】原告叶某于 9 月 12 日在被告南京西站购买到龙潭的火车票 2 张，票价计 15 元整。票面载明：南京西至龙潭，9 月 13 日 335 次 7 时 12 分开。9 月 13 日上午，原告叶某等 2 人持票乘上 335 次列车。当原告发现该列车经过龙潭站未停靠时，急忙向 4 号车厢列车员询问。列车员查看车票后，答复原告：335 次列车在龙潭站不停，该票系南京西站误售。列车到达镇江站，原告下车后，急于返回龙潭，遂从镇江乘出租汽车，于当日 11 时到达龙潭，合计花费 45 元。9 月 14 日，原告到被告南京西站要求赔偿经济损失。被告承认误售车票，但拒绝赔偿原告的经济损失。原告遂于 1992 年 9 月 29 日诉至南京铁路运输法院，要求被告南京西站赔偿直接经济损失 45 元，间接损失（耽误的时间及身体、精神创伤损失）300 元。

【法理分析】本案是一起旅客因承运人（车站）误售车票，给自己造成经济损失，请求承运人予以赔偿的案件。

首先，根据《铁路法》第十一条"铁路运输合同是明确铁路运输企业与旅客、托运人之间权利义务关系的协议。旅客车票、行李票、包裹票和货物运单是合同或合同的组成部分"的规定，旅客车票是书面形式的旅客运输合同。旅客运输合同，在承运人根据旅客提出的到站、车次等要求，接受旅客给付的价款，并售予合乎要求的车票后，即告成立。旅客运输合同成立并生效后，承运人就有按照车票载明的时间、地点，安全运送旅客的义务。否则，就违反了旅客运输合同。其因违约行为给旅客造成的损失，应承担赔偿责任。

《铁路旅客运输规程》第四十条规定"发生车票误售、误购时，在发站应换发新票。在中途站、原票到站或列车内应补收票价时，换发代用票，补收票价差额。应退还票价时，站、车应编制客运记录交旅客，作为乘车至正当到站要求退还票价差额的凭证，并应以最方便的列车将旅客运送至正当到站，均不收取手续费或退票费"。《铁路旅客运输规程》第四十一条规定"因误售、误购或误乘需送回时，承运人应免费将旅客送回。在免费送回区间，旅客不得中途下车。如中途下车，对往返乘车区间补收票价，核收手续费"。这一规定表明，在旅客坐过了站时，承运人有义务将旅客免费送回。这是当旅客自己"误乘"时，承运人为履行旅客运输合同而采取的一种补救措施。那么，当旅客因承运人的过错而坐过站，承运人的补救措施又不能满足旅客的要求（如时间要求）时，是否允许旅客自己采取适当的补救措施呢？从《民法通则》规定的公平原则和合同当事人应按合同约定全面履行合同的要求出发，在上述情况下，应当允许旅客自己采取一定的补救措施。这是因为，旅客运输合同订立并生效后，承运人和旅客都应严格履行旅客运输合同规定的义务，以实现双方订立合同的目的。当承运人因过错而使旅客不能实现其合同目的，承运人采取的补救措施又不能帮助旅客实现合同目的时，旅客自己采取一定的补救措施，其支出的费用，由承运人承担，是符合公平原则的要求的。当然，旅客采取的措施必须是合理、适当的。

本案中，原告叶某因被告南京西站误售车票而坐过站，在被告又未采取补救措施的情况下，而采取乘出租车返回的补救措施是合理的。对原告因此遭受的损失（出租车的车费），被告应予赔偿。

八、旅客自带行李的规定

旅客自带行李（携带品），是指为方便旅行生活，旅客可将旅行中所需要的物品带入乘坐的客车内，如提包、背包、行李袋等。旅客乘坐火车时所免费携带的物品有一定的重量和体积限制，一般儿童（包括免费乘车的儿童）可以免费携带 10 千克以内的物品，外交人员可免费携带 35 千克的物品，而其他旅客可免费携带 20 千克的物品。但是旅客所免费携带的物品长宽高的和不能超出 1.6 米，旅客所免费携带的物品如果是杆状物品，不能超过 2 米，乘坐动车的话则不能超过 1.3 米。残疾人的折叠轮椅不算入以上的规定范畴。

为保证旅客生命财产安全和车内的公共卫生，下列物品不准带进车站和列车内：

（1）国家禁止或限制运输的物品。

（2）法律、法规、规章中规定的危险品、弹药和承运人不能判明性质的化工产品。

（3）动物及妨碍公共卫生（包括有恶臭等异味）的物品。

（4）能够损坏或污染车辆的物品。

（5）超重、超大物品。

旅客不得随身携带或者在行李中夹带易燃、易爆、有毒、有腐蚀性、有放射性以及有可能危及运输工具上人身和财产安全的危险物品或者其他违禁物品。旅客违反规定的，承运人可以将违禁物品卸下、销毁或者送交有关部门。旅客坚持携带或者夹带违禁物品的，承运人应当拒绝运输。另外，旅客随身携带或在行李中夹带违禁品的，还应承担相应行政责任，情节严重的，还须承担刑事责任。

九、铁路对旅客人身伤害的责任

（一）旅客身份的界定

1．有票旅客身份的界定

有票旅客很好界定，就是指持有铁路有效乘车凭证的人。根据《最高人民法院关于审理铁路运输损害赔偿案件若干问题的解释》第十二条的规定，铁路运输企业对旅客运送的责任期间，自旅客持有效车票进站时起，到旅客出站或应当出站时止。解释中没有规定检票并剪口是合同生效的必经程序。因此，铁路旅客运输合同自旅客持有效车票进站时起生效。

2．事实旅客身份的界定

在实践中，旅客分为有票旅客和事实旅客两种情形。根据《合同法》，与旅客同行的免费乘车儿童和根据铁路货物运输合同押运货物的人属于事实旅客。此外，一些情形是否属于事实旅客则需加以界定。

（1）无票进站乘车情况下旅客身份的界定。

无票但经铁路运输企业同意进站上车的，则表明铁路运输企业同意了旅客的要约，即为承诺，铁路旅客运输合同成立并生效，这种情况下的旅客属于事实旅客。同理，让其先上车后补票的行为也表明铁路运输企业同意其要约，铁路旅客运输合同即告成立，形成事实上的运输合同关系。未经铁路运输企业同意而进站上车的无票人员，没有征得铁路运输企业同意，未达成协议，显然违背了合同订立的基本原则，铁路旅客运输合同不能成立。至于持有失效、伪造或涂改的车票，实质上就是无效合同。《合同法》第五十六条规定，无效合同没有法律约束力。所以，持失效、伪造或涂改的车票进站乘车的旅客，未补票前与铁路运输企业之间不存在旅客运输合同关系，不属于事实旅客。

（2）车票丢失情况下旅客身份的界定。

旅客丢失车票也就是失去了合同存在的凭证，但与无票乘车有本质的不同。《铁路旅客运输规程》第四十三条规定，旅客丢失车票应另行购票，在列车上应自丢失站起（不能判明时自列车始发站起）补收票价。承认了车票丢失前铁路旅客运输合同是客观存在的，未否定丢失车票的人员是旅客的事实。

（二）运输责任是基于铁路运输合同而产生的责任

1．责任期间

对于旅客运输责任期间，最高人民法院司法解释的规定与铁路客运规章的规定有所不同。

《铁路旅客运输规程》第八条：铁路旅客运输合同从售出车票时起成立，至按票面规定运输结束旅客出站时止，为合同履行完毕。旅客运输的运送期间自检票进站起至到站出站时止计算。

根据《最高人民法院关于审理铁路损害赔偿案件若干问题的解释》第十二条规定，铁路运输企业对旅客运送的责任期间，自旅客持有效车票进站时起，到旅客出站或应当出站时止。两者的区别是最高人民法院的司法解释中没有规定检票并剪口是合同生效的必经程序，铁路旅客运输合同自旅客持有效车票进站时起生效。同时指出了《铁路旅客运输规程》中未注意到的问题，及铁路运输企业对旅客运送的责任期间到旅客出站或应当出站时止。因此，司法解释的规定较合理。

2.责任范围

旅客购买火车票就是旅客与铁路运输企业形成了铁路旅客运输合同法律关系。《铁路法》第十条规定，铁路运输企业应当保证旅客和货物运输的安全，做到列车正点到达。《合同法》第二百九十条规定，承运人应当在约定期间或者合理期间内将旅客、货物安全运输到约定地点。在以人为本的服务理念下，现代社会无比重视人的生命，保证旅客安全是运输企业最基本的法定义务。

《铁路法》第五十八条规定：因铁路行车事故及其他铁路运营事故造成人身伤亡的，铁路运输企业应当承担赔偿责任；如果人身伤亡是因不可抗力或者由于受害人自身的原因造成的，铁路运输企业不承担赔偿责任。违章通过平交道口或者人行过道，或者在铁路线路上行走、坐卧造成的人身伤亡，属于受害人自身的原因造成的人身伤亡。

【案例 5.3】2002 年某日，李某驾驶拖拉机，沿公路由北向南行驶穿越京承线 78 千米 700 米平交铁路道口时与 42086 次货物列车相撞，行车中断，乘车人王某当场死亡，李某重伤抢救无效亦死亡，拖拉机报废。李某之父起诉至法院，要求铁路企业赔偿。法院依法判决驳回原告诉讼请求。

【法理分析】本案所涉道口标志齐全，为无人看守道口，要求一切车辆自身负有安全通行的注意义务。由于火车固有的性质，任何车辆穿越该类道口时必须停车瞭望，确认没有火车开来后方可通过，绝不能强行抢越道口，更不能在道心停留。《中华人民共和国道路交通安全法实施条例》第四十四条："在道路同方向划有 2 条以上机动车道的，左侧为快速车道，右侧为慢速车道。在快速车道行驶的机动车应当按照快速车道规定的速度行驶，未达到快速车道规定的行驶速度的，应当在慢速车道行驶。"《铁路法》第四十七条规定"禁止擅自在铁路线路上铺设平交道口和人行过道。平交道口和人行过道必须按照规定设置必要的标志和防护设施。行人和车辆通过铁路平交道口和人行过道时，必须遵守有关通行的规定"。李某驾驶拖拉机与火车相撞，只有拖拉机抢越道口的情况下才可能发生。显然，李某系强行抢越道口，属违章通行，对该起铁路交通事故负有完全责任。违章通过平交道口造成的人身伤亡和财产损失属于受害人自身原因所致，根据《铁路法》第五十八条的规定，"因铁路行车事故及其他铁路运营事故造成的人身伤亡的，铁路运输企业应当承担赔偿责任；如果人身伤亡是因不可抗力或者由于受害人的自身原因造成的，铁路运输企业不承担赔偿责任。违章通过平交道口或者人行过道，或者在铁路线路上行走、坐卧造成的人身伤亡，属于受害人自身原因造成的人身伤亡"。故铁路企业不承担赔偿责任。

《合同法》第三百零二条第一款规定，承运人应当对运输过程中旅客的伤亡承担损害赔偿责任，但伤亡是旅客自身健康原因造成的或者承运人证明伤亡是旅客故意、重大过失造成的除外。这一条款明确了铁路运输企业对旅客人身伤亡的责任范围：

（1）因铁路运营事故造成的，铁路运输企业应当承担赔偿责任。

铁路运营事故是指铁路旅客运营过程中发生的事故，包括行车事故和其他事故。例如铁路机车车辆在运行过程中发生的冲突、脱轨、火灾、爆炸等影响铁路正常行车的事故。

《最高人民法院关于审理铁路运输人身损害赔偿纠纷案件适用法律若干问题的解释》第四条规定：铁路运输造成人身损害的，铁路运输企业应当承担赔偿责任。第六条规定：因受害人翻越、穿越、损毁、移动铁路线路两侧防护围墙、栅栏或者其他防护设施穿越铁路线路等行为，铁路运输企业未充分履行安全防护、警示等义务，受害人有上述过错行为的，铁路运输企业应当在全部损失的百分之八十至百分之二十之间承担赔偿责任。第十二条规定：铁路旅客运送期间发生旅客人身损害，赔偿权利人要求铁路运输企业承担违约责任的，人民法院应当依照《中华人民共和国合同法》第二百九十条、第三百零一条、第三百零二条等规定，确定铁路运输企业是否承担责任及责任的大小；赔偿权利人要求铁路运输企业承担侵权赔偿责任的，人民法院应当依照有关侵权责任的法律规定，确定铁路运输企业是否承担赔偿责任及责任的大小。

（2）除不可抗力和旅客自身原因造成外，铁路运输企业应当承担赔偿责任。

《最高人民法院关于审理铁路运输人身损害赔偿纠纷案件适用法律若干问题的解释》第十三条规定：铁路旅客运送期间因第三人侵权造成旅客人身损害的，由实施侵权行为的第三人承担赔偿责任。铁路运输企业有过错的，应当在能够防止或者制止损害的范围内承担相应的补充赔偿责任。铁路运输企业承担赔偿责任后，有权向第三人追偿。例如车外第三人投掷石块等击打列车造成车内旅客人身损害，赔偿权利人要求铁路运输企业先予赔偿的，人民法院应当予以支持。铁路运输企业赔付后，有权向第三人追偿。

【案例5.4】2009年8月22日，原告高某购买了被告沈阳铁路局所辖的1033次列车车票，乘车至滕州探亲。列车驶入山东境内时，原告上厕所，当行至厕所门口时，原告用手扶向车厢，左手恰置于列车厕所门框处，而另一名旅客上厕所，将厕所门强力闭合，致原告左手无名指被夹断。经治疗，原告左手无名指远节永久性缺失。

【法理分析】铁路旅客运输合同的承运人，负有在约定期间内将旅客安全运输到约定地点的义务，应对运输过程中旅客的伤亡承担损害赔偿责任。根据《最高人民法院关于审理铁路运输人身损害赔偿纠纷案件适用法律若干问题的解释》第十三条："铁路旅客运送期间因第三人侵权造成旅客人身损害的，由实施侵权行为的第三人承担赔偿责任。铁路运输企业有过错的，应当在能够防止或者制止损害的范围内承担相应的赔偿责任。铁路运输企业承担赔偿责任后，有权向第三人追偿。"

【案例5.5】李某持有效车票乘坐旅客列车途中，发现武某正在盗窃旅客的财物便及时制止，当列车运行至某车站停车时，武某下车逃跑，李某与被盗人共同追赶。在挣扎的过程中，武某用刀片划伤原告李某的左手背，列车工作人员为李某进行了包扎处理。后李某被送往某市中心医院治疗，后经伤残鉴定机构评定为十级伤残。问：本案中承运人是否承担责任？

【法理分析】本案是一起违反安全保障义务的案件。本案中，造成原告伤害的直接原因是犯罪嫌疑人的犯罪行为，系第三人侵权，并非铁路企业故意实施侵权行为所致。铁路旅客列车是面向社会公众开放的，作为经营者，对乘坐火车的旅客的合法的人身、财产权益负有在合理限度内的安全保障义务。本案中，承运人在列车上配有列车员、乘警，当犯罪嫌疑人伺机作案时，列车员、乘警未能有效地预防突发性犯罪发生，其治安管理措施不力，未尽到保障旅客人身、财产安全的义务，导致原告被第三人用刀片划伤，致使原告合法利益遭受不应有的损害。被告铁路企业对此应当承担民事赔偿责任，在这里经营者承担的是补充赔偿责任。《最高人民法院关于审理人身损害赔偿案件适用法律若干问题的解释》第六条第二款规定："安全保障义务人有过错的，应当在其能够防止或者制止损害的范围内承担相应的补充赔偿责任。安全保障义务人承担责任后，可以向第三人追偿。"从上述规定可以看出，在未尽安全保障义务的侵权行为中，防范制止侵权行为未尽安全保障义务的一方当事人承担的人身损害赔偿责任，就是补充责任。在防范制止侵权行为未尽安全保障义务的人身损害中，赔偿权利人请求实施侵权行为的第三人赔偿责任，而实施侵权行为的第三人不能满足其全部请求或者不能承担赔偿责任的时候，赔偿权利人可以请求保障义务人在其能够防止或者制止损失的范围内承担剩余部分的人身损害赔偿责任。安全保障义务人承担部分赔偿责任的，安全保障义务人对于承担的部分责任，有权请求实施侵权行为的第三人承担其损失。

3. 免责事由

《合同法》第三百零二条规定："承运人应当对运输过程中旅客的伤亡承担损害赔偿责任，但伤亡是旅客自身健康原因造成的或者承运人证明伤亡是旅客故意、重大过失造成的除外。前款规定适用于按照规定免票、持优待票或者经承运人许可搭乘的无票旅客。"

（1）不可抗力，即无法预见、不能避免和不能克服的客观事实，包括地震、风暴及其他自然灾害、政府行为、罢工等。《民法通则》规定，因不可抗力不能履行合同或者造成他人损害的，不承担赔偿责任。

（2）人身伤亡是旅客自身健康原因造成的或者承运人能证明是旅客故意、重大过失造成的。旅客的故意是指旅客故意造成自己伤亡，如自杀、自伤等的，旅客应当对其故意行为承担责任，因此，承运人不负赔偿责任。旅客有重大过失是指旅客对其自身伤亡有重大过失，包括在承运人告知安全事项后旅客严重不遵守有关规定造成其自身的伤害。例如车到站尚未停稳时旅客翻车窗跳车造成伤害等。旅客的一般过失不包括在内，如紧急刹车时旅客未坐稳导致身体受伤。旅客自身健康原因主要是指旅客自身患有严重疾病等。对于旅客自身重大原因造成其伤亡的，承运人不负损害赔偿责任，但承运人必须对此负举证责任，承运人不能举证证明旅客伤亡是旅客自身重大原因所致的，承运人仍应当负损害赔偿责任。至于旅客对其伤亡有一般过失的，可以相应减少承运人的部分赔偿责任。

在铁路运输旅客人身损害赔偿合同违约责任中，法律规定了举证责任由铁路运输企业承担。旅客不承担证明铁路运输企业损害过错的举证责任，即使受害人不能证明铁路运输企业主观上存在过错，也不能证明铁路运输企业有违法行为，只要铁路旅客在铁路运输过程中受到损害，便推定铁路运输企业有赔偿责任，就要承担合同违约责任。铁路运输企业要免除其违约损害赔偿责任，就要承担举证责任，通过举证证明是旅客故意或重大过失及自身原因造成的人身伤亡，如果举证不能，就要承担举证不能的法律后果。

在铁路旅客人身损害赔偿合同违约责任中，由铁路运输企业承担举证责任，但也不限制受害人的举证权利。

【案例 5.6】见本节开篇案例导入。

【法理分析】《铁路法》第五十八条规定："因铁路行车事故及其他铁路运营事故造成人身伤亡的，铁路运输企业应当承担赔偿责任；如果人身伤亡是因不可抗力或者由于受害人自身的原因造成的，铁路运输企业不承担赔偿责任。"受害人自身原因包括了故意和过失两种情况。《铁路法》第五十八条第二款规定，"违章通过平交道口或者人行过道，或者在铁路线路上行走、坐卧造成的人身伤亡，属于受害人自身的原因造成的人身伤亡"。《最高人民法院关于审理铁路运输损害赔偿案件若干问题的解释》第十一条规定："人身伤亡，除《铁路法》第五十八条第二款列举的免责情况外，如果铁路运输企业能够证明人身伤亡是由受害人自身原因造成的，不应再责令铁路运输企业承担赔偿责任。"本案中旅客伤亡是由自身原因造成的，因此，铁路运输企业不承担赔偿责任。

4. 精神损害赔偿

旅客遭受人身伤亡，本人或亲属主张侵权责任的，还可以提起精神损害赔偿。其法律依据是《最高人民法院关于确定民事侵权精神损害赔偿责任若干问题的解释》的规定。

第三节　铁路行李、包裹运输合同

 案例导入

2000 年 12 月 21 日，承包上海至北京行包快运铁路专列的某行包快运公司接到上海恒源祥公司的电话，派人上门到该公司签署由快运公司提供的铁道部行包快运专列专用货票格式合同。合同内容为：从上海发往北京"恒源祥牌"羊毛衫 8 大包、收货人张某、运费 188 元、保险（保价）费 12 元、声明价格栏空白。货票上托运人注意事项三为："托运人必须参加保价（保险）运输，如有损坏、丢失，属本公司责任范围内的已保价（保险）货物，按投保价格 100%赔偿，未保价的一切责任自负。"12 月 24 日，张某到快运公司在北京的提货处提货，被告知 3 大包货物不知去向。双方协商赔偿事宜未果。2001 年张某诉至法院，要求快运公司赔偿托运货物损失 7.8 万元。快运公司辩称：我方承包了上海至北京行包快运专列的两节车厢，对张某所诉托运事实我方承认。货物丢失由运输途中货物所在车厢被盗引起。关于铁路运输限额赔偿的规定，我方也适用。货票上所有内容均依托运人要求填写，故为双方真实意思表示。货票上的保险费就是铁路部门规定的保价费，依 4‰ 的比例推算，货物声明价格是 3 000 元，按规定只应赔偿 1 125 元。本案中双方对托运货物毁损灭失的品名及数量均无争议，争议焦点集中在货票上的保险（保价）格式条款能否作为计算货物损失赔偿数额的依据。

一、铁路行李、包裹运输合同的概念及凭证

办理行李及包裹运输，托运人与承运人之间必须签署运输合同。铁路行李、包裹运输合同是指承运人与托运人、收货人之间明确行李、包裹运输权利义务关系的协议。

（一）铁路行李运输合同

铁路行李运输合同是铁路运输企业与旅客之间明确行李运输权利义务关系的协议。行李运输合同的基本凭证是行李票。在铁路运输中，只有旅客才能办理行李的运输，旅客即行李的托运人和收货人。行李的托运人、收货人，必须是已经和铁路运输企业签订了旅客运输合同的旅客。因此，铁路行李运输合同是铁路旅客运输合同的从合同，以铁路旅客运输合同的成立为其订立的前提条件。

铁路旅客运输合同是主合同，铁路行李运输合同是从合同。

（二）铁路包裹运输合同

铁路包裹运输合同是明确铁路运输企业与包裹托运人、收货人之间权利义务关系的协议。包裹运输合同的基本凭证是包裹票。快运包裹运输合同的基本凭证是中国铁路小件货物快运运单和中铁快运托运单（简称快运单）。

（三）铁路行李、包裹运输合同应当载明的内容

行李票、包裹票、快运单主要应当载明下列内容：
（1）发站和到站。
（2）旅客、托运人、收货人的姓名、地址、联系电话、邮政编码。
（3）行李和包裹的品名、包装、件数、重量。
（4）运费、快运包干费。
（5）声明价格。
（6）承运日期、运到期限、承运站站名戳、承运快运机构名戳及经办人员名章。

（四）旅客、托运人、收货人的权利和义务

1. 旅客、托运人、收货人的主要权利

（1）要求承运人将行李、包裹按期、完好地运至目的地。
（2）行李、包裹灭失、损坏、变质、污染时要求赔偿。

2. 旅客、托运人、收货人的主要义务

（1）缴纳运输费用，完整、准确填写托运单，遵守国家有关法令及铁路规章制度，维护铁路运输安全。

图 5.1 的表单：

中铁快运股份有限公司　15:08:54　丙
M028389　　**包裹票**　　(预取包裹用)
20 07 年 15 月 日

到 **呼和浩特**　　经由 武，横，滨，郑，新，村，长

托运人	单位姓名 激斌						电 话:		
	详细地址:						邮政编码:		
收货人	单位姓名 刘永强						电 13015003141		
	详细地址:						邮政编码:		

顺号	品名	包装种类	件数	实际重量	声明价格	运价里程	230	千米
						运到期限	8	日
3	配件	纸箱	1	10		计费重量	10	千克
						运 费	26.8	元
						保价费	0.0	元
						杂项计	3.5	元
						合 计	30.3	元
						月 日 次列车到达		
						月 日 时 通 知		
合 计			1	10		月 日 交 付		

记事：凭传真取货 杂项：装车费：1.5 搬运费：1.5 货签费：0.5 (直)

衡阳 营业部经办人 王艳萍 (印)

‖‖‖‖‖‖ 8420041 3028389 (湘分) 包裹票号码: M028389

图 5.1　包裹票

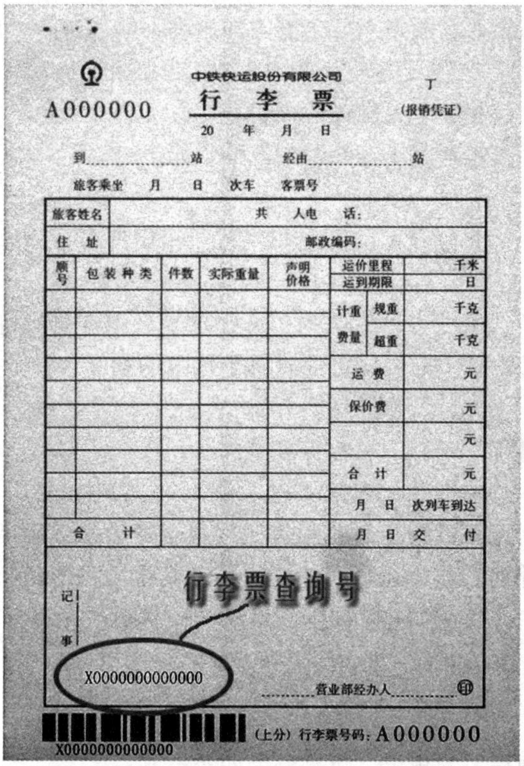

图 5.2 的表单：

中铁快运股份有限公司　丁
A000000　　**行李票**　　(报销凭证)
20 年 月 日

到 _____ 站　经由 _____ 站
旅客乘坐 月 日 次车 客票号

旅客姓名		共 人 电 话:				
住 址		邮政编码:				

顺号	包装种类	件数	实际重量	声明价格	运价里程	千米
					运到期限	日
					计重 规重	千克
					费量 超重	千克
					运 费	元
					保价费	元
						元
					合 计	元
					月 日 次列车到达	
合 计					月 日 交 付	

记事：**行李票查询号**
X0000000000000
营业部经办人 _____ (印)

‖‖‖‖‖‖ X0000000000000 (上分) 行李票号码: A000000

图 5.2　行李票

（2）因自身过错给承运人或其他旅客、托运人、收货人造成损失时应负赔偿责任。

（五）铁路行李、包裹运输合同的成立和终止

铁路行李、包裹运输合同自承运人接收行李、包裹并填写行李票、包裹票时起成立，至行李、包裹运至到站、到达地或旅客、托运人指定地点交付旅客、收货人止为履行完毕。

（六）行李包裹的托运

旅客凭客票（市郊定期客票除外），在乘车区间内可托运行李。每张客票不超过两次。残疾人用车不限次数。一个城市有两个以上车站时，包裹的到站必须是装运该包裹列车的经过站或终点站。

（七）行李包裹的领取

行李从运到日起，包裹从发出通知日起免费保管 3 天。超过免费保管期领取的，按超过日数核收保管费。因铁路责任或自然灾害延长客票有效期限的行李，延长日数免付保管费。

二、行李的范围

行李是指旅客由于旅行而导致的生活上一定限度的必需品。与包裹运输不同，行李运输随同旅客运输而产生，与旅客运输是不可分割的，旅客不购票乘车，就不可能产生行李运输。行李包括以下物品：

（1）旅客自用被褥、衣服、个人阅读的书籍。

（2）残疾人用车（每张客票限 1 辆并不带汽油）。

（3）其他旅行必需品。

（4）凭地、市级以上文化行政部门证明和"营业演出许可证"办理托运的文艺团体演出器材。

行李中不得夹带货币、证券、珍贵文物、金银珠宝、档案材料等贵重物品和国家禁止、限制运输的物品、危险品。新产品经鉴定性质属于危险的物品也按危险品处理。

三、包裹的范围

包裹是指适合在旅客列车的行李车或行包专列内运输的小件急运货物。包裹通常是由旅客列车或行包专列来运输的。作为包裹运输的物品，其性质、形状、体积和重量，必须适合旅客列车或行包专列运输，并在优先保证行李运输的条件下，才可办理包裹运输。

（一）一般包裹

按《铁路旅客运输规程》的规定，包裹分为四类：

一类包裹：自发刊日起 5 日以内的报纸；中央、省级政府宣传用非卖品；新闻图片和中、

小学生课本。

二类包裹：抢险救灾物资、书刊，鲜或冻鱼介类、肉、蛋、奶类、果蔬类。

三类包裹：不属于一、二、四类包裹的物品。

四类包裹：（1）一级运输包装的放射性同位素、油样箱、摩托车；（2）泡沫塑料及其制品；（3）国务院铁路主管部门制定的其他需要特殊运输条件的物品。包裹每件体积、重量与行李相同。

（二）快运包裹

快运包裹是铁路包裹运输的一种方式，以铁路为主要运输工具，配合航空、公路、海运开展综合运输，辅以汽车运输实行门到门服务，同时根据国家主管部门批准的国际货物运输代理经营权，开展国际运输，以满足顾客不同的需求。主要业务为小件货物特快专递运输服务，简称中铁快运，注册商标为"CBE 中铁快运"。

四、铁路行李、包裹保价运输

旅客或托运人托运的行李、包裹分为保价运输和不保价运输两种，按哪种方式运输，由旅客或托运人选择，并在托运单上注明。保价运输时必须声明价格，可分件声明价格，也可按一批全部件数声明总价格。按一批办理的不得只保其中的一部分。保价运输的行李、包裹，按声明价格核收保价费。一段按行李、一段按包裹托运时，全程按行李核收保价费。车站承运保价运输的行李、包裹时，有权检查声明价格同实际价格是否相符。如拒绝检查或对声明价格有异议，不能按保价运输办理。按保价运输办理的行李、包裹，应在行李、包裹票上写明声明价格总额。如分件声明价格时，应将每件的声明价格和重量分别写明。一批行李或包裹分件保价时，在每件货签和包装上必须写明总件数之几的字样。按保价运输的行李、包裹，发生变更运输时，保价费不补不退。

五、铁路行李、包裹运输合同的变更和解除

旅客或托运人交由铁路运输的行李、包裹，由于各种原因要求取消托运和变更到站的情况时有发生。但行李、包裹运输变更有一定的条件限制，如行李应随人走，凭客票托运，在变更到站时，仅限办理运回原发站和中止旅行站。再如鲜活物品因本身易于变质、死亡及受运输条件的限制，除装运前取消托运外，不办理其他变更。

（一）装运前取消托运

行李、包裹在发站办完托运手续至装车前，旅客或托运人要求取消托运的，车站应收回行李、包裹票注销，注明"取消托运"字样。

（二）装运后变更到站

行李、包裹装运后，旅客、托运人或收货人要求变更运输的，只能在发站、行李或包裹

所在中转站、装运列车和中止旅行站提出。

六、行李、包裹运到逾期的处理

行李、包裹应在规定的运到期限内运至到站。如实际运到日数超过规定的运到期限时，到站应按所收运费的百分比（最高额不得超过运费的30%），向旅客或收货人支付运到逾期违约金。快运包裹超过规定的运到期限运到时，经营人应按逾期天数每日向收货人支付包干费（包括超重附加费、转运费、到付运费）3%的违约金，但违约金最高不超过包干费的30%。快运包裹超过运到期限20天以上仍未到达时，收货人可以认为快运包裹已灭失而向经营人提出赔偿。一批中的行李、包裹部分逾期时，按逾期部分的运费、包干费比例支付运到逾期违约金。旅客或收货人要求支付运到逾期违约金时，应自到达次日起10天内提出，并提出行李、包裹票、小件货物快运运单（行李、包裹票、小件货物快运运单丢失或包裹票、小件货物快运运单未到时，应提出保证单位书面证明和所有权证明）。支付运到逾期违约金时，应填写退款证明书，以站进款支付。行李、包裹运输变更（包括因误售、误购车票以致误运而造成的行李运输变更），致使行李、包裹逾期到达的，铁路运输企业不支付运到逾期违约金。

七、行李包裹损失的损害赔偿责任

《合同法》第三百零三条规定："在运输过程中旅客自带物品毁损、灭失的，除承运人证明自己没有过错的以外，承运人应当承担损害赔偿责任。""旅客托运的行李毁损、灭失的，适用货物运输的有关规定。"《铁路旅客运输规程》第一百二十一条中规定：发生行李包裹事故时，车站应会同有关人员编制行李包裹事故记录交收货人作为请求赔偿的依据。事故赔偿一般应在到站办理，特殊情况也可由发站办理。

（一）赔偿责任的条件

1. 承运人对旅客自带行李损失承担损害赔偿责任的条件

自带行李在运输过程中发生损毁或者灭失，承运人对自带行李损失有过错。承运人对自带行李损失承担赔偿责任是过错责任，这不同于对旅客伤亡所负的赔偿责任。由于自带行李在运输过程中由旅客自己保管，旅客有责任看护好自己的行李，所以，除非该行李损失是因承运人过错造成的，否则，承运人不承担赔偿责任。

2. 对托运行李包裹损失承担损害赔偿责任的条件

旅客托运的行李包裹毁损、灭失的，适用货运合同的有关规定，这包括承运人承担责任的免责条件在内。根据《合同法》的规定，承运人对于运输过程中货物的毁损、灭失承担损害赔偿责任，但承运人证明货物的毁损、灭失是由于不可抗力、货物本身的自然性质或者合理损耗以及托运人、收货人的过错造成的，不承担损害赔偿责任。需要指出的是，对于托运行李包裹的灭失，不仅包括其实际灭失，也包括超过法定期限承运人仍未交付行李的推定灭失。例如，一般情况下，根据有关规定，承运人未在期限内将行李包裹运达目的地交付旅客或收货人的，应承担违约责任；逾期 30 日（国内）仍未将行李交付的，旅客或收货人有权按行李灭失向承运人要求承担赔偿灭失的责任。

（二）赔偿额的确定

1. 对于旅客自带行李的损失赔偿

《合同法》第三百零三条规定："在运输过程中，旅客自带物品毁损、灭失，承运人有过错的，应当承担损害赔偿责任。"对于旅客自带行李损失的赔偿，一般按照实际损失赔偿，但不得超过法律规定的最高限额或者当事人双方约定的限额。

2. 对于旅客托运行李的损失赔偿

对于旅客托运行李损失的赔偿，由于铁路运输企业过错造成旅客行李、包裹损失时，承运人应当按照货物运输的有关规定承担赔偿责任。根据《合同法》规定，货物的毁损、灭失的赔偿额，当事人有约定的，按照其约定；没有约定或者约定不明确，依照本法的规定仍不能确定的，按照交付时货物到达地的市场价格计算。行李、包裹事故的赔偿标准为：按保价运输办理的物品全部丢失时按实际损失赔偿，但最高不超过标明价格。部分损失时，按损失部分所占的比例赔偿。分件保价的物品按所灭失物件的实际损失赔偿，最高不超过该件的标明价格。未按保价运输的物品按实际损失赔偿，但最高连同包装重量每千克不超过 15 元。如由于铁路承运人故意或重大过失造成的不受上述赔偿限额限制的，按实际损失赔偿。

【案例 5.7】某年 11 月 2 日，原告陈某托运 4 件服装，包装种类为编织袋，重量 185 千克，运费 270.1 元，该批货物既未保价，亦未保险。同年 11 月 5 日，货物到站卸货时，搬运工发现一件包装裂口一寸（约为 3.3 厘米）左右，遂要求列车行李员签认。当时 4 件货物外包装均为塑料绳人工缝口。经称重发现比记载重量少了 40 千克。陈某认为承运人在承运途中擅自将包裹的机器缝口改变为人工缝口，而未对包裹进行清点、制作货运记录进行交接，致使货物短少 40 千克，要求车站赔偿短少服装实际损失 27 793 元。车站认为，承运人与托运人、收货人之间的运输合同关系成立，承运人对该批货物的短少损失应当承担赔偿责任。但该批货物未办理保价运输，且又不能证明货物的短少是由于承运人的故意或重大过失造成，因此原告要求按实际价值予以赔偿短少部分的请求不能成立，只同意赔偿货物损失 600 元（即每千克 15 元）。

【法理分析】《铁路法》第十七条规定：铁路运输企业应当对承运的货物、包裹、行李自接受承运时起到交付时止发生的灭失、短少、变质、污染或者损坏，承担赔偿责任：

托运人或者旅客根据自愿申请办理保价运输的，按照实际损失赔偿，但最高不超过保价额。

未按保价运输承运的，按照实际损失赔偿，但最高不超过国务院铁路主管部门规定的赔偿限额；如果损失是由于铁路运输企业的故意或重大过失造成的，不适用赔偿限额的规定，按照实际损失赔偿。

本案中承运人应当预见到在改变包裹封口时，包裹内的货物有可能短少，却轻率地放任这种行为，而没有及时清点、记载，认真执行交接制度，因疏于管理，造成货物短少，违反了其应尽的注意义务，已构成重大过失。按照《铁路法》第十七条第二款的规定，铁路运输企业（承运人）对此所造成的损失应承担全部赔偿责任。按实际损失予以赔偿。

注：考察一个行为是否构成重大过失，要从主观上看其是否尽了最低的注意义务；客观上看是否做了特定环境条件下的谨慎行为。如果尽了义务，做出了行为，则不构成重大过失；反之，则可以认定为重大过失。

第四节　铁路货物运输合同

 **案例导入**

2006 年 6 月，托运人托运一批中药材，适用一个铁路集装箱装运，并向保险公司购买了铁路货物运输综合险 3 万元。承运前，承运人按章程对使用箱进行了检查，未发现异状，箱体上部有两处焊接，被焊接处用肉眼观察并无裂痕及透光，同时托运人检查确认。该集装箱 2006 年 3 月检修，仍在使用期内。货物在规定的运到期限内运到到站交付。到站与收货人办理交接时，经检查箱体施封良好，箱体上部有焊痕两处，均有旧痕，焊接处有蛆爬出。到站会同收货人、保险公司开箱检查，见货物已发霉、长毛、生蛆并发出腐烂气味，箱底有水流出。经清点箱内装党参 95 件，重 2 760 千克。事故鉴定确认货物变质为集装箱焊铁脱裂箱体不良渗水所致，货物全部报废。到站组织收货人、保险公司召开事故分析会，达成保险公司负责赔偿的处理意见。托运人对此处理不服，诉至法院，请求判令承运人按货物实价赔偿货物实际损失 10 万元。本案中承运人是否有责任？其责任如何定性？

一、铁路货物运输合同的概念

铁路货物运输合同是明确铁路运输企业与货物托运人、收货人之间为实现货物运输而达成的权利义务关系的协议。根据这个协议，铁路运输企业利用自己的运输工具，按照托运人的要求将货物从一地运至另一地，并交付给托运人指定的收货人。托运人则按照规定支付运输费用。铁路货物运输合同的基本凭证是铁路货物运单。

二、铁路货物运输合同的分类

铁路货物运输合同根据其运输方式的不同，可以分为整车货物运输合同、零担货物运输合同和集装箱运输合同三种。

134

1. 整车货物运输合同

整车货物运输合同，是指一批货物的重量、体积或者形状、性质需要一辆或一辆以上货车运输的，则按整车运输方式与承运人签订的运输合同。一般情况下，整车货物运输合同的基本内容包括托运人、收货人名称地址，发站和到站，货物名称，重量和数量，车种和车数，违约责任以及双方当事人约定的其他事项。《铁路货物运输规程》规定，下列货物限按整车运输办理：① 需要冷藏、保温或加温运输的货物；② 规定限按整车办理的危险货物；③ 易于污染其他货物的污秽品（如未经消毒处理或未使用密封不漏包装的牲骨、湿毛皮、粪便、炭黑等）；④ 不易计算件数的货物；⑤ 蜜蜂；⑥ 未装容器的活动物（铁路局规定在管内可按零担运输的除外）；⑦ 一件货物重量超过 2 吨、体积超过 3 平方米或长度超过 9 米的货物（经发站确认不致影响中转站和到站装卸车作业的除外）。

2. 零担货物运输合同

零担货物运输合同，是指托运人对不需要整车运输的少量货物，要按批向承运人提出运输要求的运输合同。零担货物运输合同是在托运时才签订的，一次运送之后就履行完毕。其合同形式是货物运单，不需要托运人另行签订零担货物运输合同。

3. 集装箱运输合同

集装箱货物运输合同，是指利用集装箱这一特殊的装载工具进行的货物运输合同。集装箱运输具有易装易卸、不易发生货损的特点，适合于运送易碎物品。同零担货物运输一样，集装箱货物运输也可以不签订运输合同，而以货物运单代替。

铁路货物运输合同根据被运送货物的性质也可以分为两种，即普通货物运输合同和特种货物运输合同。

特种货物运输主要是指鲜活货物运输、超限货物运输和危险货物运输等。其中危险货物是指容易引起爆炸、燃烧、腐蚀、毒害和放射性等危害后果的货物。运输这类危险货物，需要采取特殊的包装、特殊的防护措施和特殊的运输条件，并按照《铁路危险货物运输管理规则》的规定办理。运输鲜活货物、超限货物等，由于这些类型货物性质特殊，订立运输合同要按照铁路运输企业的规定，采取特定的包装条件、特定的运输方式，以确保铁路运输的安全。

除此以外，运输其他货物则按照一般货物运输的条件与铁路运输企业签订货物运输合同，这类合同就是普通货物运输合同。

三、铁路货物运输合同的内容

铁路货物运输合同的内容就是当事人各方的权利和义务。

(一) 承运人的权利和义务

1. 承运人的主要权利

（1）有权按照规定向托运人收取运费、杂费，托运人不按规定交付运费和杂费的，有权拒绝承运。

（2）有权对托运人填报的货物品名、重量、数量进行检查；对托运人申报不实的有权按照有关规定加收运费和其他费用。

（3）托运人对托运的货物不按规定进行包装的，承运人有权拒绝承运。

（4）有权向逾期领取货物的收货人收取保管费。

（5）对无法交付的货物，有权依照《合同法》第一百零一条的规定提存货物。

（6）有权拒绝办理违章的运输变更。

（7）对因托运人或者收货人的责任给承运人造成财产损失的，有权要求当事人承担赔偿责任。

2．承运人的主要义务

（1）按照货物运输合同约定的时间、数量、类型，拨调状态良好、清扫干净的运输工具。

（2）负责装卸时，应严格遵守作业规程和装载标准，保证装卸质量。

（3）有义务按照合同约定的期限或国务院交通运输管理部门规定的运到期限，安全、准确地将货物运到合同约定的地点。

（4）按照约定的或者通常的运输线路将货物运输到约定地点。

（5）货物运输到达后，承运人知道收货人的，应当及时通知收货人。

（6）由于承运人的过错将货物误运到达地点或误交收货人，应免费运至合同规定的到达地点，并交给指定的收货人。

（7）除法律规定可以免责的以外，承运人对承运的货物，自承运时起到交付时止发生的灭失、短少、变质、污染、损坏，有义务承担赔偿责任。因检查而造成货物损坏时，应当赔偿损失。

（二）托运人的权利和义务

1．托运人的主要权利

（1）有权要求承运人按合同约定的期限和国务院交通运输管理部门规定的运到期限将货物完整无损地运达约定地点，交给收货人。

（2）承运人未按照约定线路或者通常的运输线路运输增加运输费用的，有权拒绝支付增加部分的运输费用。

（3）在承运人将货物交付收货人之前，有权要求承运人中止运输、返还货物、变更到达地或者将货物交给其他收货人。

（4）由于承运人的责任造成货损、货差或逾期运到时，有权要求承运人支付违约金、赔偿金。

2．托运人的主要义务

（1）托运人有向承运人准确表明收货人的名称或者姓名或者凭指示的收货人，以及货物的名称、性质、重量、数量、收货地点等有关货物运输的必要情况的申报义务。

（2）按照货物运输合同约定的时间和要求向承运人交付托运的货物。

（3）按规定向承运人支付运费、杂费。

（4）对需要进行包装的货物，按国家规定标准进行包装的义务。

（5）合同约定自行装卸货物时，按照作业规程按时完成装卸作业；如实填报货物运单和物品清单。

（6）需凭证明运输的货物，托运时，托运人应将证明文件与货物运单同时提出。需办理海关、检疫、公安等证明文件运输的货物，托运方未按规定提出证明文件的，承运方有权拒绝承运。另外，托运人要对自己提出的证明文件的真实性负责。

（7）将领取货物凭证及时交给收货人并通知其按时向到站领取货物。

（三）收货人的权利和义务

1. 收货人的主要权利

（1）有权在货物到达后凭有关凭证（提单）领取货物。

（2）在领取货物时，发现运单与实际不符的，有权查询，发现货物缺少、损坏的，有权要求赔偿。

（3）承运人未按约定线路或者通常的运输线路运输增加运输费用的，有权拒绝支付增加部分的运输费用。

2. 收货人的主要义务

（1）及时领取货物，逾期领取时须交付保管费；交付按规定应由收货人交付的有关运费和其他费用。

（2）在约定的期限或在合理期限内检验货物的义务；对货物的数量、毁损等有异议的，及时提出异议的义务。

（3）货运合同规定由收货人自己卸货的，在货物运至到站后，应在规定的时间内完成卸货任务；卸车完毕后，应将货车清扫干净。

（4）运输货物具有污秽、毒害性质的，还应负责洗刷、消毒，使载运货车恢复正常清洁状态。

四、铁路货运合同的订立

根据《合同法》和《铁路法》的有关规定，铁路货物运输合同由托运人和承运人协商签订。订立合同的过程也需要经过要约和承诺两个阶段。托运人根据法律规定的有关条件向铁路运输企业即承运人发出订立合同的要约，经铁路承运人承诺后，铁路货物运输合同即告成立。铁路运输企业是我国的公共运输部门，负有强制缔约义务，如无正当理由，不得拒绝提供运输服务。

按季度、半年度、年度或更长期限签订的整车大宗货物运输合同须提出月度要车计划表，其他整车货物可用月度要车计划表作为运输合同，交运货物时还须向承运人递交货物运单。零担货物和集装箱运输的货物使用货物运单作为运输合同。货物运输服务订单作为目前铁路货运改进服务方式的一种表现形式，也是铁路货物运输合同或运输合同的组成部分。月度货物运输计划的编制按《铁路月度货物运输计划编制办法》的规定办理。

铁路货物运输合同必须采用书面形式。国家有统一的运输合同文本的，应使用统一的合同文本签订。

（一）货物运输合同成立的时间

1. 长期运输合同

长期运输合同，经双方在合同或运输计划表、服务订单上签字后即告成立。

2. 货物运单合同

以货物运单为运输合同的，经承、托运双方在指定的时间和地点验收、交接货物完毕，并经承运人在托运人提出的运单上加盖承运日期戳或签字盖章后，合同即告成立。

五、货运合同的主要条款

1. 按年度、半年度、季度或月份签订的货物运输合同，应写明的主要条款

（1）托运人和收货人的名称或者姓名及住所；
（2）发货站与到货站的详细名称；
（3）货物的名称（运输标的名称）；
（4）货物的性质（是否属易碎、易燃、易爆物品等）；
（5）货物的重量；
（6）货物的数量（车种、车数、件数等）；
（7）运输形式（零担、速递、联运等）；
（8）收货地点；
（9）违约责任；
（10）费用的承担；
（11）包装要求；
（12）合同纠纷解决方式。

2. 以货物运单形式签订的合同应载明的内容

（1）托运人、收货人的名称或姓名及其详细住所或地址；
（2）发货站、到货站及主管铁路局；
（3）货物的名称；
（4）货物的包装、标志、件数和数量；
（5）承运日期；
（6）运到期限；
（7）运输费用；
（8）货车的类型或车号；

（9）双方商定的其他事项。

订立了货物运输合同之后，托运人应做到以下几点：

① 按规定的时间和地点提供托运的货物，给付运费和其他杂费；

② 货物必须按照国家主管机关规定和合同约定的标准包装，没有统一规定包装标准的，应根据保证货物运输安全的原则进行包装，否则承运方有权拒绝承运；

③ 托运人确需变更或解除合同的，应按有关运输法规的规定提前向承运人递交申请书、证明文件和货运单，双方协商一致后才能生效；

④ 收货人接到承运人发出的提货通知单，应按时验收和提取货物。

承运人应做到以下两点：

① 按合同规定的时间和要求及时发运，并将货物安全、准时地运到目的地，通知收货人验收并提取货物。

② 把托运人委托传递的有关货物运输的文件、单据等安全传递给收货人。

六、铁路货物运输合同的履行

1. 承运人负责组织卸车的货物的交付

（1）承运人负责组织卸车的货物，应不迟于卸车完了的次日，用电话或书信向收货人发出货物催领通知。

（2）货物运抵到站，收货人应及时领取。拒绝领取时，应出具书面说明。收货人应于承运人发出催领通知的次日起，2天内将货物搬出。否则，将核收超过期间的货物暂存费。

（3）在收货人办完领取手续和支付费用后，应向货物运单内所记载的收货人交付运输货物，而且要连同货物运单一并交付。在向收货人点交货物或办理交接手续后，即为交付完毕。

2. 托运人、收货人组织装卸的货物的交付

（1）交接地点。

《铁路货物运输规程》规定，托运人组织装车或收货人组织卸车的货物，除派有押运人不办理交接外，承运人与托运人或收货人应在下列地点办理交接：

① 车站内或专运线内装车或卸车的货物，在各装卸地进行交接，特殊情况下，专用线内装车或卸车的，也可在商定的地点交接。

② 专用铁路内装车或卸车的，在交接协议中指定的地点交接。

（2）交接手续。

① 施封的货车，凭封印交接。

② 不施封的货车、篷车、冷藏车凭货车门窗关闭状态交接，敞车、平车、砂石车不苫盖篷布的，凭货车装卸状态或规定的标记进行交接；苫盖篷布的，凭篷布状态交接。

③ 承运人组织装车、收货人组织卸车的，还要有收货人会同到站工作人员拆封、卸车。

3. 铁路运输货物的验收

《铁路货物运输合同实施细则》第十二条规定，托运人向承运人托运货物或承运人向收货人交付货物的时候，都应进行交接验收。因为，只有对运输货物进行交接验收，才能清楚运

输标的，以采取相应的措施，也才能对当事人是否正确履行合同义务做出判断。收货人如对运输货物有疑义，应立即向承运人提出。若验收货物时没有疑义，则视为运输合同履行完毕。承运人发现货物不符合运单和合同要求，应向托运人提出疑义，经托运人改善后再予以接收。这里所谓货物有异状或与或运单不符，主要包括下列情况：

　　① 凭封印交接的货物，发现封印脱落、损坏、模糊不清，或施封技术和位置均不符合约定要求。

　　② 须有篷布苫盖的货物，发现篷布质量太差达不到保护的效果；未用篷布苫盖等情况。

　　③ 凭表面状况交接的货物，如发现裸装货物表面状况不符合约定要求，规定标志有异状、模糊不清，有伪造嫌疑、标志脱落等情况。

　　④ 车门、车窗的关闭不严，与所运输的货物的性质要求不相一致，有可能导致货物变质的。

　　⑤ 装货的装载、加固不符合规定的货物装载要求。

　　⑥ 违反铁路规定的货车使用限制或特定区段装载限制。

> 　　【案例 5.7】2005 年 3 月 1 日，湖南某机床厂在某车站托运机床配件一批，共装两个 5 吨集装箱，收货人为上海市某公司。货到上海某公司后，某公司派员到车站取货，在货运交接时，某公司发现集装箱施封不严，但又觉得可能是运输途中碰撞所致，没有向车站提出异议，当即办理提货手续。当把两个集装箱拉回公司后，经拆箱检查清点发现，机床配件短少，于是某公司又向到达站提出异议，要求车站赔偿损失，但遭车站拒绝。双方争执不下，某公司向法院起诉，要求车站赔偿损失。
>
> 　　【法理分析】根据《铁路货物运输合同实施细则》的规定：托运人向承运人提出货物和承运人向收货人交付货物的时候，都应当进行验收。在交付时，收货人应当立即向承运人提出异议，收货人在验收货物时没有提出异议，即认为运输合同履行完毕。

七、铁路货物运输合同的变更或解除

　　铁路货物运输合同依法成立，即具有法律约束力，当事人必须全面履行合同规定的义务，任何一方不得擅自变更或解除合同。但是，在履行合同的过程中，当事人的实际情况或客观条件常会发生变化，影响到原订合同的履行，需要对已订立的合同进行必要的修改、补充甚至解除合同。因此，法律允许按照法定程序对原订合同进行变更或解除。

（一）铁路货物运输合同变更或解除的概念

1. 货物运输合同的变更

　　铁路货物运输合同的变更，是指运输合同签订以后，由于履行条件发生变化，当事人之间对运输合同的具体内容进行修改，达成新的协议。主要是指托运人或收货人对已经承运的货物，可向承运人提出变更到达地或收货人。铁路运输企业在发生交通运输事故、执行政府命令或其他运输障碍时，可向托运人提出变更运输。

2. 货物运输合同的解除

货物运输合同的解除是指在运输合同没有履行或没有完全履行时，由于实现合同的条件发生变化，致使合同的履行成为不可能或不必要，由当事人依照法律或合同规定的条件和程序，提前终止合同效力的行为。具体是指货物在承运后、起运前取消货物运输。

（二）铁路货物运输合同变更或解除的规定

铁路货物运输合同的变更或解除，应遵守《合同法》《铁路货物运输合同实施细则》和《铁路货物运输规程》的规定。

1. 变更或解除的条件

（1）当事人双方协商同意，但不能因此损害国家利益和社会公共利益。

下列情况不允许托运人或收货人提出变更：违反法律、行政法规的规定或者违反物资流向、运输限制的变更；蜜蜂运输的变更；变更后的货物运到期限大于货物容许运输期限；变更一批货物的一部分；第二次变更到站。

（2）由于不可抗力致使合同的全部义务不能履行。

（3）由于另一方在合同约定的期限内没有履行合同。

2. 变更或解除的办理

（1）托运人或收货人由于特殊原因，对承运后的货物运输合同，可按批向货物所在的中途站或在到站提出变更到站、变更收货人。

（2）承运后发送前托运人可向发站提出取消托运，经承运人同意，货物运输合同即告解除。

（3）托运人或收货人要求变更或解除运输合同时，应提出领货凭证和货物运输变更要求书，提不出领货凭证时，应提出其他有效证明，并在货物运输变更要求书内注明。

（4）办理货物运输变更或取消托运，托运人或收货人应按规定支付费用。

3. 变更或解除铁路货物运输合同的效力

铁路货物运输合同变更致使合同内容发生变化。因此，合同变更后，当事人要按照变更后的合同内容来履行合同。一方不履行合同，则构成违约，要承担违约责任。合同变更的效力只是针对变更后未履行的部分有效，对已履行的部分无溯及力。铁路货物运输合同解除的后果是使特定的合同关系归于消灭，当事人各方均不再履行所负的义务。但无论铁路货物运输合同的变更或解除，都不影响当事人要求赔偿损失的权利。《合同法》第三百零八条规定，托运人单方行使货物运输合同变更或解除权的，要赔偿承运人的损失。

八、铁路货物运输合同的违约责任和处理

货物运输合同签订以后，当事人没有按照合同的要求履行义务，除了法律规定可免除责任的外，应承担违约责任，造成对方损失的应负赔偿责任。

铁路运输企业的违约责任是承运人违反铁路货物运输合同的责任，是指承运人不履行合同义务或者履行合同义务不符合合同约定而应承担的责任。

（一）赔偿责任

《铁路法》第十七条规定，铁路运输企业应当对承运的货物、包裹、行李自接受承运时起到交付时止发生的灭失、短少、变质、污染或者损坏，承担赔偿责任。

在货物运输中，承运人应当将货物安全运输到目的地。承运人应当对自接收货物时起至交付货物时止所发生的货物的毁损、灭失承担损失赔偿责任。这里的"毁损"是指搬运的货物因损坏而价值减少；"灭失"是指承运人无法将货物交付给收货人，既包括货物物质上的灭失，也包括占有的更新丧失及法律上不能回复占有的各种情形。赔偿损失是一种补偿性的法律手段。根据国际惯例和我国《铁路法》的规定，违反铁路货物运输合同造成的损失，按实际损失赔偿。实际损失也即直接损失，是指因违反合同致使对方在财产上发生的直接减少，包括为履行合同而支付的合理费用，如运费、杂费、保价费等。

（1）责任期间：铁路对货物、行李、包裹损失的责任期间，自接受承运时起到交付时止。

（2）责任范围：《合同法》第三百一十一条规定，除非承运人证明免责事项存在，承运人对运输过程中货物的毁损、灭失承担损害赔偿责任。这说明承运人承担违约责任的构成要件有二：一是承运人不履行合同义务或者履行合同义务不符合约定；二是承运人不能证明存在法定的免责事项。显然，我国在违约责任的归责原则上采用的是严格责任原则，即除非存在免责事项，一方当事人不履行或不适当履行合同义务给另一方当事人造成损害，就应承担违约责任。也就是说，凡是不存在法定免责条件的，铁路运输企业即使没有过错，也要承担赔偿责任。

【案例5.8】2010年11月3日，原告将其收购的葵花籽34 650千克，共770件，委托呼和浩特火车站客货服务公司发运零担。呼和浩特火车站承运后，于当日将此批货物装入637281号车皮。11月9日，该车抵达芜湖西站。当日，在该站当班货运员监督下，收货人安徽省芜湖市果品食杂公司到站提货。卸车时，车厢内异味严重，装卸工均感头昏。收货人见此情况，拒收货物，并向芜湖铁路卫生防疫站报检。芜湖铁路卫生防疫站现场勘查后，认为此批货物有被污染的可能，遂全部封存，取样送卫生部食品卫生监督检验所检验。检验结论是：在装载货物车厢内的残存物中检出3911（剧毒农药），含量为3 591.66 mg/kg；在包装葵花籽的麻袋中检出3911，含量为100 mg/kg。经铁路到站顺查，发现该车皮于1990年10月18日曾装运过3911。卸车后，该车皮被回送到郑州东站经洗刷消毒后又投入使用。在此次装运葵花籽前，该车皮已经过先后多次排空和装运水泥两次。葵花籽每千克收购价为1.64元。

【法理分析】郑州火车东站对装运过剧毒农药的车皮洗刷消毒不彻底，呼和浩特火车站使用明显有异味的车皮装运葵花籽，是造成货物包装被污染的直接原因。责任应由铁路货物运输合同中的承运方承担。化鱼山火车站作为芜湖西站的主管部门，又是代表承运方对原告的赔偿要求进行处理的单位，应当承担赔偿责任。《铁路法》第十七条规定：铁路运输企业作为承运人，对托运人托运的货物，从承运时起，至货物交付收货人或依照有关

（二）逾期运到责任

根据《铁路法》第十六条的规定，铁路运输企业应当按照合同约定的期限或者国务院铁路主管部门规定的期限，将货物、包裹、行李运到目的站；逾期运到的，铁路运输企业应当支付违约金。铁路运输企业逾期 30 天仍未将货物、包裹、行李交付收货人或旅客的，托运人、收货人或者旅客有权按货物、包裹、行李灭失向铁路运输企业要求赔偿。

铁路货物运输合同的违约金可以由当事人在合同中约定；没有约定的，按照国务院铁路主管部门的规定支付。即根据《铁路货物运输规程》规定，货物实际运到日数超过运到期限的，铁路运输企业按所收运费的 5%～20% 支付违约金。

【案例 5.9】2008 年中秋节，北京某贸易中心从广州订购了 100 元到 680 元价格不等的月饼 5 000 盒，准备充实节日市场。9 月 5 日，某贸易中心在广州火车站办理托运事宜，运费为 12 518 元，广州火车站当日承运，运期为 8 天，预计 23 日到北京火车站。因中途耽搁，货物延期 10 天，于 10 月 2 日才到达北京火车站。贸易中心收取货物后，因中秋节已过，月饼销量骤减，不得不削价出售。即使如此，尚有部分月饼销不出去，积压在库，按贸易中心买入价计算，损失 98 000 元，贸易中心要求承运人赔偿经济损失 127 000 元。承运人只同意给付逾期违约金，为此，贸易中心诉至法院。

【法理分析】根据《铁路法》第十六条的规定，铁路运输企业应当按照合同约定的期限或者国务院铁路主管部门规定的期限，将货物、包裹、行李运到目的站；逾期运到的，铁路运输企业应当支付违约金。承运方未按规定期限将货物运达到站，属违约行为，应承担违约责任，支付违约金。承运方应向贸易中心赔偿逾期运到货物造成的损失。

（三）误交付的责任

货物、包裹、行李误交付（包括被第三者冒领造成的误交付），铁路运输企业查找超过运到期限的，由铁路运输企业支付预期违约金。不能交付的，或者交付有损失的，由铁路运输企业赔偿。铁路运输企业赔付后，再向有责任的第三者追偿。如果托运人或收货人证明损失的发生确属承运人的故意行为，则承运人除按规定赔偿实际损失外，由合同管理机关处其造成损失部分 10%～50% 的罚款。

由于铁路运输企业的过错将货物误运到站或误交收货人，应免费运至合同规定的到站，并交给合同指定的收货人。

【案例 5.10】A 供应站于 4 月 23 日在郑州铁路长葛站托运玉米五车，货票记载到站为宁波北站，收货人均是张某（河南省 B 贸易公司工作人员）。随后，A 供应站依收货人张某的要求，将领货凭证邮寄给在宁波市 G 有限公司（以下简称 G 公司）的任某。5 月 2 日玉米到达宁波北站。5 月 5 日，G 公司向宁波北站出具介绍任某提货的介绍信将玉米提走。

6月7日，A供应站到宁波北站查询时，宁波北站称已将货物交付给持领货凭证的收货人，已交付完毕。6月16日，收货人张某向A供应站出具证明称：至今未收到玉米，未给任何单位、任何人出具有关身份证件。

A供应站认为宁波北站在未见到领货凭证及张某身份证明情况下，将争议货物让与其没有关系的G公司提走，致使货款无法收回，应承担误交付责任。

【法理分析】A供应站按铁路运输的规定填写了运单，提交了所运货物，交纳了运杂费，与铁路运输企业建立了货物运输合同法律关系，应受法律保护。宁波北站称玉米运单记载的收货人是G公司，却又提供不出该运单，应负举证不能的责任。该站未按货票和领货凭证记载的收货人交付，属于误交付，且在误交付行为发生后未编制货运记录。依照《铁路货物运输规程》第三十四条"货物在到站应向货物运单内所记载的收货人交付"；《铁路货物运输合同实施细则》第九条第三款"将承运的货物按照合同规定的期限和到站，完整、无损地交给收货人"。《铁路法》第十六条规定：铁路运输企业应当按照全国约定的期限或者国务院铁路主管部门规定的期限，将货物、包裹、行李运到目的站；逾期运到的，铁路运输企业应当支付违约金。铁路运输企业逾期三十日仍未将货物、包裹、行李交付收货人或者旅客的，托运人、收货人或者旅客有权按货物、包裹、行李灭失向铁路运输企业要求赔偿。故铁路运输企业应承担损失赔偿责任。

九、法定免责情形

运输行为是风险作业，同时在运输过程中损害的发生原因也是极其复杂的，法律在强调对托运人或者收货人利益保护的同时，也必须对承运人的利益做适当的保护，以体现公平的原则。法律对承运人的保护就体现在免责事由上。

《铁路法》第十八条规定，由于下列原因之一造成货物灭失、短少、变质、污染、损坏时，铁路运输企业不承担赔偿责任：

（1）由于不可抗力（如地震、台风、海啸、洪水、火山爆发和战争、动乱等）造成的。

（2）货物本身的自然性质或者合理损耗。货物本身的自然性质，主要是指货物的物理属性和化学属性。由于货物本身性质引起的碎裂、生锈、减量、变质或自燃等，承运人免责。例如运输的货物是气体，而气体的自然属性就是易挥发。由于挥发造成的损失，承运人就不承担损失。货物的合理损耗，主要是指一些货物在长时间的运输过程中，必然会有一部分损失，对于这一部分损失，承运人不负赔偿责任。

（3）由于托运人、收货人或所派押运人的过错造成的。主要是指以下几种情况：

① 由于托运人对货物包装的缺陷，而承运人在验收货物时又无从发现；

② 托运人自己装上运输工具的货物，加固材料不符合规定的条件或者违反装载规定，交付货物时，承运人无法从外部发现的；

③ 押运人应当采取而未采取保证货物安全措施的；

④ 收货人负责卸货造成的损失；

⑤ 承运人要免除赔偿责任的，其应当负举证责任。如果承运人自己不能证明有不可抗力、货物本身的自然性质或者合理损耗以及托运人、收货人的过错的情形存在，就要承担损害赔

偿责任。

另外，其他经查证非承运人责任造成的，但是由第三人的过错造成的货损，不能免除铁路运输企业的赔偿责任。

【案例5.11】广东省物资储运公司4月19日受宏隆公司的委托，将宏隆公司被买方拒收的240件铁桶包装的TD甘油在广州东站办理了托运手续，自装自锁装入P632697号60吨的棚车。托运人填写的货物运单记载：TD甘油240件，到站上海何家湾站，收货人上海宏隆实业有限公司。承运人缮制的货票记载，运到期限为9天。P632697号货车于4月20日从广州东站开出，次日到达株洲北站，5月18日编入直通货物列车开出，同日到达鹰潭站。6月14日抵达何家湾站。涉案货物后经上海市产品质量监督检验所现场外观检查，结果是抽查检验不合格。此时该货物已在广州滞留5个月。宏隆公司以铁路运输企业野蛮装卸致使货物包装严重破损，逾期运到47天致使货物变质，承运人对货损有重大过失为由提起诉讼，请求判令到站何家湾站赔偿货损。

【法理分析】《铁路法》第十九条规定："托运人应当如实填报托运单，铁路运输企业有权对填报的货物和包裹的品名、重量、数量进行检查。"第二十条规定，托运人对托运货物应当按照国家的或者行业的包装标准包装，使货物在运输途中不因包装原因而受损坏。

由于宏隆公司委托的托运人未如实申报货物价值，使承运人确认该批货物属对运输无特殊要求的低值普通货物，故在选择保留车时，根据先普通货物后特殊货物的原则决定将该车保留。该批货物使用棚车运输，由托运人自装自锁。按照《铁路货物运输规程》第四十七条的规定，承运人与托运人凭封印交接，内货状况和包装由托运人负责。《铁路法》第十九条规定的铁路运输企业对货物进行检查是承运人的权利，并非义务。承运人按照运单填报内容，依据运输规章决定将该车保留，延长了运输时间，使货物的变质加剧，属货物本身的自然属性和托运人的过错造成的。依照《铁路法》第十八条："由于下列原因造成的货物、包裹、行李损失的，铁路运输企业不承担赔偿责任：（一）不可抗力。（二）货物或者包裹、行李中的物品本身的自然属性，或者合理损耗。（三）托运人、收货人或者旅客的过错。"

本案货物的运到期限为9天，逾期47天运到。《铁路法》第十六条规定："铁路运输企业应当按照合同约定的期限或者国务院铁道主管部门规定的期限，将货物、包裹、行李运到目的站；逾期运到的，铁路运输企业应当支付违约金。"《铁路货物运输合同实施细则》第十八条第五款规定，承运人"未按规定的运到期限，将货物运至到站，向收货人偿付该批货物所收运费5%至20%的违约金。"株洲北站虽然是因运输能力的限制而对该车采取保留措施造成逾期，但仍属承运人的违约行为，与托运人或者收货人无关，株洲北站应当依法给付该段逾期时间内的违约金。

（二）托运人与收货人的责任

托运人与收货人的责任可归纳为三个方面：托运人申报不实、收货人逾期领取货物及给铁路运输企业造成损失等方面的责任。

1. 托运人申报不实的责任

《铁路法》第十九条规定，托运人应当如实填报托运单，铁路运输企业有权对填报的货物和包裹的品名、数量和重量进行检查。托运人因申报不实而少交的运费和其他费用应当补交，铁路运输企业按照国务院铁路主管部门的规定加收运费和其他费用。

托运人申报不实，主要表现在货物品名不实和货物重量不实两个方面：

（1）申报品名不实。根据《铁路货物运价规则》规定，托运人匿报、错报货物品名填写货物运单，致使货物运费减收时，按批核收全程正当运费两倍的违约金，不另收运费的差额。

（2）申报重量不实。根据《铁路货物运价规则》规定，整车货物超过规定允许的载重量，到站除补收全程的正当运费外，另外补收运费两倍的违约金。但超载部分不足 2 吨的，不收违约金。

2. 收货人逾期领取货物的责任

《铁路法》第二十一条规定，托运的货物到达到站后，收货人应当按照国务院铁路主管部门规定的期限（铁路运输企业组织卸车的货物，于铁路运输企业发出催领通知的次日起算 2 天内）及时领取，逾期领取的，应当按照规定支付保管费。

《铁路法》第二十二条规定，自铁路运输企业发出领取货物通知之日起满 30 日仍无人领取的货物，或者收货人书面通知铁路运输企业拒绝领取的货物，铁路运输企业应当通知托运人，托运人自接到通知之日起满 30 日未作答复的，由铁路运输企业变卖，所得价款在扣除保管等费用后尚有余款的，应当退还托运人，无法退还，自变卖之日起 180 日内托运人又未领回的，上缴国库。

自铁路运输企业发出领取通知之日起满 90 日仍无人领取的包裹或者到站后满 90 日仍无人领取的行李，铁路运输企业应当公告，公告满 90 日仍无人领取的，可以变卖；所得价款在扣除保管等费用后尚有余款的，托运人、收货人或者旅客可以自变卖之日起 180 日内领回，逾期不领回的，上缴国库。

对危险物品和规定限制运输的物品，应当移交公安机关或者有关部门处理，不得自行变卖。

对不宜长期保存的物品，可以按照国务院铁路主管部门的规定缩短处理期限。

3. 给铁路运输企业造成财产损失的责任

《铁路法》规定，因托运人或者收货人的责任给铁路运输企业造成财产损失的，由托运人或者收货人承担赔偿责任。托运人或者收货人给铁路运输企业或者第三人造成财产损失的情况，主要有以下几种：

（1）匿报或错报货物品名或货物重量，致使承运人的运输工具、设备损坏的。

（2）货物中夹带危险品，导致运营事故，给运输工具、设备或第三人的财物造成损坏的。

（3）因货物包装有缺陷产生货物破损，给运输工具、设备或第三人的财物造成污染和损坏的。

（4）托运人组织装车的，加固材料不符合规定条件或违反装载规定，在交接时无法发现，致使承运人的运输工具、设备或第三人的货物损坏的，托运人应按实际损失承担赔偿责任。

（5）托运人自派押运员押运货物，由于押运员的过错致使货物不能按期到达目的地并造成承运人运输工具、设备或第三人的货物损坏的，由托运人按实际损失赔偿。

（6）罐车发运货物，由于托运人未随车附带规格质量证明或化验报告，致使收货方无法卸货的，托运人应偿付承运人卸车等费用及违约金。

（7）在托运方专用线、专用铁路自营的货物，在到站卸货时发现货物损坏、短少，在车辆施封完好或无异状的情况下，托运人应赔偿收货人的损失。

（8）收货人组织卸车，给运输工具、设备造成损坏的。根据《合同法》和《铁路法》的一般原则，托运人或收货人给铁路运输企业造成财产损失的（包括给第三人造成财产损失先由铁路运输企业赔偿的），应当按实际损失（即直接损失）赔偿。

> 【案例5.12】2002年3月31日，原告马某在资阳车站以004230号货票，用50吨高边车一辆，装蜜蜂200箱，并领取押运人须知，办妥承运手续后，自押发往驻马店车站。当日编挂2209次货物列车发出，4月2日上午7点到达勉西车站，整列待发。约12点同列另车押运人廖某来到马某的蜂车上，并在车内点火吸烟，自押人马某、任某、王某等人没有制止，12点31分列车由勉西站开车，马某等人有的将烟头往车下甩，有的将烟头掐灭。列车通过勉县车站后运行至85千米附近，自押人发现所押蜂车后部起火，即摇动红色秋衣给司机信号。司机张某、车长王某发现起火后继续运行至欧家坡车站，停车后，虽经多方奋力抢救，该车所载蜜蜂200箱全部烧毁，押运人所带生产、生活用品大部烧毁，520264号50吨货车上部烧毁。
>
> 【法理分析】此次火灾事故，系原告违反了《铁路货物运输规程》所规定的押运人须知第一、三条及《铁路鲜活货物运输规则》第三十一条所规定的押运人负责所押货物安全、严禁押运人在车内吸烟等规定所致。依据《铁路法》有关规定，原告应负主要责任。
>
> 被告在发现列车火灾后，没有按《铁路技术管理规程》有关规定停车处理，继续运行，处理不当，应负次要责任。

十、铁路货物运输合同违约的索赔处理

（一）索赔时效

根据《铁路货物运输合同实施细则》规定，承运人同托运人或收货人相互间要求赔偿或退补费用的时效期限为180天，要求铁路支付运到逾期违约金为60天。

1. 托运人或收货人向承运人要求赔偿或退还运输费用的时效期限起算时间

托运人或收货人向承运人要求赔偿或退还运输费用的时效期限，由下列日期起算：

（1）货物灭失、短少、变质、污染、损坏，为车站交给货运记录的次日。

（2）货物全部灭失未编有货运记录，为运到期限届满的第31天，但鲜活货物为运到期限届满的次日。

（3）要求支付货物运到逾期违约金，为交付货物的次日。

（4）多收运输费用，为核收该项费用的次日。

2. 承运人向托运人或收货人要求赔偿或补收运输费用的时效期限起算时间

承运人向托运人或收货人要求赔偿或补收运输费用的时效期限，由发生该项损失或少收运输费用的次日起算。

（二）赔偿数额和违约金的计算

1. 赔偿数额

赔偿损失是一种补偿性的法律手段。根据国际惯例和我国《铁路法》的规定，违反铁路货物运输合同造成的损失，按实际损失赔偿。实际损失也即直接损失，是指因违反合同致使对方在财产上发生的直接减少，包括为履行合同而支付的合理费用，如运费、杂费、保价费等。根据《铁路法》规定，铁路运输企业承担的赔偿额规定如下：

（1）办理保价运输的货物，按照实际损失赔偿，但最高不超过保价金额。

（2）投保货物运输保险的货物，由保险公司和承运人按规定赔偿。

（3）未按保险、保价运输承运的货物，按照实际损失赔偿，但最高不超过国务院铁路主管部门规定的赔偿限额：不按件数只按重量承运的货物，每吨最高赔偿 100 元，按件数和重量承运的货物，每吨最高赔偿 2 000 元；个人托运的搬家货物、行李每 10 千克最高赔偿 30 元；如果损失是由于铁路运输企业的故意或重大过失造成的，不适用赔偿限额的规定，按照实际损失赔偿。《铁路法》第十七条规定，在货物运输过程中，如果是承运人故意或重大过失造成损失的，不适用限额赔偿，要按照货物的实际损失赔偿。因此，承运人故意或重大过失的认定，对于确定货物运输赔偿责任具有重大意义。对于过失，我国民法理论一般解释为：行为人对自己行为的结果应当预见而没有预见，或者已经预见却轻信能够避免。前者叫作疏忽大意的过失，后者叫作过于自信的过失。可见，过失和故意的区别在于，行为人是否实际预见到其行为的后果和对此种后果所持的态度。在过失中，实际发生的损害不是行为人所希望或放任的结果。重大过失是过失的一种形式，相对于一般过失而言，只是过失的程度不同。《最高人民法院关于审理铁路运输损害赔偿案件若干问题的解释》中对"重大过失"的表述为：铁路运输企业或其受雇人、代理人对承运人的货物、包裹、行李明知可能造成损失而轻率地作为或不作为。

【案例5.13】3月25日，某饲料公司托运一车饲料，重量50吨，数量1 250件，收货人某加工厂。3月29日该车在运输途中因燃轴而进行倒装。5月10日到达到站。卸货时发现货物霉变，到站还编制了货运记录，并与收货人共同签字，认为：事故发生前货物品质良好，产品保质期为两个月，春季雨多易霉变，途中倒装造成货物运期积压，其中丢失24件，霉变293件，损失额共计42 852元。事故发生后，承运人按限额赔偿的规定赔付了2 880元。收货人诉至法院。

【法理分析】根据《铁路法》第十六条、第十七条的规定，承运人应对所运输的货物负有安全、完整、及时运输到达目的地的义务。铁路运输企业应当对承运的货物、包裹、行李自接受承运时起到交付时止发生的灭失、短少、变质、污染或者损坏，承担赔偿责任。在运输途中，由于中途倒装站停留时间过长，使货物霉变，承运人应承担违约责任和赔偿损失。对于饲料的性质、特征及运输条件等，作为有专业知识的承运人没有尽到注意义务，致使货物在倒装站停留达 41 天之久。本案承运人具有明显的重大过失。故判决承运人赔偿原告全部损失。

【案例5.14】9月2日，某公司发运麻袋一车，收货人为原告，品名为麻袋，件数519件，重量52 000千克，保价额为100 000元，承运人在货票填写记载：托运人自装车，车种车号P3054592，无施封。发站于9月3日承运，同年9月10日运抵，检查发现车门窗关闭，一侧门栓加固，一侧门栓无加固，可开启，打开车门见车门处无货，立即通知车站安全员，安全人员到现场，确认属于运输途中被盗。经清点车内货物为358件，与运单、货票记载519件相差161件。原告向承运人索赔无效后，诉至法院，提出承运人没有按约定完整无损将货物交给收货人，货物途中被盗，承运人的行为应属重大过失，应赔偿原告货物实际损失并返还运费。

【法理分析】本案中承运人不构成重大过失，因为这是承运人无法控制的社会犯罪行为造成的，对于货物什么时间被盗承运人显然无法预见，不符合《最高人民法院关于审理铁路运输损害赔偿案件若干问题的解释》中对"重大过失"的表述。承运人只要尽了一般注意义务即认为无过失。

但是需要注意的是如果盗窃是铁路职工或铁路职工与路外人员勾结造成的，应当认定为重大过失。因为法人的主观过错是通过法人的工作人员的具体行为体现的，这种重大过失体现在企业对职工的管理不力，而引发了盗窃犯罪，铁路企业要承担重大过失责任。

2. 运到逾期违约金

铁路货物运输合同的违约金可以由当事人在合同中约定；没有约定的，按照国务院铁路主管部门的规定支付。即根据《铁路货物运输规程》规定，货物实际运到日数超过运到期限的，铁路运输企业按所收运费的5%～20%支付违约金。

3. 索赔处理

托运人或收货人向承运人要求赔偿货物损失时，应按批向到站（货物发送前发生的事故向发站）提出赔偿要求书并附货物运单、货运记录和有关证明文件。按保价运输的个人物品，应同时提出盖有发站日期戳的物品清单；要求退还多收运输费用时，须提出货票丙联或运费、杂费收据，直接联系收款站处理；收货人要求承运人支付运到逾期违约金时，应向到站提出货物运单。承运人向托运人或收货人提出赔偿要求时，应提出货运记录、损失清单和必要的证明文件。承运人与托运人或收货人相互间提出的赔偿要求，应自收到书面赔偿要求的次日起30天内（跨及两个铁路局以上运输的货物为60天内）进行处理，答复赔偿要求人。要求人自收到答复的次日起60天内未提出异议，即为结案。

十一、铁路货物运输合同争议的处理

货物运输合同发生纠纷、争议的，根据《合同法》《铁路法》和《铁路货物运输合同实施细则》的规定，由承运人和托运人或收货人协商解决，协商不成时，任何一方均可向合同管理机关申请调解，或向仲裁机构申请仲裁，也可以直接向人民法院起诉。发生货物运输合同纠纷，当事人没有在合同中订立仲裁条款和书面仲裁协议，事后也没有达成书面补充仲裁协议的，可以向具有管辖权的人民法院提出诉讼。因铁路货物运输合同纠纷提出的诉讼，由发站、到站所在地或被告住所地铁路运输法院管辖。

【案例5.15】承运人逾期运到造成西瓜腐烂的赔偿纠纷案。

2007年5月10日，A县供销公司与B市贸易公司签订了一份购销合同，合同约定由供销公司向贸易公司供应八成熟的西瓜5万千克，价格0.7元/千克，供货日期为7月25日~8月10日；验货地点为A县火车站，由需方派员验收。该合同签订后，供销公司一边派人联系货源，一边向A县火车站申请车皮。7月28日，供销公司与火车站在要车计划表上载明：西瓜5万千克，总价款3.5万元；8月2日搬入车站，次日装车，发往B市火车站；运输期限为8月3日~8月8日。随后，供销公司向贸易公司发电，要求派人8月2日前来验货。8月2日，供销公司将5万千克西瓜按规定搬入车站第4道第5货位，贸易公司来人验收后未提出异议，车站经检查也没有不同意见。次日，由于车站未能提供车皮，装车落空。西瓜在A县火车站停放期间未搭凉棚。直至8月9日，西瓜才装上敞篷车。8月12日，西瓜运抵B市火车站，贸易公司到站提货时发现大部分西瓜已腐烂，只拉回了约1万多千克削价处理。贸易公司以西瓜腐烂为由拒付货款。供销公司要求B市火车站赔偿全部损失。

【法理分析】根据《铁路法》第十六条的规定，铁路运输企业应当按照合同约定的期限或者国务院铁路主管部门规定的期限，将货物、包裹、行李运到目的站；逾期运到的，铁路运输企业应当支付违约金。同时，根据《铁路法》第十七条，铁路运输企业应当对承运的货物、包裹、行李自接受承运时起到交付时止发生的灭失、短少、变质、污染或者损坏，承担赔偿责任。承运方没有及时将西瓜装车，让其在未搭棚的条件下待装时间长达7天，后又用未苫盖篷布的敞车装运，是造成西瓜腐烂的原因，B市火车站应代表整个承运方向供销公司负赔偿责任。经法院调解，有关当事人达成如下协议：（1）扣除贸易公司削价处理的约1万多千克西瓜，B市火车站按0.7元/千克价格向供销公司赔偿其余西瓜的损失，并退还相应的运费、保价费；（2）B市火车站向供销公司赔偿削价处理西瓜所得价款与原价的差额损失；（3）B市火车站按所收运费的20%支付逾期违约金；（4）本案诉讼费用由B市火车站承担。

第五节　铁路货物运输保险与保价

案例导入

某石油公司通过铁路发运柴油两车，同时向某保险公司投了货损险。收货人在到达站提货时，发现柴油短少41.2吨（价款116 548元）。到达站为此出具了货运记录，证实该批柴油中途被盗。后石油公司向保险公司提出赔付申请，保险公司依据保险合同的约定赔付了116 548元保险金。保险公司依据《中华人民共和国保险法》（下称《保险法》）的有关规定，向承运人行使追偿权。因双方协商无果，保险公司于7个月后向铁路专门法院提起诉讼，请求承运人偿付116 548元的货物损失。

一、铁路货物运输保险

（一）货物运输保险概述

1. 货物运输保险的概念

保险是分散风险、化解损失的一种经济制度。投保人只要支付相应的保险费用，在发生保险责任范围内的事故时，就可以得到一笔保险金，以补偿其遭受的损失。

运输保险是指在运输生产过程中，由于意外事故、自然灾害而给承运的货物、旅客、运输工具、乘务人员、第三人造成的损失给予补偿的各种保险的总称。运输保险的种类包括货物运输保险、运输工具保险、第三者责任险、旅客人身意外伤害保险等。货物运输保险是以运输过程中的多种货物作为保险标的的保险。根据运输方式的不同，货物运输保险可以分为航空货物运输保险、公路货物运输保险、水上货物运输保险和铁路货物运输保险等。

货物运输保险属于损害保险的范畴，是有形财产险的一种，受《保险法》调整。货物运输保险由托运人向保险公司投保，也可以委托承运人代办。一般财产保险的法律原则同样适用于货物运输保险。

货物运输保险与财产险的主要区别在于：货物运输保险是对动态中的财产进行保险；其他财产险通常是对静态的财产进行保险。从期限上看，货物运输保险的期限比较短，一般是以一个航程或运程来计算的，即从起点到终点，货物交付完毕则保险合同履行完毕；其他财产保险的期限一般比较长。

2. 货物运输保险的标的

货物运输保险的标的是运输企业运送的货物。只要是装载在运输工具上的物资，都可以进行运输保险，包括一切生产资料和生活资料。但按照有关法律法规的规定，下列物资不能作为运输保险合同的保险标的：

（1）国家禁止运输或者限制运输的物品。

（2）托运人没有按规定进行包装的物品以及缺乏保证货物运输安全的必要包装的物品。

（3）无法鉴定其价值的物品。

3. 货物运输保险的投保人及保险责任的范围

货物运输保险的投保人可以是托运人、收货人，甚至承运人。因为从托运人、承运人直到收货人，在货物运输过程中，对货物能否平安到达，都有一定的利害关系。因此，各方可根据与自己有关的利益关系，即保险利益，向保险公司投保货物运输保险。

保险公司承保的货物运输险的责任范围主要限于自然灾害和意外事故。也就是说，保险责任的范围主要是由不可抗力造成的货物损失，诸如遭受恶劣气候、雷电、洪水、地震等自然灾害造成交通工具损毁，货物发生灭失、损坏以及其他意外事故所造成的运输工具损毁和货物损失。

（二）铁路货物运输保险

根据《铁路法》第十七条的规定，办理货物运输保险实行自愿原则，即托运人可以办理运输保险，也可以不办理运输保险。包括承运人、保险公司在内的任何其他人，不得以任何形式强迫托运人办理运输保险。但从货主利益出发，特别是在因不可抗力造成损失，承运人不承担赔偿的情况下，托运人托运价值较高或大批货物时，应考虑积极投保货物运输险。

1. 铁路货物运输保险合同

铁路货物运输保险合同，是指保险公司按照约定对被保险人遭受保险责任范围内的事故造成货物的损失负责赔偿，而由被保险人支付保险费的合同。办理铁路货物运输保险时，托运人或货主作为被保险人应当在托运货物时事先与作为保险人的保险公司签订铁路货物保险合同。合同的成立应以保险公司签发的保险单证或保险凭证为依据。在实践中，货主可直接与保险公司签订保险合同，也可委托承运人代办。对投保运输保险的货物，在托运、承运时，应按规定在货物运单上予以注明。

2. 铁路货物运输保险责任范围

保险责任，也就是保险公司所负的赔偿责任。保险货物在铁路运输过程中由于下列原因造成的损失，保险公司负赔偿责任。责任范围包括基本险和综合险。

基本险：

（1）因火灾、爆炸、雷电、冰雹、暴风、暴雨、洪水、地震、地陷、崖崩、泥石流等自然灾害所造成的损失。

（2）因运输工具发生火灾、爆炸、碰撞、出轨、颠覆或隧道塌方所造成的损失，以及因运输工具在危难中发生卸载所造成的损失或支付的合理费用。

（3）在装货、卸货或转载时因遭受不属于包装质量不善或装卸人员违反操作规程所造成的损失。

（4）在发生保险责任范围内的灾害或事故时，因纷乱而造成货物散失及施救或保护被保险货物支出的合理费用。

综合险在基本责任险的基础上扩展了以下责任：

（1）因受震动、碰撞、挤压而造成货物破碎、弯曲、折断、开裂或包装破损致使货物散失的损失。

（2）遭受盗窃或整件提货不着的损失。

（3）液体货物因受到震动、碰撞或挤压致使所用容器损坏或渗漏的损失。

（4）符合安全运输的规定而遭受雨淋所致的损失。

3. 铁路货物运输保险的除外责任

所谓除外责任是指保险公司不承担赔偿的责任。保险货物在铁路运输过程中由于下列原因造成的损失，保险公司不负赔偿责任：

（1）战争或军事行动。

（2）直接由于货物的自然损耗、市价跌落、本质上的缺陷以及因运输延迟所造成的损失或费用。

（3）被保险人的故意或过失。

（4）其他不属于保险责任范围的损失，如非经保险公司同意并特别约定，保险货物直接由于破碎、渗漏、偷窃、提货不着、短量、串味所造成的损失等，承保人不负赔偿责任。

4. 铁路货物运输保险责任期限

铁路货物运输保险合同一般是以一个运程为保险责任期限。其起讫日期是保险人自签发保险凭证、铁路承运货物时起，至货物运至保险凭证规定的终到点并交付给收货人为止。如果收货人未及时提货，则其最长责任有效期以保险货物在卸离最后运输工具后所规定的时间（如 10 天）为限。

5. 铁路货物运输保险赔偿处理

对投保铁路货物运输险的货物在运输中发生的损失，应按下列原则划分被保险人、保险公司和承运人的赔偿责任：

（1）如果损失既属于保险责任范围，又属于承运人应赔偿的范围，则由保险公司、承运人按规定赔偿。

（2）如果损失仅属于保险责任范围，而不属于承运人责任范围（即免责范围）的，由保险公司单独赔偿。

（3）如果损失仅属于承运人责任范围，而不属于保险责任范围的，由承运人负责赔偿。

（4）如果损失既不属于保险责任，又不属于承运人免责范围的，则由被保险人自负。

铁路与其他国内运输方式联运的，还应适用各有关区段运输保险的规定；参加国际联运的，应适用有关国际货物运输保险的规定。

【案例 5.16】见本节开篇案例导入。

【法理分析】《保险法》第四十五条规定，"因第三者对保险标的的损害而造成保险事故的，保险人自向被保险人赔偿保险金之日起，在赔偿金额范围内代位行使被保险人对第三者请求赔偿的权力"。这里所说的"代位"，是指保险人以自己的名誉代替被保险人（托运人）行使赔偿请求权，被请求人是承运人。该案中的保险公司不是铁路货物运输合同当事人，与承运人也不是铁路货物运输合同关系，其基于保险合同追偿权的转移而取得代位请求赔偿的权利，与承运人之间形成了一种新的债权债务关系，保险公司成为了债权人，承运人成为了债务人。

根据《铁路货物运输合同实施细则》第二十二条、《铁路货物运输规程》第五十四条的规定，承运人同托运人或收货人相互间要求赔偿或退补费用的有效期间为 180 日。根据《最高人民法院关于审理铁路运输损害赔偿案件若干问题的解释》第十五条索赔时效方面的规定，"对承运中的货物、包裹、行李发生损失或者逾期，向铁路运输企业要求赔偿的请求权，时效期间适用铁路运输规章 180 日的规定。自铁路运输企业交付的次日起计算；货物、包裹、行李全部灭失的，自运到期限届满后第 30 日的次日起计算。但对在此期间内或者运到期限内已经确认灭失的，自铁路运输企业交给货运记录的次日起计算"。因此判决承运人赔偿保险公司货物损失。

二、铁路货物保价运输

(一)铁路货物保价运输概述

1. 铁路货物保价运输的概念

保价是指货物的保证价值,也可称为声明价格,是托运人向承运人声明其托运货物的实际价值。铁路货物保价运输是指托运人在托运货物时声明其价格,并向承运人支付保价费用,由承运人在货物损失时按声明价格赔偿的一种货物运输。保价运输是铁路货物运输合同的组成部分,是铁路实行限额赔偿后,保证承运人、托运人利益对等的一种赔偿形式。若托运人自愿办理保价运输,并交纳规定的保价费,承运人对保价货物则实行专门的运输管理和一定的保护措施。保价货物因承运人责任造成损失,由承运人按实际损失赔偿,但最高不超过保价金额。

在具体办理保价运输时,一般有两种方式:一种方式是在铁路运输合同的基础上,再签一份单独的保价协议,作为运输合同的从合同,这种方式主要针对大宗货物运输,当事人双方对货物运输有特殊要求,需要在协议中明确;另一种方式就是在铁路的货物运单、行李票和包裹票上托运人或旅客记载事项栏内声明,要求按保价承运,这种方式主要针对一些小量的货物和行李、包裹。两种方式所确定的保价条款都是铁路运输合同的重要组成部分。托运人一张运单托运的货物只能选择保价或不保价。

开办保价运输是铁路运输企业处理托运人提出赔偿要求的一种形式,是保证铁路与托运人(收货人)权益对等的一种手段,是针对限额赔偿做出的规定。

所谓限额赔偿即指赔偿的最高限额,亦是对铁路运输企业规定的赔偿责任限制。在铁路运输中实行限额赔偿是国际上通行的做法。这是因为,铁路运输的货物,基本上是按重量计算运费的,有些物品自身价值很高,但收取的运费很低,一旦发生货损,如果按照实际损失赔偿,铁路的负担和承担的风险过大,不利于铁路运输企业的发展。因而限额赔偿是保护铁路运输企业合法权益的一种法律规定。但限额赔偿不能满足托运人对货物损失的赔偿要求,为维护托运人的合法权益,从法律上给托运人一条出路,这就是实行货物保价运输。也就是托运人只要按比例支付一定的保价费,在货物由于承运人责任而发生损失时,就可以得到由承运人按实际损失给予的赔偿。

2. 铁路货物保价运输的特征

保价运输的特征主要有以下几点:

(1)承运人与托运人双方先订有合法有效的保价协议。

在托运单上,一般包含可选择性的保价条款。由于托运单属于格式合同,有关承运人责任限额的条款属于格式条款,因此在订立合同时,承运人应该尽到合理的提醒义务,即提醒托运人是否选择保价运输。反之,如果承运人未尽到合理提醒义务,则该托运单承运人责任限额的格式条款无效。一般来说,托运单上的保价条款应该用加大、加黑字体印制。填单时,承运人及时提醒托运人认真阅读保价条款即可认为承运人尽到了合理提醒义务。如果托运人选择保价，应该额外缴纳保值附加费，并在托运单上记载"保价运输"。

（2）承运人对保价货物采取特殊处理方式，最大限度地保证货物的安全性。

承运人对保价货物的赔偿不适用赔偿责任限额制度，因此承运人一般要强化各种管理措施，如采取特殊的装运容器、特殊的运输路线和运输方式、特殊的交接方式等，确保货物安全、及时、准确地运抵收货人手中。可见，保价运输增加了承运人的运营成本，保值附加费在一定程度上讲就是对承运人额外运营成本的一种补偿。

（3）因可归责于承运人的过失导致货物损失。

货物损失包括货物灭失、损坏、交付迟延等形式，其原因可能是来自承运人过失行为、托运人过失行为、第三人侵权行为、不可抗力等原因。但保价货物的赔偿原因只能是来自可归责于承运人的过失行为。除非合同有相反规定，在托运人过失行为、第三人侵权和不可抗力情形，承运人不负货物损失的赔偿责任。

（4）承运人对托运人的赔偿以其声明价值为限，按照货物损失的实际价值或货物在目的地点交付时的实际利益赔偿。

为防止道德风险，承运人一般要求托运人按照不超过货物的实际价值或货物在目的地点交付时的实际利益填写声明价值，因此，如果保价货物出现损失，承运人按照不超过托运人声明价值的货物实际损失价值进行赔偿。

3. 铁路货物运输有关责任赔偿的法律规定

《铁路法》第十七条规定，铁路运输企业应当对承运的货物、包裹、行李自接受承运时起到交付时止发生的灭失、短少、变质、污染或者损坏承担赔偿责任。具体包括：

（1）托运人或者旅客根据自愿申请办理保价运输的，按照实际损失赔偿，但最高不超过保价额。

（2）未按保价运输承运的，按照实际损失赔偿，但最高不超过国务院铁路主管部门规定的赔偿限额；如果损失是由于铁路运输企业的故意或者重大过失造成的，不适用赔偿限额的规定，按照实际损失赔偿。

4. 铁路货物保价运输与铁路运输保险的区别

保险以集中起来的保险费建立保险基金，用于对被保险人因自然灾害或意外事故造成的经济损失进行补偿。保险双方订立保险合同，投保人按合同规定向保险人（保险公司）缴付保险费，保险人按合同规定的责任范围对被保险人或受益人履行损失补偿的义务。从法律意义上讲，保险是一方同意补偿另一方损失的合同安排，同意补偿损失的一方是保险人，被补偿损失的另一方是被保险人。

铁路货物运输保险是财产保险的一个险种。它是以运输过程中的各种货物作为保险标的的保险。在保险有效期内，保险货物在运输过程中，遭到保险范围内的自然灾害和意外事故而受到损失时，由保险公司负责赔偿。

铁路货物保价运输与铁路货物运输保险虽然都具有补偿托运人或收货人经济损失的目的，在出险后的赔付上二者具有一致性，但它们又是两个不同的概念，是两种不同的经济合同。保价运输属于运输合同的一部分，而运输保险则是属于财产保险合同，两者有着明显的区别。

保险只是一种赔偿形式，保险人没有参与运输管理，对运输安全不能实施监督保证，只起到货物损失后的简单经济补偿的作用。保险费收入按一定比例上缴国家财政，并不直接返还承运人用于改善运输条件。而保价运输是运输合同的组成部分，法律上要求对保价的货物运输安全负责。承运人直接参与货物运输的管理和安全保证工作，有条件对保价的货物采取具体的安全防范措施。保价费收入主要用于事故的赔偿和提高运输安全质量上，使托运人能得到更多的经济利益。对于托运人来说，安全、迅速、经济地将货物送达到站是最大的目的。铁路开办货物保价运输，能够使铁路运输企业认真对待事故，并通过对事故的调查、分析、总结，改进内部的工作，提高运输安全质量和服务态度。而对于货物运输保险，铁路只做代办承保工作，货物发生损失，托运人（收货人）按保险公司的规定，将有关原始资料交保险公司，由保险公司负责调查事故的情况和处理赔偿。

5. 铁路开办货物保价运输的意义

对保价运输的货物，铁路部门将会在运输过程中采取一系列的特殊运输组织措施，如优先装车、优先挂运、直达及成组运输等，以保证其安全、迅速、准确地运抵到站。

在办理保价运输时，铁路运输企业内部会采取一系列的强化管理措施，进一步强化和完善铁路负责运输制度，这将有利于进一步提高铁路运输工作质量，保障广大托运人、收货人的合法权益。

铁路运输企业所承运的货物，未按保价运输承运的，铁路运输企业实行限额赔偿；按保价运输承运的，按照实际损失赔偿，但最高不超过保价额。因此，在足额投保的条件下，一旦发生承运人责任的损失，托运人、收货人将得到足额赔偿。

保价运输费率低、手续简便、提赔方便、理赔迅速。赔偿托运人损失时，公平合理、依法办事，不管事故大小，只要认定是铁路运输企业的责任，先赔付，然后再从内部查清责任，体现了铁路运输企业负责运输和维护承、托运双方权益的原则。

（二）铁路货物保价运输的办理

1. 铁路货物保价运输的原则

（1）充分尊重当事人自由意思，坚持私权自治原则。

铁路货物保价运输实行自愿的原则。《铁路法》第十七条第三款规定："托运人根据自愿，可以办理保价运输，也可以办理货物运输保险，还可以既不办理保价运输，也不办理货物运输保险。不得以任何方式强迫办理保价运输和货物运输保险。"这就是说，包括承运人在内的其他任何人不得以任何方式强迫托运人办理保价运输。

要求铁路开办保价运输贯彻自愿的原则，有利于铁路内部通过加强管理，采取各项安全措施，提高货物运输质量；有利于铁路自己通过服务质量的提高和安全工作的好转，吸引托运人自愿办理保价运输。如果采取强制的手段，不但不利于铁路内部加强管理，而且会造成放松管理的局面，从而失去托运人对铁路的信任。铁路货物保价运输可以补偿托运人因货运事故造成的损失。

（2）以承运人责任限额赔偿为基础，以保价赔偿为例外。

《中华人民共和国海商法》《铁路法》《中华人民共和国民用航空法》等均规定承运人责任

限额赔偿原则，但同时规定，如果"托运人在货物装运前已经申报其性质和价值，并在提单中载明的，或者承运人与托运人已经另行约定高于本条规定的赔偿限额的除外"。可见，保价运输是承运人责任限额赔偿的一种例外。

《铁路法》规定：未保价承运的货物，因铁路责任造成损失时，按照实际损失赔偿，但最高不超过国务院铁路主管部门规定的限额。而这种限额赔偿有时会低于货物的实际价值，从而造成对货主利益的极大不利。铁路从维护货主的利益出发，对货主未投保运输险的货物，还是应该动员其采用保价运输为好。

2. 铁路货物保价运输的办理

（1）铁路货物保价运输的范围。

《铁路法》规定的铁路运输企业实行限额赔偿，原则上适用于铁路运输的所有货物。但考虑到一些特殊的原因，根据《铁路货物保价运输办法》第十四条及《铁路国际联运货物保价运输办法》等的有关规定，下列货物暂不办理保价运输：

① 自轮运转的（包括企业自备或租用铁路的）铁道机车、车辆和轨道机械。

② 铁路国际联运货物的国外段运输。国际联运货物系指用国际货协的联运货票运送的货物。我国目前开办的货物保价运输只限国内，国际联运国内段的货物可办理保价运输，暂不办理国际联运国外段货物的保价运输。从国外进口（或出口）的货物，其在国内的铁路运输托运可自愿办理保价运输。

（2）铁路货物保价运输的托运、承运办法。

铁路货物保价运输的托运、承运办法主要有以下几方面的内容：

① 声明价格和填制运单。

按保价运输的货物，托运人应以全批货物的实际价格保价，货物的实际价格以托运人提出的为准。货物实际价格包括税款、包装费用和已发生的运输费用。托运人声明的价格即货物的保价金额。

按保价运输办理的货物，应全批保价，不得只保价其中的一部分。铁路货物运输中所谓的"一批"，是指能按同一运输条件运输、使用一张运单和一份货票进行装卸、交接、交付和核收运杂费等的货物。因此，作为一批运送的货物必须托运人、收货人、发站、到站和装卸地点五个基本条件相同（整车分卸除外）。整车货物，每车为一批；长大货物跨装虽使用两辆及其以上车辆（包括游车），但仍使用一张运单和一份货票运送，以每一车组为一批；零担货物或集装箱运输的货物，以每张运单为一批；使用集装箱运输的货物，每批至少一箱，最多不得超过一辆货车所能装运的箱数，且必须是同一箱型。

下列货物不得按一批托运：易腐货物与非易腐货物；根据货物的性质不能混装运输的货物；保价与未保价货物，以及投保运输保险的货物与未投保运输保险的货物；运输条件不同的货物。

办理保价运输的，应在货物运单有关栏内准确地注明保价金额。对以概括名称托运或不符合"三同"（同品种、同规格、同包装）条件、不能在货物运单上逐一填记的保价货物，除按上述规定办理外，托运人还应向承运人提出物品清单。

托运人填写货物保价金额时要实事求是。如果所填的保价金额小于货物的实际价格（即保额不足），在发生货运责任事故后，承运人将按保价额占货物实际价格的比例乘以货物的实际损失赔偿。

例如，一批货物的实际价格为 5 万元，托运人在填写保价金额时写的 2.5 万元。如果这批货物因承运人责任全部损失，则承运人赔偿托运人（收货人）2.5 万元。如果这批货物损失一半，承运人赔偿托运人（或收货人）1.25 万元。如果所填的保价金额大于货物的实际价格（即超额保价），在发生货运责任事故后，经承运人查实是超额保价，则按货物的实际损失赔偿。

仍用上面的例子，如果托运人所填写的保价金额为 6 万元，则发生全批损失后，承运人赔偿托运人（或收货人）5 万元；若发生部分损失（如 40%），则承运人赔偿托运人（或收货人）2 万元（5×40%），而不是 2.4 万元（6×40%）。

② 保价费率的适用及保价费的计算。

按保价运输的货物，除运杂费外，托运人还应缴付保价费。货物保价费的计算式为：

货物保价费=保价金额×该货物所适用的保价费率

其中，保价费率根据《铁路货物运价规则》及其附则等有下列规定：

保价费＝声明的货物实际价格×适用的货物保价率

货物保价费率见表 5-1：

表 5-1　货物保价费率表

保价率	货物品类
1‰	煤、焦炭、金属矿石（放射性矿石除外）、生铁、非金属矿石[云母、石墨、石棉、金刚石（砂）、刚玉、油石除外]、磷矿石、土、沙、石、石灰、泥土、色土、石料、水泥制品、煤矸石、灰渣、矿渣、炉渣、水渣、原木、木材（人造板材、装饰加工板除外）、锯材、板材、方材、枕木、木片、盐、金属制品、金属结构及其构件、钢、铁丝、金属紧固件、农业机具（养蜂器具及农业机械零配件除外）、农副产品（干花朵、花瓣、竹、藤、棕、草、芦苇、树条等类似材料制品、其他农副产品除外）、纸浆、课本、家具、日用杂品、衣箱、冰、水、动植物、残余物、饲料、特定集装化运输工具
2‰	钢锭、钢坯、钢材等及其制品，铁合金、云母、石墨、石棉、金刚石（砂）、刚玉、油石、其他水泥制品、砖管、陶管、缸管、石棉制品、油毡、人造板材、粮食、化学肥料、铸铁管、瓦楞铁、金属接头、弯头、拆解的运输工具、工业机械、农业机械零配件、竹藤、棕草等类似材料制品、其他木材加工地副产品、油料、糖料、烟草、植物种子、实用植物油、其他材料制的衣箱、家具、动物油脂、油渣
3‰	原油、放射性矿石、有色金属粉、石油套管、油管、其他有色金属、石制品、玻璃纤维及其制品、建筑陶瓷、耐火、耐酸制品、玻璃砖、瓦、棉花、化学农药、化工品（爆炸品、放射性物品、压缩气体和液化气体除外）、硫酸、盐酸、硝酸、树脂、塑料及其制品、油漆、涂料、颜料、燃料、金属制品、医疗器械、组成的各种运输工具、仪器、仪表元器件、衡器、量具、通信广播电视设备、洗衣机、其他日用电器、其他农业机具、养蜂器具、蚕、蚕子、蚕茧、干花朵、花瓣、糖料、食品、酱腌菜、调味品及其他食品、其他饮料、其他烟草制品、纺织品、皮革、毛皮及其制品、纸及纸制品、医药品、搬家货物、行李、其他陶瓷制品及日用杂品、蒸馏水、鬃、马尾、茧壳、茧蛹、蚕沙

保价率	货物品类
4‰	汽油、煤油、柴油、重油、润滑油、脂、有色金属及其合金、半导体材料、水泥、仪器仪表、量具、钟表、定时器、食糖、干蔬菜、酒、卷烟、磁带、软磁带、唱片、暖水瓶、保温瓶（胆）、眼镜、陶瓷制的缸、钵、坛、瓦、盆、缸盆及缸砂制品、工艺品、展览品
6‰	爆炸品、放射性物品、压缩气体和液化气体、乐器、特定音像机器、特定调温电器、电子计算机及其外部设备、其他电子（电气）及器材、活禽、鲜冻肉及其部分产品、鲜冻水产品、其他鲜活货物（除盆景、盆花外）、干果、子实、子仁、果核、肉、蛋、奶制品、水产加工品、乐器、玻璃器皿及其他玻璃制品
10‰	活动物（蜜蜂除外）、鲜瓜果、盆景、盆花
15‰	玻璃、蜜蜂

注：1. 保价费率分为五个基本级，两个特定级。一级为1‰、二级为2‰、三级为3‰，四级4‰、五级为6‰、特六级为10‰、特七级为15‰。

2. 集装箱装运的货物及本表所列品名以外的货物，均按3‰计算。

3. 冷藏车装运的需要制冷的货物，按该货物保价费率的50%计费。

4. 超限货物均按该货物的保价费加收50%计费。

货物保价费尾数不足一角时，按四舍五入处理。货物保价费每批的起码金额零担、集装箱为0.5元，整车为2元。例如，某托运人保价运输一批电视机（30台），托运人填写的保价金额为9万元，查货物保价费率表得知，电视机的保价费率为6‰，则保价费为9×6‰=540元。因为保价费与货物的运输距离无直接关系，所以保价运输货物变更到站后，保价运输继续有效，这点与货物运输保险不同，对托运人来讲，保价运输比货物运输保险优惠和方便。保价费率不同的货物做一批托运时，应分项填记品名及保价金额，保价费用分别计算。例如，长沙东站发成都东站豆油2吨、盐25吨，使用一辆50吨棚车装运。托运人要求保价运输，所填保价金额分别为5万元和0.7万元。查得豆油和盐的保价费率分别为2‰和1‰，则这批保价货物的保价费用为170元（5×2‰+0.7×1‰）。保价费率不同的货物合并填记时，适用其中最高的保价费率。例如，长沙北站发柳州南站针织品6件、印刷品10件、服装8件；托运人将上述货物用一个包装，并按总重量托运，托运人填写的保价金额为2 000元，查得针织品和服装的保价费率为3‰，印刷品的保价费率为1‰，则采用其中最高的保价费率3‰计算保价费用，计算结果为6元（2 000×3‰）。以概括名称托运或品名、规格、包装不同，不能在运单内逐一填记的保价货物，托运人须提出"物品清单"。"物品清单"一式三份，加盖车站日期戳后，一份由发站存查，一份随同运输票据递交到站，一份退还托运人。发站受理保价运输时，应按货物运单或物品清单记载，检查托运人填记的货物价格是否清楚、齐全，如认为有必要时，可以要求托运人提出确定价格的有关依据，予以核实。发现保价金额不符或涂改时，须更换"运单"或"物品清单"。货物保价费在货票现付栏内记明，与运费同时核收，分项计算，一次收清，不另起保单。

③ 保价运输的变更或解除。

托运人或收货人由于各种原因，对承运后的运输合同，可按批向货物所在站提出货物运输变更。承运后发送前托运人可向发站提出取消托运，经承运人同意，货物运输合同即告解除，并按规定将运费和保价费退还托运人；货物发送前如发生损失并按有关规定处理时，货物保价费则不再退还托运人。变更收货人和变更到站，托运人或收货人可向货物所在的中途站或到达站提出，由车站受理，但整车货物变更到站，受理站应报主管铁路局同意，托运人或收货人应交纳规定的费用，但保价费不需再次补交，原保价仍继续有效。货物保价费发生补退款时，分别使用"运费杂费收据"和"车站退款证明书"，进行补退。根据铁路运输企业有关规定，承运后的货物进行运输变更，在以下几种情况下承运人不予办理：违反法律、行政法规的规定或者违反物资流向、运输限制的变更；密封运输的变更；变更后的货物运到期限大于货物容许运输期限；变更一批货物的一部分；第二次变更到站。

（三）铁路货物保价运输的损失赔偿

1. 铁路货物保价运输的责任范围

《铁路法》第十七条规定"铁路运输企业应当对承运的货物自接受承运时起到交付时止发生的灭失、短少、变质、污染或者损坏，承担赔偿责任。"这里明确规定了铁路运输企业的法定赔偿责任期限是"自接受承运时起到交付时止"，也就是在此期间内发生的货物灭失、短少、变质、污染或者损坏，铁路运输企业应当承担赔偿责任，法定免责的除外。在接受承运以前或者交付以后发生的货物灭失、短少、变质、污染或者损坏，铁路运输企业不负担赔偿责任。这是因为，货物承运是承运人对托运人要约的货物运输合同的承诺行为。它表明：承运以后，货物运输合同正式成立，承、托运双方必须分别承担合同中规定的、各自的权利和义务。为此，对"承运"这一特定的行为，铁路法规有比较严格的界定，《铁路货物运输规程》第二十条规定：

（1）零担和集装箱运输的货物，由发站接收完毕，整车货物装车完毕，发站在货物运单上加盖车站日期戳时，即为承运。

（2）实行承运前保管的车站，对托运人已全批搬入车站的整车货物，从车站接收完了时起，负承运前保管责任。车站在承运货物时，应将领货凭证及货票丙联交给托运人。托运人应将领货凭证及时交给收货人，凭之向到站联系领取货物。

（3）托运人自行组织装车的货物，在发站接收货物完毕，发站在"货物运单"上加盖车站日期承运戳时为承运。

在上述（2）情形中，货物虽未承运，但考虑到货物实际上已由车站监护的情况，可以认为是货物运输合同的实施时间的延伸。货物交付，是指铁路运输企业将货物交给货物运单上填写的收货人，如果误交给其他人不能算交付，不能免除铁路运输企业的责任。收货人超过规定或约定的期限不领取货物的，也不能算交付，这期间如果发生损失，不能免除铁路运输企业的责任。但是，收货人长时间不领取，到了法律规定的铁路运输企业可以变卖货物的时间，则铁路运输企业的责任就免除了。《铁路法》第二十一条规定："货物到站后，收货人应当按照国务院铁路主管部门规定的期限按时领取，并支付托运人未付或者少付的运费和其他费用；逾期领取的，收货人应当按照规定支付保管费。"《铁路法》第二十二条规定："自铁路运输企业发出领取货物通知之日起满 30 天仍无人领取的货物，或者收货人书面通知铁路运输企业拒绝领取的货物，铁路运输企业应当通知托运人，托运人自接到通知之日起满 30 天未作答复的，由铁路运输企业变卖；所得价款在扣除保管等费用后尚有余款的，应当退还托运人，无法退还的，自变卖之日起 180 天内托运人又未领回的，上缴国库。"有些货物其性质不宜长期保管（如鲜活货物、危险货物等），车站根据货物现状和本站保管条件等情况可缩短通知和处理期限。

2. 铁路货物保价运输的除外责任

《铁路法》第十八条规定，由于下列原因造成的货物、包裹、行李损失的，铁路运输企业不承担赔偿责任：

（1）不可抗力。

（2）货物或者包裹、行李中的物品本身的自然属性或者合理损耗。

（3）托运人、收货人或旅客的过错。

其中，不可抗力主要是指自然灾害（风灾、水灾、雹灾、地震等）、战争和铁路等没有过失而又不能防止的外因。托运人、收货人的过错主要表现在以下几方面：

① 托运人自装车的货物，加固材料不符合承运人规定的条件，或违反装载规定，交接时无法发现的。

② 押运人未采取保证货物安全措施的。

③ 托运人托运需要包装的货物，没有按照国家包装标准或者行业包装标准包装的。

④ 托运人自装车的货车，向收货人交接时，货车施封良好，车体门窗无异状，车内货物发生短少的。

必须指出的是，铁路保价运输是铁路货物运输合同的组成部分，货物保价运输的责任必须与铁路运输合同的责任相一致，不能随意扩大或缩小。例如不能将保价的责任期限扩大到承运之前或交付之后，或将不可抗力纳入保价责任，同时也不能缩小免责的范围。

3. 铁路货物保价运输赔偿的办理

根据《铁路法》《合同法》《铁路货物运输规程》及国家有关政策法规，货主的货物在铁路运输过程中，一旦发生灭失、短少、变质、污染或损坏，属铁路运输企业责任的，其赔偿事宜主要表现为以下几方面内容：

（1）铁路货物运输损失赔偿的有关规定。

① 办理了保价运输的，按照实际损失赔偿。全批货物损失时，最高不超过保价金额；一部分损失时，按损失货物占全批货物的比例乘以保价金额来赔偿。

② 未保价运输的，实行限额赔偿。具体规定为：不按件数，只按重量承运的货物，每吨最高赔偿 100 元；按件数和按重量承运的货物，每吨最高赔偿 2 000 元；个人托运的搬家货物、行李 10 千克最高赔偿 30 元。实际损失低于赔偿限额的，按照实际损失赔偿。

③ 办理了货物运输保险的，由保险公司按照保险合同的约定承担赔偿责任。具体表现为：

铁路运输企业责任造成保险货物损失的，保险公司依照保险合同的约定，向投保人赔付，然后另向铁路运输企业追偿。

追偿分两种情况：

a. 一种是铁路运输企业应按限额承担赔偿责任的，在足额保险的情况下，保险公司向铁路运输企业的追偿款，为铁路运输企业的赔偿限额；在不足额保险的情况下，保险公司的追偿款为保险公司按规定支付给投保人的保险金额，保险金额大于限额时，最高不得高于赔偿，保险金额小于限额时，其差额由铁路运输企业另行赔付。

b. 如果货物损失是因铁路运输企业的重大过失或故意行为造成的，足额投保时，铁路支付保险公司追赔款；在不足额投保时，铁路支付保险公司追赔款的同时，对实际损失与保险金额的差额部分，由铁路运输企业另行赔付。

（2）提赔人要求赔偿的有效期限。

由于铁路运输企业责任，发生保价运输货物损失时，托运人、收货人向承运人要求赔偿的有效期限为 180 天。有效期限由下列日期起算：货物灭失、损坏为承运人交给货主货运记录的次日；货物全部灭失，未编有货运记录的，为运到期限期满的第 31 天。

（3）提赔人要求赔偿的程序。

托运人、收货人向承运人要求赔偿损失时，到车站货运安全室办理。具体手续是：应按批向到站（发站）提出，填写完整符合规定的"赔偿要求书"（"赔偿要求书"格式由车站提供）并附货物运单、货运记录和有关证明文件（如发票、货票丙联、装箱单、鉴定书等），货物全部灭失时，提出领货凭证，按保价运输的个人物品，亦同时提出盖有发站日期戳的物品清单。填写"赔偿要求书"时，"提赔单位名称或姓名"栏须是货物运单上收货人（或托运人）的名簿；"详细通信地址"栏除填通信地址外，还须有邮编和电话号码；"希望领款地点或结算的银行名称与账号"栏要填写赔偿要求人（或称提赔人）的开户银行名称的全称和账号。

车站审核赔偿要求人的权利、有效期限、"赔偿要求书"内容及规定的证明文件无误后，在"赔偿要求书"上加盖车站公章或货运事故处理专用章，交给赔偿要求人。铁路内部将以最快速度做后续工作。

（4）铁路赔偿的处理及时效规定。

① 对确属铁路责任的保价货运事故，托运人或收货人可以向到站，也可以向发站提出赔偿要求，处理单位应贯彻"先赔付，后划分内部责任"的原则，及时受理赔偿要求，不得拒绝或相互推诿。

② 赔偿额在 5 000 元以下的，由车站（非决算单位的车站由车务段）审核赔偿；赔偿额超过 5 000 元的由铁路局审核赔偿。

③ 办理赔偿的最长期限是：自车站接受"赔偿要求书"的次日起至填发"货运事故赔款通知"时止，款额在 5 000 元及以下的为 10 天；款额超过 5 000 元未满 5 万元的为 20 天；款额为万元及以上的为 30 天。

（5）保价货物运输赔偿纠纷的解决。

对托运人或收货人所提出的赔偿要求，承运人要进行审理，审理也是一种履行货物运输合同的法律行为，但审理时间不能超出上述办理赔偿的期限。

提赔人收到承运人的答复后，如对承运人的审理结果有不同意见，必须在收到该答复的次日起 60 天内提出异议。超过该期限，承运人不再受理重新提出的赔偿要求。仲裁机关或人民法院都将同样不予受理，均视作提赔人已经默认，即该项合同纠纷已经完结。

提赔人可以有三种方法表达异议；

① 根据承运人拒赔理由，重新收集证据或准备理由再次提出赔偿要求。

② 向仲裁机构申请仲裁。

③ 直接向人民法院起诉。

无论是仲裁还是诉讼，必须在时效期限内提出，时效届满即无权再提起诉讼和仲裁。《中华人民共和国仲裁法》（下称《仲裁法》）规定，法律对仲裁时效有规定的，适用该规定，法律对仲裁时效没有规定的，适用诉讼时效的规定。《民法通则》规定，向人民法院请求保护民事权利的诉讼时效期间为2年，法律另有规定的除外。

铁路保价运输合同诉讼的管辖权属于铁路运输法院，由货物到站或发站所在地的铁路运输法院管辖。

复习思考题

一、填空题

1. 在承运人将货物交付收货人之前，托运人或收货人有权要求承运人_____、返还货物、_____或者将货物_____。

2. 铁路整车货物_____前，零担和集装箱货物_____前，经承运人同意，托运人可以提出取消运输，解除运输合同。

3. 承运人和托运人或收货人双方彼此之间要求赔偿的时效为_____日。

4. 铁路运输货物未能在约定或者合理期间交付，逾期_____日，视为灭失。

5. 铁路运输合同根据其内容可以分为_____、_____、_____、_____。

6. 行李应随人走，凭客票托运，在变更到站时，仅限办理、_____和_____。

7. 行李、包裹在发站办完托运手续至_____前，旅客或托运人可要求取消托运。

8. 行李、包裹装运后，旅客、托运人或收货人要求变更运输时，只能在_____、_____、_____提出。

9. 铁路货物运输合同根据其运输方式的不同，可以分为_____、_____和_____三种。

10. 托运人与收货人的责任可归纳为三个方面：_____、_____及_____等方面的责任。

二、单选题

1. 不属于铁路包裹运输合同主体的是（　　）。

　　A. 承运人　　　　B. 运输工具　　　　C. 托运人　　　　D. 收货人

2. 下列情况，（　　）属于国家铁路运输企业行使法律、法规授予的行政管理职能。

　　A. 货物运输　　　B. 旅客运输　　　　C. 行包运输　　　　D. 运输安全检查

3. 铁路行李运输合同的客体是（　　）。

　　A. 行李　　　　　B. 运输工具　　　　C. 运输劳务行为　　　D. 智力成果

4. 下列情况不属于铁路免责范围的是（　　）。

　　A. 地震造成旅客人身伤亡

　　B. 按包裹运输的鲜菜因水分消耗而减量

C. 行李运输中丢失

D. 包装有缺陷，无法从外观发现，造成货物损坏

5. （　　　　）不属于铁路货物运输合同的必备内容。

A. 托运人和收货人的名称　　　　　　B. 始发地点和目的地点

C. 货物名称　　　　　　　　　　　　D. 货物产地

6. 货物运单合同成立的时间为（　　　　）。

A. 托运人提交运单后

B. 托运人提交货物后

C. 收货人领取货物后

D. 承运人接收货物完毕，并在运单上加盖承运日期戳或签字盖章后

7. 承运中货物发生损失，向铁路运输企业要求赔偿的时效期间为（　　　）日。

A. 30　　　　　　　　B. 60　　　　　　　　C. 180　　　　　　　　D. 365

8. 下列情况中，（　　　　）不能办理货物运输合同的变更和解除。

A. 由于不可抗力使运输合同无法履行　　B. 合同当事人双方协商同意

C. 变更一张货物运单中的部分货物　　　D. 在到达站变更新到达站

9. 对承运后的铁路货物运输合同，托运人或收货人可按批向（　　　　）提出变更到站、变更收货人。

A. 发站　　　　　　　　　　　　　　B. 发站或到站

C. 运输途经的任何中途站　　　　　　D. 货物所在的中途站或到站

10. 下列情况中，（　　　　）承运人不负赔偿责任。

A. 易腐货物逾期运到而变质

B. 交通事故致使货物毁损

C. 货物丢失

D. 货物包装内在缺陷，承运时无法从外部发现，造成货物受损

11. 由于（　　　　），造成承运人或第三人损失（如运输工具、机械设备或其他货物损失等）的，应由托运人向承运人或受损害的第三人承担赔偿责任。

A. 水灾致使运输工具和所装载货物被水冲毁

B. 承运人堆码不当，货物从高处跌落，将下面的货物砸坏

C. 在普通货物中夹带危险货物，运输途中发生燃烧，致使周围货物被烧坏

D. 铁路运输承运人违反货车编组隔离要求，运输途中发生火灾，货物和货车被毁

12. 铁路旅客运输合同自（　　　　）时起生效。

A. 旅客购买车票　　　　　　　　　　B. 旅客持有效车票进站

C. 旅客持有效车票上车　　　　　　　D. 旅客持有效车票候车

三、多选题

1. 下列哪些是承运人的法定义务？（　　　　）

A. 告知义务身份　　　B. 鉴定义务　　　C. 救助义务　　　　D. 安全运送义务

2. 承运人迟延运输的，应当根据旅客的要求（　　　　）。

A. 安排改乘其他班次　　B. 变更运输路线　C. 变更到达目的地　　D. 退票

3. 铁路运输企业对旅客运送的责任期间到（　　　）时止。

    A. 旅客出站　　　　　B. 旅客下车　　　C. 旅客上车　　　　　D. 旅客应当出站

4. 下列哪些情况承运人不负损害赔偿责任？（　　　）

    A. 旅客身患疾病造成伤亡　　　　　B. 紧急刹车时旅客未坐稳导致身体受伤

    C. 旅客跳车造成伤亡　　　　　D. 行车事故造成旅客伤亡

四、简答题

1. 铁路旅客运输合同中，旅客的权利和义务主要有哪些？

2. 铁路包裹运输合同中，承运人的权利和义务主要有哪些？

3. 铁路货物运输合同变更和解除的条件各是什么？

五、案例分析题

1. 一旅客购买了火车票后，在候车时，被座位上方旋落的吊扇砸成重伤。该旅客向铁路运输企业索赔时，遭到拒绝。铁路运输企业工作人员认为：该旅客虽然购买了车票，铁路旅客运输合同已成立，但未经检票，合同并未生效，因此铁路运输企业不用承担赔偿责任。试分析铁路运输企业工作人员的观点是否符合法律规定。

2. 一旅客持有效票加剪进站后，因乘车心切，在站台上突发脑出血，跌倒摔伤。该旅客声称：因其持有有效车票，是在站内摔伤的，此时旅客运输合同已生效，铁路运输企业应当承担赔偿责任。试分析该旅客的要求是否符合法律规定。

3. 一老年旅客检票进站后，在站台上被拥挤的旅客撞倒，摔断了一条腿，混乱中未能指认出将其撞倒的人。该老年旅客遂要求铁路运输企业对其损伤负责赔偿。试分析该老年旅客的要求是否符合法律规定。

4. 雨季期间，一旅客列车在区间运行时突遇洪水，数节车厢颠覆，造成一中年旅客重伤。该中年旅客要求铁路运输企业对其所受伤害承担赔偿责任。根据法律、法规的规定，分析说明该旅客的要求是否合适。

5. 按包裹运输的水果，途中由于水分蒸发、干耗，到站检斤时，包装完好无异状，重量在规定范围内略有减少，铁路运输企业应承担赔偿责任。根据法律、法规的规定，分析说明以上观点是否正确。

6. 一件包裹内有 20 瓶玻璃瓶装的制剂，外为纸箱密封包装。铁路车站卸车时发现纸箱有湿痕，开箱检查，见其中大部分玻璃瓶已碎，制剂流失。经鉴定，原因为纸箱内隔离纸板和内衬纸屑不合要求，未能起到稳定和减震的作用，造成玻璃瓶受挤压、震动而碎裂。根据法律规定，分析铁路运输企业是否应承担赔偿责任。

7. 因钢轨折断，旅客列车出轨，行李车内一批行李被损坏。因行李损坏是行车意外事故造成的，铁路运输企业不负赔偿责任。根据法律、法规的规定，分析说明以上观点是否正确。

8. 一批品牌、规格相同的灯具 800 件，每件 10 千克，每件实际价值 230 元，托运人用 20 ft 通用集装箱装运。铁路在装卸过程中，因司索工转向控制不稳（铁路运输企业一般过失），造成箱体碰撞，经查有 40 件灯具震碎报废。试分析下列问题，并说明依据。

（1）如该批灯具未保价，铁路运输企业应赔偿多少元？

（2）如全批保价 160 000 元，铁路运输企业应当赔偿多少元？

9. 一批品牌、规格相同的组合音响 10 件，每件 20 千克按包裹托运，每件实际价值 2 000元。运输中，因路边岩石松动坠落在轨道上（铁路运输企业一般过失），司机发现后，将列车制动，有6件组合音响倒塌损坏报废。试分析下列问题，并说明依据。

（1）如该批组合音响未保价，铁路运输企业应赔偿多少元？

（2）如全批保价10 000元，铁路运输企业应赔偿多少元？

第六章 运输纠纷的解决

【学习目的】运输经济活动中纠纷是难以避免的,为了防范纠纷出现和在纠纷发生后能够采取合理合法的方式应对,就必须学习和应用运输纠纷的解决方法。本章要求学生了解运输纠纷的概念、运输纠纷协商解决,掌握运输纠纷的调解、运输仲裁解决、运输诉讼解决。

第一节 运输纠纷的协商解决与调解解决

 案例导入

山西省大同铁路运输法院在审理徐某与中铁快运股份有限公司大同站营业部铁路运输合同纠纷一案中,承办法官运用调解"三法",使该案以不到 15 天的时间调解结案。2008 年 8 月 31 日,原告徐某在被告中铁快运处托运的包裹丢失,双方各自坚持自己的理由,长达半年时间都无法解决矛盾。2009 年 5 月,原告诉至法院,请求判令被告赔偿其损失。承办法官敏锐把握争议焦点,注重情、理、法结合、采取"调解三法":一是注重调解技巧。针对当事人态度强硬的情况,承办法官采取"各个击破"的策略,分别做当事人的工作,和中铁快运的相关负责人谈诚信、谈市场、讲道理,和徐某谈面子、谈大局、讲法理。二是营造和谐沟通氛围。将当事人安排到法院调解室,给当事人端上茶水、摆上果品,使双方在宁静祥和的氛围内和谐沟通。三是注重释法说理。针对当事人提出的问题和困难,承办法官采取"摆事实、讲道理"的策略,将专业法律条文转换成浅显易懂的通俗话语。承办法官耐心细致的工作,最终促使当事人双方达成和解协议。原告递交撤诉申请,使案件在短短半个月内便得到圆满解决,切实维护了当事人的合法权益,收到了良好的社会和法律效果。

一、运输纠纷的概念

运输纠纷是指交通运输法律关系主体之间因经济权利和经济义务的实现而产生的争议。随着我国社会主义市场经济的不断发展,各社会组织之间的经济联系也日益扩大和深化。运输经营活动中,由于各交通运输法律关系主体处于不同的地位、有着不同的利益,以及受各种客观因素的影响,在交通运输活动的各种交往和协作中不可避免地会发生大量的矛盾和纠纷,尤其是因运输合同产生的纠纷,更是占有主要地位。如何处理这些有碍于社会主义市场经济发展的运输纠纷，是一个十分重要的问题。根据有关法律的规定以及近年来的司法实践，一般运输纠纷可以通过协商和解、有权机关进行调解（包括民间调解、行政调解、仲裁调解和法院调解）的方式得到解决。但大多数运输纠纷需要通过仲裁、行政复议、诉讼的方式加以解决。

二、运输纠纷的协商解决

运输纠纷的协商解决是指运输纠纷发生后，当事人双方在自愿平等的基础上，本着互谅互让的精神依照法律的规定进行协商和解，自行解决运输纠纷的一种方法。通过协商和解解决运输纠纷，不必经过第三者，既可以免伤和气，避免事态扩大，又可以节约时间、精力和费用，同时也有利于双方当事人继续保持经济合作关系。需要注意的是，通过自行协商解决运输纠纷时，当事人必须遵守法律、法规的规定，同时不得损害国家利益和社会公共利益。

【案例 6.1】2007 年 2 月 28 日，甲方（某机电有限公司）与乙方（某铁路运输有限公司）签订技术合作协议，并于 2007 年 3 月 3 日签订补充协议。根据协议约定甲方向乙方提供 2 台机器设备，供乙方使用，所有权归甲方。乙方每年以现金方式向甲方支付回报款，半年结算一次。甲方按照协议约定将设备交付乙方使用，但乙方未按照协议约定支付回报款。经过甲方多次催讨，乙方仍然不支付。无奈，甲方只好委托律师进行处理。

【法理分析】

[调查经过]接受甲方委托的律师到工商部门进行了调查，经过调查了解案件事实。

[办理结果]律师经过发律师函，多次和乙方谈判协商。双方最终通过协商，以协议解决了纠纷。由乙方归还甲方设备。

[办案心得]律师解决经济纠纷的方式可以是诉讼，也可以是协商。在商品经济社会中，交易行为空前频繁，合同纠纷也相应增多。出现了纠纷，能够协商解决最好，不能协商解决的，最好及时委托律师介入，最大化地维护自己的权益。

三、运输纠纷的调解解决

运输纠纷的调解，是指在第三者的参加下，在查清事实、分清是非、明确责任的基础上，使运输纠纷的双方当事人以互谅互让的精神，依法处理运输纠纷的一种方式。这种解决运输纠纷的方式，在我国被广泛运用，如业务主管机关对所属单位运输纠纷的调解；仲裁机关和人民法院在处理运输纠纷时也重调解，只有在调解无效后，才依法进行仲裁或者司法裁决。运输纠纷的调解，按其性质可以分为两类：

一类是审判上的调解，即在人民法院的主持下所进行的调解，又称为人民法院调解。《中华人民共和国民事诉讼法》（下称《民事诉讼法》）把人民法院调解用法律的形式规定下来，并着重把调解确定为一项基本制度。我国司法实践表明：人民法院受理的运输纠纷案件，调解结案的占85%左右。

【案例 6.2】原告某物流服务部专门从事物流运输行业，2016 年 1 月至 2017 年 11 月，与被告黄某建立运输合同关系，并按被告黄某要求，多次为其从广州运输家具至贵阳市白云区，被告部分运输费用未支付。经双方结算后，被告向原告出具欠条，载明欠原告运输费用 47 470 元。出具欠条后，原告多次催收欠款，被告均以各种理由拒绝，故原告起诉至法院。

承办法官接到案件卷宗后，仔细查看了原告提交的相关证据，随即联系被告。电话中，承办法官分析当事人之间经济纠纷存在的利害关系，动员并说服被告年后来庭调解。

调解过程中，因涉案金额不大，且原告主动放弃利息诉求。在法官的说理析法下，被告主动当场兑付。本案案结事了，当事人向法官表达了谢意。

另一类是审判外的调解，也就是在有关机关主持下进行的调解，又可分为在业务主管机关主持下进行的调解和在仲裁机关主持下进行的调解。在业务主管机关主持下进行的调解，亦称一般调解，这种调解比较简便灵活，不受法律程序的约束，但调解不成时或者达成调解协议后又翻悔的，业务主管机关无权仲裁，只能由发生纠纷的当事人向仲裁机关申请仲裁，或向人民法院提起诉讼。在仲裁机关主持下所进行的调解，称为行政调解。由于仲裁机关是行政执法机关，它作的调解是仲裁程序的调解，与人民法院调解不同。仲裁机关在受理案件时，应当先行调解。可见，调解是仲裁的必经程序，未经调解不能直接裁决。但对于人民法院来说，虽然强调调解的重要性，但调解并不是诉讼的必经程序。然而，不管是哪种形式的调解，只要是在双方自愿的情况下依法达成调解协议的，在调解书送达后即发生法律效力。

【案例 6.3】那隆至合卢公路建设项目的工人与承包商产生纠纷，江州区交通运输局了解到相关情况后，立即召集双方到该局进行交谈。经了解，纠纷原因是承包商未及时提供施工材料导致工人被迫停止施工，工人要求承包商供应施工材料，并补偿停止施工期间的伙食费。该局工作人员积极展开协调工作，促使双方达成和解并签订调解协议书。同时对协议履行情况进行监督检查，形成长效督查跟踪问效机制，保障工人权利，确保建设项目顺利完工。

第二节　运输纠纷的仲裁解决

案例导入

鞍山钢铁集团公司铁路运输公司与胜利石油管理局动力机械厂工矿产品购销合同纠纷一案，2001 年 12 月 21 日东营仲裁委员会作出〔2001〕东仲裁字第 039 裁决书。鞍山钢铁集团公司铁路运输公司不服仲裁裁决，2002 年 3 月 8 日向东营市中级人民法院提交撤销仲裁裁决申请。申请人鞍山钢铁集团公司铁路运输公司的申请理由：胜利石油管理局动力机械厂与我方工矿产品购销合同纠纷一案，东营仲裁委员会 2001 年 12 月 21 日开庭进行了审理，2001 年 12 月 30 日送达裁决书。事后了解，仲裁员金某现工作单位为胜利石油管

一、仲裁的概念

仲裁，是指在运输经营活动过程中，对经济关系有争议的当事人双方自愿共同将争议交由第三者居中裁决的一种处理纠纷的方法。在我国仲裁分为国内经济仲裁、涉外经济仲裁和海事仲裁。随着我国市场经济的发展和对外开放的深入，仲裁已经日益活跃，成为解决运输纠纷的重要方式之一。经济仲裁主要用于解决国家机关、企业组织、社会团体等单位在经济活动中所发生的各种经济纠纷案件，其范围非常广泛，例如货物买卖、财产租赁、工程承包、加工承揽、技术转让、合资经营、合作经营、铁路和公路的客货运输、涉外运输、房地产、投资、专利、商标、著作权等方面合同的纠纷以及涉及产品责任、证券期货、环境污染等方面的侵权纠纷等。但是下面两种情况不允许进行仲裁：（1）婚姻、收养、监护、扶养、继承纠纷；（2）依法应当由行政机关处理的行政争议。

二、仲裁委员会

仲裁委员会是依法行使法律赋予的仲裁权的国内仲裁机构，国内运输纠纷的仲裁由它受理。仲裁委员会可以在直辖市和省、自治区人民政府所在地的市设立，也可以根据需要在其他设区的市设立，不按行政区划层层设立。仲裁委员会由上述规定的市的人民政府组织有关部门和商会统一组建。设立仲裁委员会，应当经省、自治区、直辖市的司法行政部门登记。仲裁委员会应当具备以下四个条件：① 有自己的名称、住所和章程；② 有必要的财产；③ 有该委员会的组成人员；④ 有聘任的仲裁员。仲裁委员会由主任 1 人、副主任 2～4 人和委员 7～11 人组成。主任、副主任和委员由法律、经济贸易专家和有实际工作经验的人员担任。仲裁委员会的组成人员中，法律、经济贸易专家不得少于 2/3。仲裁委员会应从公道正派的人员中聘任仲裁员。仲裁委员会按照不同专业设仲裁员名册。仲裁员应当符合下列条件之一：① 从事仲裁工作满 8 年的；② 从事律师工作满 8 年的；③ 曾任审判员满 8 年的；④ 从事法律研究、教学工作并具有高级职称的；⑤ 具有法律知识、从事经济贸易等专业工作并且有高级职称或者具有同等专业水平的。

【案例 6.4】某房屋所者人王甲与前妻生有一女王乙。前妻去世后，王甲又与张丙结婚，生有王丁、王戊二个子女。后来王甲购买了他现居住的位于某市某路 250 号的房屋，并进行翻建。王乙婚后与丈夫自购房另住。王甲去世后，张丙、王丁、王戊仍住在原房，后因王戊拟将该处房屋中的一间作为婚房，受到王丁的阻挠，双方发生争执，王戊向某市仲裁委员会申请仲裁。仲裁委员会经审理认定，对该案不予受理。问：仲裁委员会不予受理该案是否正确？

【法理分析】仲裁委员会不予受理该案是正确的。本案中双方当事人争执的房屋系遗产，即本案是一起因遗产继承而引起的民事纠纷。我国《仲裁法》第二条对仲裁机构的仲裁范围作出了规定，即"平等主体的公民、法人和其他组织之间发生的合同纠纷和其他财产权益纠纷，可以仲裁"。这里的"合同纠纷"不仅指合同法所包括的合同，而且包括《民法通则》《铁路法》《中华人民共和国海商法》《中华人民共和国商标法》《中华人民共和国专利法》《著作权法》等法律所规定的合同。"其他财产权益纠纷"主要指侵权纠纷，如海事侵权纠纷。《仲裁法》第三条还明确规定出不允许进行仲裁的范围：（1）婚姻、收养、监护、扶养、继承纠纷；（2）依法应当由行政机关处理的行政争议。在本案中，案件各方当事人是因继承遗产而产生的纠纷，根据《仲裁法》的规定继承纠纷不属于仲裁范围，所以仲裁委员会作出的不予受理的决定是正确的。

三、仲裁的特点

仲裁既不同于解决同类争议的司法、行政途径，也不同于当事人的自行和解，仲裁作为一种解决合同纠纷和其他财产权益纠纷的民间性裁判制度，具有以下特点：

1．自愿性

仲裁是以当事人双方自愿要求仲裁为前提，当事人一方或双方不同意提交仲裁，仲裁机构无权对此进行仲裁。也就是说当事人之间的纠纷，是否将其提交仲裁、仲裁庭的组成人员如何产生、仲裁适用何种程序规则，都是在当事人自愿的基础上，由当事人协商确定的，故仲裁能充分体现当事人意思自治的原则。当事人双方自愿仲裁的意思表示，既可以表现在双方所签订的合同条款，即仲裁条款中，也可以表现在运输纠纷发生后，达成有关解决纠纷的仲裁协议中。仲裁协议的有无，是仲裁机构决定是否受理当事人仲裁申请的重要依据之一。

2．第三者行为性

这是仲裁与协商解决运输纠纷的不同之处。虽然协商也是争议双方在自愿的基础上达成互相谅解的新协议以解决运输纠纷，但协商不是第三者的行为。而仲裁是当事人双方以外的第三者的行为。没有第三者的居中调解，也就无所谓仲裁。

3．经济性

仲裁是一裁终局，而且仲裁程序灵活简便。相对于诉讼，仲裁节约了相应的上诉费用和律师费用。

4．快捷性

仲裁审理的期限比较短。如根据《北京仲裁委员会仲裁规则》，国内案件普通程序是自组庭之日起 4 个月内审结；简易程序是自组庭之日起 75 日内审结。因此，仲裁有利于当事人之间纠纷地迅速解决。

5. 保密性

仲裁以不公开审理为原则。不公开审理指案件开庭不允许除仲裁参与人以外的其他人旁听。在这种情况下当事人的商业贸易活动不会因此而泄露。同时，双方当事人之间比较和谐融洽，通常不会产生激烈对抗，容易通过调解或和解较好地解决纠纷。

6. 独立性

《仲裁法》第八条规定，仲裁独立进行，不受任何机关、社会团体和个人的干涉。首先，在仲裁机构的设置上，仲裁委员会独立于行政机关，与行政机关没有任何隶属关系，这就保证了仲裁机构的超脱和独立。其次，仲裁员是从法律和经济贸易领域的专家、学者中选聘，仲裁员与仲裁机构之间没有隶属关系。最后，仲裁裁决由仲裁庭独立作出，仲裁裁决的权力和由此产生的责任全部统一于仲裁庭。这种机制有效地避免了长官意志和行政干预，使仲裁庭在没有任何外界干扰的情况下，依据事实和法律独立地仲裁裁决。

7. 法律强制性

这是仲裁与调解的不同之处。调解虽也有第三者参加，但第三者是以调解员的身份参加，而不是以仲裁员的身份参加，而且调解达成的协议不具有强制性。仲裁机构的裁决具有法律效力，对双方当事人都有约束力，当事人应当履行裁决。一方当事人不履行的，另一方当事人可以依照《中华人民共和国民事诉讼法》的有关规定向人民法院申请执行，受申请的人民法院应当执行。

四、仲裁的基本原则

仲裁的基本原则，是指我国仲裁机构受理、审理、裁决运输纠纷时所应遵循的原则。这些原则是：

1. 独立仲裁原则

仲裁机构在处理运输纠纷时，依法独立进行仲裁，不受行政机关、社会团体和个人的干涉。仲裁实行级别管辖和地域管辖，仲裁委员会相互间无隶属关系。仲裁机构独立于行政机关，与行政机关没有隶属关系，各自独立地对运输纠纷进行仲裁且超脱于双方当事人，与任何一方当事人均无利害关系，不受任何一方的不当影响，严格依照事实和法律独立地对运输纠纷进行审理，作出公正的裁决，以保护当事人的正当权益。

2. 自愿原则

自愿原则是仲裁制度中应予贯彻的一个基本原则。在仲裁中，自愿原则的主要含义是充分尊重当事人的约定，其体现在许多方面：是否采取仲裁的方式解决彼此间的运输纠纷，选择哪一个仲裁机构进行仲裁，是否采取独任仲裁庭，在涉外经济仲裁中适用的法律。在仲裁进行过程中，当事人可以自行和解。达成和解协议的，可以请求仲裁庭根据和解协议做出裁决书，也可以撤回仲裁申请。当事人达成和解协议，撤回仲裁申请后反悔的，可以根据仲裁协议申请仲裁。在仲裁庭做出裁决前，当事人自愿调解的，仲裁庭应当调解。

3. 一裁终局制原则

仲裁实行一裁终局的制度。所谓一裁终局，是指当事人将争议提交某一仲裁委员会，依法做出调解或裁决后，案件即告终结，当事人应当履行，而不得再向其他仲裁委员会申请仲裁，也不得再向人民法院起诉。裁决作出后，当事人就同一纠纷再申请仲裁或者向人民法院起诉的，仲裁委员会或者人民法院不予受理。但是，如果裁决被人民法院依法裁定撤销或者不予执行，当事人就该纠纷可以根据双方重新达成的仲裁协议申请仲裁，也可以向人民法院起诉。一裁终局是仲裁法的重要原则，这一原则不仅赋予仲裁裁决有效性和权威性，同时也为快捷地处理当事人间的纠纷提供了保证，免除了程序繁琐、费时费力等弊端。

五、运输纠纷的仲裁协议

仲裁协议是指运输活动当事人在运输合同中订立的仲裁条款和以其他书面方式在纠纷发生前或者纠纷发生后达成的请求仲裁的协议，它是当事人向仲裁委员会申请仲裁的客观依据。

(一) 仲裁协议的订立方式

1. 合同中的仲裁条款

当事人在订立的合同中有很多条款，这些条款共同组成一个合同或数个合同，其中一个或若干个条款用来阐明当事人仲裁的意思表示，该条款即为仲裁条款。当事人在合同订立后通过补充合同、协议、备忘录等形式来修改或添加有关仲裁意思表示的条款，也视为合同中的仲裁条款。在合同中订立仲裁条款是当事人经常采用的方式，它主要适用于合同争议尚未发生，而当事人事先设置以仲裁方式解决将来可能发生争议的机制。

2. 提交仲裁的协议

提交仲裁的协议是指在争议发生后，当事人之间由于没有仲裁条款，为了通过仲裁的方式解决已经存在的争议而单独订立的协议。由于发生争议后，当事人双方有利害关系，有的甚至情绪对立，订立单独的仲裁协议是比较困难的。但考虑到仲裁的优势和特点，为了避免到对方的国家法院或地方法院进行诉讼，当事人事后提交仲裁协议的在现实中也时有发生。

(二) 仲裁协议的内容

有效的仲裁协议应包括请求仲裁的意思表示、仲裁的事项、选定的仲裁机构三方面内容。

1. 请求仲裁的意思表示

在仲裁协议中，当事人应当明确表示愿意将运输纠纷提交仲裁机构解决。不要既选择仲裁，又选择向法院起诉。

2. 仲裁事项

双方当事人应共同协商确定提交仲裁的运输纠纷的范围，仲裁协议中规定的仲裁事项仲裁机构才能受理；此外，法律规定不属于仲裁管辖范围的纠纷，不要约定通过仲裁方式来解决争议，即使约定也是无效的。

3. 选定的仲裁机构

仲裁协议应明确约定仲裁事项由哪个仲裁机构进行仲裁，同时仲裁机构的名称一定要明确具体，否则仲裁协议无效。

仲裁协议是指当事人愿意将他们之间已经发生的或者可能发生的经济纠纷提交仲裁的协议。仲裁协议是仲裁的基石，是当事人的行为准则，甚至整个仲裁体系都是建立在仲裁协议的基础之上的，其意义非常重大。

仲裁申请书范本

申请人：××市钢窗厂。住所地：××市××区××××大街××号。

法定代表人：张××，厂长，电话：××××××。

委托代理人：王××，××市××律师事务所。

被申请人：××省××市××房地产开发公司。

法定代表人：李××，经理。

案由：购销合同纠纷。

仲裁要求：

一、立即支付货款×××元。

二、赔偿损失费×××元。

事实与理由：

20××年13月2日，被申请人××省××市房地产开发公司与我厂在××市签订销合同一份，采购我厂生产的钢窗××××副。合同对钢窗的质料、规格、数量和单价都作了明确约定，交货日期为20××年×月份。我厂按期向被申请人交付了钢窗并经过合格验收，但对方却迟迟不支付货款，后又称有部分钢窗不符合市场需求的变化，公司资金紧张，一时难于支付货款。由于××房地产开发公司违约拒不支付货款，我厂几次到××省××市往返交涉，给我厂造成了很大的经济损失。

由于上述情况，根据原合同中约定的仲裁条款，特申请××仲裁机构予以仲裁。

此致

××仲裁委员会

申诉人：××市钢窗厂

20××年××月××日

附：1. 本仲裁申请书副本1份

2. 证据目录和主要证据复印件2份

（三）仲裁协议的效力

仲裁协议依效力不同可以分为有效的仲裁协议、有缺陷的仲裁协议和无效的仲裁协议。有效的仲裁协议排除法院的管辖权，无效的仲裁协议不妨碍法院对仲裁协议项下的争议行使司法管辖权。对于有缺陷的仲裁协议，当事人可以对有缺陷的部分进行弥补，使有缺陷的仲裁协议成为有效的仲裁协议；如果当事人不能共同弥补有缺陷的部分，则有可能使当事人的仲裁协议成为不能实施的或无效的仲裁协议。

1．有效的仲裁协议

一般而言只要当事人有民事行为能力，意思表示真实，而且仲裁协议的形式和内容符合上述的有关规定，那么这个仲裁协议就是有效的，就可以作为提起仲裁的依据。

2．有缺陷的仲裁协议

有缺陷的仲裁协议是指当事人约定事项不清楚，或者缺乏仲裁协议内容三要件中的某些要件。《仲裁法》第十八条规定："仲裁协议对仲裁事项或者仲裁委员会没有约定或者约定不明确的，当事人可以补充协议；达不成补充协议的，仲裁协议无效。"如果当事人的仲裁意愿有缺陷，而当事人事后也不能弥补这一缺陷，仲裁协议无效。所以有缺陷的仲裁协议在当事人采取措施予以弥补之前，其效力处于待定状态。如果当事人能够弥补其缺陷，则仲裁协议有效，如果当事人在提起法律程序并由有关机关就仲裁协议效力作出决定之前，还不能就有缺陷的部分做出弥补，则仲裁协议无效。

3．无效的仲裁协议

签订仲裁协议的行为属于民事法律行为，必须符合民事法律行为的条件方为有效。虽然订立仲裁协议是当事人之间的合意行为，但各国法律对于仲裁协议的效力都或多或少地设定了强制性规范，违反了这些强制性规范的仲裁协议，在法律上是无效的。对于无效的仲裁协议项下的争议，法院有权受理和审理。根据我国《仲裁法》的规定，当事人之间订立的仲裁协议在下列情况下无效：

（1）以口头方式订立的仲裁协议无效。仲裁协议必须以书面的方式订立，口头订立的仲裁协议不受法律保护。

（2）将不可仲裁的事项提交仲裁的，仲裁协议无效。《仲裁法》第三条规定，婚姻、收养、监护、扶养、继承纠纷和依法应当由行政机关处理的行政争议，不能交付仲裁，只能向人民法院起诉。

（3）无行为能力人或限制行为能力人订立的仲裁协议无效。合同可能是无效的合同，但其中仲裁条款的有效性不受主合同无效的影响。

（4）通过胁迫手段订立的仲裁协议无效。

（5）仲裁事项未约定或约定不明确，当事人不能达成补充协议明确仲裁事项的，仲裁协议无效。

（6）仲裁机构未约定或约定不明确，当事人不能达成补充协议明确仲裁机构的，仲裁协议无效。

（7）约定的仲裁事项超出法律规定的仲裁范围的，仲裁协议无效。

（四）仲裁协议的独立性

无论何种形式的仲裁协议，都是只解决实体纠纷的处理方式的独立的程序性合同。为此，绝大多数国家的法律都规定了仲裁协议的独立性原则，将合同中的仲裁条款视为独立于合同其他部分的一个相对独立的协议，合同其他部分的效力和仲裁条款的效力适用不同的判定标准，其他部分的效力不影响仲裁条款的效力。《仲裁法》第十九条规定："仲裁协议独立存在，合同的变更、解除、终止或者无效，不影响仲裁协议的效力。"

【案例 6.5】2012 年，A 机械公司与 B 装备公司签署设备采购合同，向其购买大型锅炉一台。双方约定发生合同纠纷可提请 A 市仲裁委员会解决。合同签署后 A 机械公司发现 B 装备公司并不具备生产该类型锅炉资格，尚未取得相关准入证件，设备采购合同系无效合同。A 机械公司可否提起仲裁要求 B 装备公司双倍返还货款？

【法理分析】《合同法》第九十七条规定："合同解除后，尚未履行的，终止履行，已经履行的，根据履行情况和合同性质，当事人可以请求恢复原状、采取其他补救措施，并有权要求赔偿损失。"《合同法》第五十七条规定："合同无效、被撤销或终止，不影响合同中独立存在的有关解决争议方法的条款的效力。"《仲裁法》第十九条规定："仲裁协议独立存在，合同的变更、解除、终止或者无效，不影响仲裁协议的效力。"根据上述规定，合同无效后，有关解决争议方法的条款效力不受影响，且一方可要求对方返还因该合同取得的财产，要求有过错的一方赔偿所受到的损失。

六、运输纠纷的仲裁程序

仲裁程序是仲裁案件自开始至终止过程中，仲裁委员会和当事人所应当遵照的仲裁的步骤和方法。仲裁程序主要经过申请和受理、仲裁庭的组成、开庭和裁决三个阶段。

1. 申请和受理

申请是指当事人向仲裁委员会依照法律和仲裁协议将争议提请仲裁。当事人申请仲裁应当符合下列条件：

（1）有仲裁协议；

（2）有具体的仲裁请求和事实、理由；

（3）属于仲裁委员会的受理范围。

以上三个条件在申请仲裁时必须同时具备，缺一不可。当事人申请仲裁，应当向仲裁委员会递交仲裁协议、仲裁申请书及副本。受理是指仲裁委员会依法接受对运输纠纷的审理。仲裁委员会收到仲裁申请书之日起 5 天内，认为符合受理条件的，应当受理，并通知当事人；认为不符合受理条件的，应当书面通知当事人不予受理，并说明理由。仲裁委员会受理仲裁申请后，应当在仲裁规则规定的期限内将仲裁规则和仲裁员名册送达申请人，并将仲裁申请书副本和仲裁规则、仲裁员名册送达被申请人。

2. 仲裁庭的组成

仲裁委员会受理仲裁申请后，应依法组成仲裁庭。仲裁庭可以由三名仲裁员或者一名仲裁员组成；由三名仲裁员组成的，设首席仲裁员。当事人约定由三名仲裁员组成仲裁庭的，应当各自选定或者各自委托仲裁委员会主任指定一名仲裁员，第三名仲裁员由当事人共同选定或者共同委托仲裁委员会主任指定，第三名仲裁员是首席仲裁员；当事人约定由一名仲裁员成立仲裁庭的，应当由当事人共同选定或者共同委托仲裁委员会主任指定仲裁员。当事人没有在仲裁规则规定的期限内约定仲裁庭的组成方式或者选定仲裁员的，由仲裁委员会主任指定。仲裁庭组成后，仲裁委员会应当将仲裁庭的组成情况书面通知当事人。

3. 开庭和裁决

开庭，即开庭审理，是指仲裁庭按照法定的程序，对案件进行有步骤有计划地审理。仲裁当开庭进行，当事人协议不开庭的，仲裁庭可以根据仲裁申请书、答辩书以及其他材料做出裁决。仲裁不公开进行，当事人协议公开的，可以公开进行，但涉及国家秘密的除外。在开庭审理以前，仲裁委员会应当在仲裁规则规定的期限内将开庭日期通知双方当事人。经书面通知后，申请人无正当理由不到庭或者未经仲裁庭许可中途退庭的，可以视为撤回仲裁申请。经书面通知后，被申请人无正当理由不到庭或者未经仲裁庭许可中途退庭的，可以缺席裁决。当事人应当对自己的主张提供证据，仲裁庭认为有必要收集的证据，可以自行收集。仲裁庭对专门性问题认为需要鉴定的，可以交由当事人约定的鉴定部门鉴定，也可由仲裁庭指定的鉴定部门鉴定。根据当事人的请求或者仲裁庭的要求，鉴定部门应当派鉴定人参加开庭，当事人经仲裁庭许可，可以向鉴定人提问。证据应当在开庭时出示，当事人可以质证。在证据有可能灭失或者以后难以取得的情况下，当事人可以申请证据保全。当事人申请证据保全的，仲裁委员会应当将当事人的申请提交证据所在地的基层人民法院。在仲裁过程中，当事人有权进行辩论。辩论终结时，首席仲裁员或者独任仲裁员应当征询当事人的最后意见。仲裁裁决应当按多数仲裁员的意见做出，少数仲裁员的不同意见可以记入笔录。仲裁庭不能形成多数意见时，裁决应当按照首席仲裁员的意见做出。仲裁庭仲裁纠纷时，其中一部分事实已经清楚，可以就该部分先行裁决。裁决书自做出之日起发生法律效力。调解与裁决相结合，是我国经济仲裁制度的一大特色。仲裁庭在做出裁决前，可以先行调解。如果当事人自愿调解的，仲裁庭应当调解。调解达成协议的，仲裁庭应当制作调解书或者根据协议的结果制作裁决书，调解书与裁决书具有同等的法律效力。调解书经双方当事人签收后，即发生法律效力。调解达不成协议的或者在调解书签收前当事人反悔的，仲裁庭应当及时做出裁决。当事人申请仲裁后，可以自行和解。达成和解协议的，当事人可以请求仲裁庭根据和解协议做出裁决书，也可以撤回仲裁申请。当事人达成和解协议，撤回仲裁申请后反悔的，可以根据仲裁协议申请仲裁。

七、运输纠纷仲裁的执行

当事人应当履行仲裁裁决。一方当事人不履行的，另一方当事人可以依照《民事诉讼法》的有关规定向人民法院申请执行，受申请的人民法院应当执行。被申请人提出证据证明仲裁裁决有《民事诉讼法》第二百一十七条第二款规定的下列情形之一的，经人民法院组成合议庭审查核实，裁定不予执行：

（1）当事人在合同中没有订立仲裁条款或者事后没有达成书面仲裁协议的；

（2）裁决的事项不属于仲裁协议的范围或者仲裁机构无权仲裁的；

（3）仲裁庭的组成或者仲裁的程序违反法定程序的；

（4）认定事实的主要证据不足的；

（5）适用法律确有错误的；

（6）仲裁员在仲裁该案时有贪污受贿、徇私舞弊、枉法裁决行为的；

（7）人民法院认定执行该裁决违背社会公共利益的。

一方当事人申请执行裁决，另一方当事人申请撤销裁决的，人民法院应当裁定中止执行。人民法院裁定撤销裁决的，应当裁定终结执行。撤销裁决的申请被裁定驳回的，人民法院应当裁定恢复执行。申请执行的期限，双方或者一方当事人是公民的为 1 年，双方是法人或其他组织的为 6 个月，从裁决书规定履行期间的最后 1 天起计算。执行员接到申请执行书，应当向被执行人发出执行通知，责令其在指定的期间履行，逾期不履行的，强制执行。

【案例 6.6】甲公司与乙公司签订了一份买卖节能灯的合同。双方在合同中约定：如果发生纠纷，应提交仲裁委员会仲裁。后来，乙公司作为买方提货时发现甲公司提供的货有严重的质量问题，于是向甲公司提出赔偿损失的要求，甲公司不允，双方协商未果。乙公司遂向仲裁委员会申请仲裁，提出申请的时间为 8 月 18 日，仲裁委员会于 8 月 28 日受理此案，并决定由 3 名仲裁员组成仲裁庭。甲、乙公司分别选定了一名仲裁员。乙公司作为申请方又委托仲裁委员会主任指定了首席仲裁员。乙公司所选的仲裁员恰好是乙公司上级单位的常年法律顾问。此三名仲裁员公开对此案进行了审理。当事人当庭达成了和解协议，仲裁庭依和解协议制作了仲裁调解书，此案结案。问：仲裁委员会在程序上有无不当之处？请指出并说明理由。

【法理分析】（1）本案中仲裁委员会从收到申请书到受理申请之间间隔的时间，违反程序。《仲裁法》第二十四条规定，仲裁委员会应在收到仲裁申请书之日起 5 日内作出受理或不受理的决定。本案的间隔时间已经有 10 天了，显然不合法。

（2）选定仲裁员的方法是错误的。《仲裁法》第三十一条规定，当事人应当各自选定或者各自委托仲裁委员会主任指定 1 名仲裁员。第三名仲裁员由当事人共同选定或共同委托仲裁委员会主任指定。本案中，乙公司独自委托仲裁委员会主任指定首席仲裁员的做法是违背程序的。

（3）仲裁员没有申请回避。《仲裁法》第三十四条第三项规定，与本案当事人有其他关系，可能影响公正仲裁的仲裁员，应当申请回避。而本案中，乙公司选定的仲裁员是自己上级单位的常年法律顾问，属于应当申请回避的情形，当事人虽然没有申请回避，仲裁员也应自行回避。

（4）仲裁不应公开进行。《仲裁法》第四十条规定，仲裁不公开进行。当事人协议公开的，可以公开进行，但涉及国家秘密的除外。本案中，当事人没有协议公开审理，但仲裁庭却将该案公开审理，这一做法显然违反法律规定。

（5）仲裁是不能制作调解书的。《仲裁法》第四十九条规定，当事人申请仲裁后，可以自行和解。达成和解协议的，可以请求仲裁庭根据和解协议作出裁决书，也可以撤回仲裁申请。而本案中，当事人既未提出申请，仲裁庭又出具了调解书，显然是违反程序的。

仲裁委员会在审理仲裁案件时，从仲裁的受理、仲裁庭的组成，到仲裁裁决的作出都应符合法律规定。

第三节　运输纠纷的行政复议解决

 案例导入

2013 年 1 月 10 日，钟某夫妻俩在佛山通过网上订票，到代售点取票的方式，以每张 10 元的手续费向旅客代理火车票 72 张（票面总价值 11 691 元），总收入 720 元。随后，二人被肇庆铁路警方刑事拘留。6 月 26 日，警方将刑事拘留变更为行政拘留十二日，并追缴违法所得 720 元。小夫妻认为，接受他人委托，帮助他人买票属于"代购"行为，不构成"倒卖"，是一种合法的便民的民事代理行为，因此认为行政处罚不当，应当撤销。

面对小夫妻的复议申请，广州铁路公安局与肇庆铁路公安处认为，钟某夫妻俩没有工商行政管理部门注册登记发放的营业执照，也未经铁路运输企业批准、未与铁路运输企业签订火车票代理销售协议，不具备代办铁路客票资格，为旅客代办铁路客票并非法加价牟利。根据铁道部、国家发展改革委、公安部、国家工商总局《关于依法查处代售代办铁路客票非法加价和倒卖铁路客票违法犯罪活动的通知》，其行为属于倒卖铁路客票的违法行为。警方作出的行政拘留和追缴违法所得的决定，认定事实清楚，证据确凿，程序合法。

行政复议是指公民、法人和其他组织认为行政机关的具体行政行为侵犯其合法权益，依法向特定行政机关提出申请，由受理该申请的行政机关对原具体行政行为依法进行审查并做出行政复议决定的活动。为了防止和纠正违法的或不正当的具体行政行为，保护公民、法人和其他组织的合法权益，保障和监督行政机关依法行使职权，1999 年 4 月全国人大常委会通过了《中华人民共和国行政复议法》（以下简称《行政复议法》），自 1999 年 10 月 1 日起施行。

一、行政复议的范围

《行政复议法》规定有下列情形之一的，公民、法人或其他组织可以申请行政复议：

（1）对行政机构做出的警告、罚款、没收违法所得、没收非法财物、责令停产停业、暂扣或吊销许可证、暂扣或吊销执照、行政拘留等处罚决定不服的。

（2）对行政机关做出的限制人身自由或查封、扣押、冻结财产等行政强制措施决定不服的。

（3）对行政机构做出的有关许可证、执照、资质证、资格证等证书变更、中止、撤销的决定不服的。

（4）对行政机关做出的关于确认土地、矿藏、水流、森林、山岭、草原、荒地、滩涂、海域等自然资源的所有权或使用权的决定不服的。

（5）认为行政机关侵犯合法的经营自主权的。

（6）认为行政机关变更或废止农业承包合同、侵犯其合法权益的。

（7）认为行政机关违法集资、征收财物、摊派费用或违法要求履行其他义务的。

（8）认为符合法定条件，申请行政机关颁发许可证、执照、资质证、资格证等证书，或申请行政机关审批、登记有关事项，行政机关没有依法办理的。

（9）申请行政机关履行保护人身权利、财产权利、受教育权利的法定职责，行政机关没有依法履行的。

（10）申请行政机关依法发放抚恤金、社会保险金或最低生活保障，行政机关没有依法发放的。

（11）认为行政机关的其他具体行政行为侵犯其合法权益的。这里所说的具体行政行为，是指行政机关、法律法规授权的组织或行政机关委托的组织，针对特定的公民、法人或者其他组织，就特定的事项，做出的对该公民、法人或者其他组织的权利义务产生实际影响的行为。

根据《行政复议法》的规定，下列事项，公民、法人或者其他组织可依法申请行政复议，也可以依照国家规定的其他救济方式解决：① 不服行政机关的抽象行政行为的，依照有关法律、行政法规规定的监督途径提出处理要求。这里所说的抽象行政行为，是指行政机关针对不特定的公民、法人或者其他组织，制定发布具有普遍约束力的能反复适用的法规、规章和其他规范性文件的行为。② 不服行政机关做出的行政处分或其他人事处理决定的，依照有关法律、行政法规的规定提出申诉。③ 不服行政机关对民事纠纷做出的调解或其他处理，依法申请仲裁或者向人民法院提起诉讼。

【案例 6.7】某国家交通行政管理机关的一名公务员因在工作中存在滥用职权行为，被该行政机关给予开除的行政处分。问：如果该公务员对行政处分不服，是否可以申请行政复议？

【法理分析】该公务员不能申请行政复议。根据《行政复议法》的规定，不服行政机关做出的行政处分或其他人事处理决定的，依照有关法律、行政法规的规定提出申诉。如果该公务员对行政处分不服，可以根据《中华人民共和国公务员法》（下称《公务员法》）第九十五条的规定，公务员对涉及本人的人事处理不服的，可以自知道该人事处理之日起三十日内向原处理机关申请复核；对复核结果不服的，可以自接到复核决定之日起十五日内，按照规定向同级公务员主管部门或者作出该人事处理的机关的上一级机关提出申诉；也可以不经复核，自知道该人事处理之日起三十日内直接提出申诉。

二、行政复议的程序

1. 复议申请

依法申请行政复议的公民、法人或者其他组织是申请人，做出具体行政行为的行政机关是被申请人，同申请行政复议的具体行政行为有利害关系的其他公民、法人或者其他组织，可以作为第三人参加行政复议。公民、法人或者其他组织认为具体行政行为侵犯其合法权益的可以自知道该具体行政行为之日 60 天内提出行政复议申请，但是法律规定的申请期限超过 60 天的除外。因不可抗力或其他正当理由耽误法定申请期限的，申请期限自障碍消除之日起继续计算。申请可以是书面的，也可以是口头的。行政复议申请已被行政复议机关依法受理的，或者法律法规规定应当先向复议机关申请行政复议、对行政复议决定不服再向人民法院提起行政诉讼的，在法定行政复议期限内不得向人民法院提起行政诉讼。申请人向人民法院提起行政诉讼，人民法院已经依法受理的，不得申请行政复议。

【案例 6.8】杨某受某厂指派在本县范围内收购茶叶 1 万千克，厂方提供了介绍信、营业执照副本。杨某收购后未向税务机关纳税。县税务局知悉后即作出决定，杨某需缴纳增值税 5 000 余元。杨某不服，认为自己是接受某厂的指派，与该厂是委托关系，其税款应当由厂方缴纳。县税务局未采纳杨某的意见，坚持要求杨某纳税。杨某认为应该寻求其他途径的救济，于是直接向人民法院提起行政诉讼。问：法院是否应当受理本案。

【法理分析】法院经过审查，裁定不予受理，并告知杨某必须先经过复议，不经复议不得起诉。

2. 复议受理

行政复议机关收到行政复议申请后，应当在 5 天内进行审查，对不符合法律规定的行政复议申请，决定不予受理，并书面告知申请人；对符合法律规定，但是不属于本机关受理的行政复议申请，应当告知申请人向有关行政复议机关提出。除以上情况外，行政复议申请自行政复议机关负责法制工作机构收到之日起即为受理。申请人提出行政复议申请，行政复议机关无正当理由不予受理的，上级行政机关应当责令其受理；必要时上级行政机关也可以直接受理。法律法规规定应当先向行政复议机关申请行政复议、对行政复议决定不服再向人民法院提起行政诉讼的，行政复议机关决定不予受理或受理后超过行政复议期限不作答复的，公民、法人或者其他组织可以自收到不予受理决定书之日起或者行政复议期满之日起 15 日内，依法向人民法院提起行政诉讼。除有特殊情况外，行政复议期间具体行政行为不停止执行。

【案例 6.9】某市某区人民政府决定将区建材工业局管理的国有小砖厂出售。小砖厂的承包人以侵犯其经营自主权为由提出行政复议申请。问：本案的行政复议机关应当是市国有资产管理局、市经济贸易局、市人民政府以及区人民政府中的哪一个？

【法理分析】本题中区人民政府的具体行政行为应以其上一级人民政府即市人民政府为复议机关。《行政复议法》第十三条规定："对地方各级人民政府的具体行政行为不服的，向上一级地方人民政府申请行政复议。对省、自治区人民政府依法设立的派出机关所属的县级地方人民政府的具体行政行为不服的，向该派出机关申请行政复议。"

3. 复议决定

行政复议机关应当自受理申请之日起 60 天内做出行政复议决定；但是法律规定的行政复议期限少于 60 天的除外。情况复杂，不能在规定期限内做出行政复议决定的，经行政复议机关的负责人批准，可以适当延长，并告知申请人和被申请人，但是延长期限最多不超过 30 天。

行政复议机关负责法制工作的机构应当对被申请人做出的具体行政行为进行审查，提出意见，经行政复议机关的负责人同意或集体讨论通过以后，按照下列规定做出行政复议决定：

（1）具体行政行为认定事实清楚、证据确凿，适用依据正确，程序合法，内容适当的，决定维持。

（2）被申请人不履行法定职责的，决定其在一定期限内履行。

（3）具体行政行为有主要事实不清、证据不足，适用依据错误，违反法定程序，超过或滥用职权，行为明显不当等情形之一的，决定撤销、变更或确认该具体行政行为违法，其中决定撤销或确认具体行政行为违法的，可以责令被申请人在一定期限内重新做出具体行政行为。

（4）被申请人不按法定期限提出书面答复、提交当初做出具体行政行为的证据、依据和其他有关材料的，视为该具体行政行为没有证据、依据，决定撤销该具体行政行为。行政复议机关做出行政复议决定，应当制作行政复议决定书，并加盖印章。行政复议决定书一经送达即发生法律效力。被申请人应当履行行政复议决定，不履行或无正当理由拖延履行的，行政复议机关或有关上级行政机关应当责令其限期履行。

第四节　运输纠纷的诉讼解决

知识链接

提起铁路，人们马上能联想到呜呜轰鸣的火车和遍布全国四通八达的铁路网络；说起法院，任何一个普通百姓也能随口说出几个。可是一说到铁路运输法院，大家的表情往往是惊讶，很多人会不约而同地问道："铁路还有法院啊？"的确，铁路运输法院不同于其他地方各级人民法院。铁路运输法院是国家设在铁路运输部门的审判机关，是我国人民法院体系中专门法院的组成部分。说它是"专门法院"，主要指它的机构设置和案件管辖范围不同于其他人民法院。

根据我国法律的规定，经济纠纷所涉及的诉讼包括行政诉讼和民事诉讼。这里所说的行政诉讼是指人民法院根据当事人的请求，依法审查并裁决行使行政机关所做出的具体行政行为的合法性，以解决经济纠纷的活动。如人民法院依法审理作为民事主体的公民与交通行政主管机关在交通运输管理上发生争议的行政案件。民事诉讼是指人民法院在当事人及其他诉讼参与人的参加下，依法审理并裁决运输纠纷案件所进行的活动。由于解决运输纠纷所涉及的诉讼绝大部分属于民事诉讼，因此本节主要就民事诉讼予以介绍。民事诉讼适用《中华人民共和国民事诉讼法》（以下简称《民事诉讼法》）的有关规定。

一、运输纠纷的诉讼解决概述

（一）运输纠纷诉讼解决的概念

运输纠纷的诉讼解决是指人民法院根据纠纷当事人的请求，运用审判权确认争议各方权利义务关系，解决运输纠纷案件的诉讼活动。诉讼的整个过程有严格的法定程序，其作出的判决和裁定由国家强制力保证实现，所以诉讼是解决经济纠纷的诸种方式中，最正规、最权威和最有效的一种。运输纠纷属于经济纠纷，可以通过经济诉讼解决。

（二）基本原则

经济诉讼的基本原则，是指在民事诉讼的整个阶段起着指导作用的准则。经济诉讼的基本原则有共有原则与特有原则之分。

1. 共有原则

共有原则是指经济诉讼、民事诉讼、行政诉讼等诉讼法律共同奉行的原则。例如，审判权由法院行使原则；人民法院依法独立审判原则；以事实为根据，以法律为准绳原则；对当事人在适用法律上一律平等原则；检察院对法院审判活动进行监督的原则，等等。

2. 特有原则

特有原则是指由《民事诉讼法》规定的，专门适用于民事诉讼、经济诉讼的原则。

（1）平等原则。平等原则，是指民事诉讼当事人有平等的诉讼权利。人民法院审理民事案件，应当保障和便利当事人行使诉讼权利，对当事人在适用法律上一律平等。外国人、无国籍人、外国企业和组织在人民法院起诉、应诉，同中华人民共和国公民、法人和其他组织有同等的诉讼权利义务。

（2）调解原则。调解原则，是指人民法院审理民事案件，应当根据自愿和合法的原则进行调解。依据调解原则，法院在调解过程中，不得久调不决。调解不成的，应当及时判决。

（3）辩论原则。辩论原则，是指人民法院审理民事案件时，当事人有权进行辩论。这里的辩论范围包括案件的实体问题、程序问题和所适用的法律等方面。辩论形式可以是言辞辩论，也可以是书面辩论。

（4）处分原则。处分原则，是指当事人有权在法律规定的范围内处分自己的民事权利和诉讼权利。

（5）支持起诉原则。支持起诉原则，是指机关、社会团体、企事业单位对损害国家、集体或者个人民事权益的行为，可以支持受损害的单位或者个人向人民法院起诉。

（三）基本制度

1. 合议制度

合议制，是指由 3 名以上审判人员组成审判集体，代表法院行使审判权，对案件进行审理并作出裁判的制度。我国《民事诉讼法》第四十条规定，人民法院审理第一审民事案件，由审判员、陪审员共同组成合议庭或者由审判员组成合议庭。合议庭的成员人数，必须是单数。与合议制相对应的是独任制，即由审判员一人独任审理。独任制适用简易程序审理的民事案件。

2. 回避制度

回避制，是指审判人员及其他相关人员，遇到法律规定的回避情形，退出对某一具体案件的审理或诉讼活动的制度。我国《民事诉讼法》规定，审判人员与书记员、翻译人员、鉴定人、勘验人有下列情形之一的，必须回避，当事人有权用口头或者书面方式申请他们回避：第一，是本案当事人或者当事人、诉讼代理人的近亲属；第二，与本案有利害关系；第三，与本案当事人有其他关系，可能影响对案件公正审理的。

3. 公开审判制度

公开审判，是指人民法院审理经济案件，除合议庭评议外，依法向社会公开的制度。依法规定，不公开审理的案件只局限于涉及国家秘密的案件、涉及个人隐私的案件，当事人申请不公开审理的离婚案件和涉及商业秘密的案件。

4. 两审终审制度

两审终审，是指一个经济案件经过两级法院审判就宣告终结的制度。

二、诉讼参加人

诉讼参加人包括当事人和诉讼代理人。

1. 当事人

当事人是指公民、法人和其他组织因经济权益发生争议或受到损害，以自己的名义进行诉讼，并受人民法院调解或裁判约束的利害关系人。当事人包括原告、被告、共同诉讼人、诉讼中的第三人。

2. 诉讼代理人

诉讼代理人是指以被代理人的名义在代理权限范围内，为了维护被代理人的合法权益而进行诉讼的人。代理人包括法定代理人、指定代理人、委托代理人。

三、诉讼管辖

诉讼管辖，是指各级人民法院之间和不同地区的人民法院之间受理第一审经济案件的分工和权限范围。管辖有许多种类，其中最重要的是地域管辖和级别管辖。

1. 地域管辖

地域管辖是指确定同级人民法院之间在各自管辖地域内审理第一审经济案件的分工和权限。它又分为一般地域管辖和特殊地域管辖。

（1）一般地域管辖，是以被告住所地为依据来确定案件的管辖法院，即实行"原告就被告原则"。对公民提起的民事诉讼，由被告住所地人民法院管辖。被告住所地与经常居住地不一致时，由经常居住地人民法院管辖。对法人或其他组织提起的民事诉讼，由被告住所地人民法院管辖。同一诉讼的几个被告住所地、经常居住地在两个以上人民法院辖区的，各该人民法院都有管辖权。

（2）特殊地域管辖，是指以诉讼标的所在地或引起法律关系发生、变更、消灭的法律事实所在地为依据确定的管辖。对于下列经济纠纷案件，不适用上述的一般原则，即实行特殊地域管辖：

①因合同纠纷提起的诉讼，由被告住所地或者合同履行地人民法院管辖。合同的双方当事人可以在书面合同中协议选择被告住所地、合同履行地、合同签订地、原告住所地、标的物所在地人民法院管辖，但不得违反级别管辖和专属管辖的规定。

②因保险合同纠纷提起的诉讼，由被告住所地或者保险标的物所在地人民法院管辖。

③因票据纠纷提起的诉讼，由票据支付地或者被告住所地人民法院管辖。

④因铁路、公路、水上、航空运输和联合运输合同纠纷提起的诉讼，由运输始发地、目的地或者被告住所地人民法院管辖。

⑤因侵权行为提起的诉讼，由侵权行为地或者被告住所地人民法院管辖。

⑥因铁路、公路、水上和航空事故请求损害赔偿提起的诉讼，由事故发生地或者车辆、船舶最先到达地、航空器最先降落地或者被告住所地人民法院管辖。

⑦因船舶碰撞或者其他海事损害事故请求损害赔偿提起的诉讼，由碰撞发生地、碰撞船舶最先到达地、加害船舶被扣留地或者被告住所地人民法院管辖。

⑧因海难救助费用提起的诉讼，由救助地或者被救助船舶最先到达地人民法院管辖。

⑨因共同海损提起的诉讼，由船舶最先到达地、共同海损理算地或者航程终止地的人民法院管辖。

两个以上人民法院都有管辖权的诉讼，原告可以向其中一个人民法院起诉，原告向两个以上人民法院起诉的，由最先立案的人民法院管辖。

2. 级别管辖

级别管辖是根据案件的性质、影响的范围，划分上下级人民法院之间审理第一审经济案件的分工和权限。除依法由上级法院管辖的第一审案件外，其他第一审案件都由基层人民法院管辖。最高人民法院管辖在全国范围内有重大影响的和最高人民法院认为应当由本院审理的第一审经济纠纷案件。高级人民法院管辖在本辖区内有重大影响的第一审经济纠纷案件案件。中级人民法院管辖的一审经济纠纷案件：重大的涉外经济纠纷案件、在本辖区有重大影响的经济纠纷案件、最高人民法院确定由中级人民法院管辖的经济纠纷案件。其中，最高人民法院确定由中级人民法院管辖的案件：海事、海商案件（由海事法院管辖），专利纠纷案件，涉及港澳台同胞及其企业、组织的经济纠纷案件，诉讼标的大或者诉讼单位属于省、自治区、直辖市以上的经济纠纷案中级人民法院管辖在本辖区内有重大影响的案件、重大涉外案件及由最高人民法院确定由其管辖的案件。

这里顺便指出，根据我国法律规定，海事货物运输合同及铁路运输合同纠纷的案件由专门法院管辖。海事案件中的运输合同纠纷，由海事法院管辖，海事法院的级别相当于中级人民法院；铁路运输合同纠纷由铁路运输法院管辖，铁路运输法院有中级铁路运输法院和基层铁路运输法院两个级别。2012年6月28日，中国铁路运输法院全部完成签署移交地方管理的协议，17 个铁路运输中级法院、58 个铁路运输基层法院与铁路企业正式分离改制，全国各铁路运输法院隶属关系按驻地行政区划改为地方管理，有关经费改由同级人民政府根据财政预算保障，所属人员均按《公务员法》规定纳入地方行政编制管理，法律职务的任免也分别由地方人大常委会根据有关法律规定办理。

3. 协议管辖

协议管辖指运输合同双方当事人可以在书面合同中协议选择被告住所地、合同履行地、合同签订地、原告住所地、标的物所在地人民法院管辖，但不能违反级别管辖和专属管辖的规定。

4. 专属管辖

专属管辖是指法律规定某些诉讼案件必须由特定的人民法院管辖。

（1）因不动产纠纷提起的诉讼，由不动产所在地人民法院管辖；

（2）因港口作业中发生纠纷提起的诉讼，由港口所在地人民法院管辖。

5. 移送管辖和指定管辖

指定管辖，是指有管辖权的人民法院，因特殊原因无法对某个具体的经济纠纷案件行使管辖权的，由其上级人民法院指定本辖区内的某个下级人民法院行使管辖权，或者因两个以上的同级人民法院对管辖权发生争议，又协商不成的，由双方共同的上级人民法院指定其中一个法院行使管辖权。

移送管辖，是指没有管辖权的人民法院受理经济纠纷案件后，发现自己没有管辖权，将该案件移送给有管辖权的人民法院，受移送的人民法院应当受理，受移送的人民法院不可以再自行移送。受移送的人民法院认为移送的案件按规定不属于本法院管辖的，应当报请上级人民法院指定管辖，不得再自行移送。上级人民法院有权审理下级人民法院管辖的第一审案件，也可把本院管辖的第一审案件交由下级法院审理。下级法院对其管辖的第一审案件，认为需要由上级法院审理的，可报请上级法院审理。

【案例6.10】北京甲公司卖给北京乙公司红果 1 000 千克，价金 2 000 元，合同中没有仲裁条款，事后也未达成仲裁协议。后因红果质量问题发生争议，协商未能解决。乙向北京市中级人民法院起诉，要求退货或降价处理。问：北京市中级人民法院会支持该诉讼请求吗？

【法理分析】（1）该案合同中没有仲裁条款，事后也未达成仲裁协议，故不能通过仲裁解决争议，只能通过诉讼解决争议。

（2）《民事诉讼法》规定：因合同纠纷提起的诉讼，由被告住所地或合同履行地的法院管辖。本案被告住所和合同履行地都在北京，因此向北京的法院起诉是没有问题的。

（3）但本案争议标的额小，且不属于复杂、影响大的案件，应该由基层人民法院管辖。因此，受理案件的北京市中级人民法院应当将本案移送有关基层人民法院管辖。该基层人民法院应对诉讼请求予以支持。

四、诉讼时效

诉讼时效是指权利人不在法定期间内行使权利而失去诉讼保护的制度。根据《民法通则》的规定，我国诉讼时效有如下特点：

（1）诉讼时效以权利人不行使法定权利的事实状态的存在为前提。

（2）诉讼时效届满时消灭的是胜诉权，并不消灭实体权利。时效届满后，当事人自愿履行义务的，不受诉讼时效限制。

（3）诉讼时效具有普遍性和强制性，除法律特殊规定外，当事人均应普遍适用，不得作任何变更。诉讼时效期间是指权利人请求人民法院保护其民事权利的法定期间。根据《民法通则》的规定，诉讼时效期间从当事人知道或应当知道权利被侵害时起计算。但从权利被侵害之日起超过 20 年的，人民法院不予保护。诉讼时效期间是法定的，根据法律对诉讼时效期间的不同规定，诉讼时效期间可分为以下两种：

① 普通诉讼时效期间，是指由民事普通法规定的具有普遍意义的诉讼时效期间。根据《民法通则》的规定，普通诉讼时效期间为 2 年。

② 特别诉讼时效期间，是指由民事普通法或特别法规定的，仅适用于特定民事法律关系的诉讼时效期间。例如，根据《民法通则》的规定，身体受伤害要求赔偿的、出售质量不合格的商品未声明的、延付或拒付租金的、寄存财物被丢失或损毁的，诉讼时效期间为 1 年。再如，根据《合同法》第一百二十九条的规定，国际货物买卖合同和技术进出口合同争议提出诉讼或申请仲裁的期限为 4 年，自当事人知道或应当知道其权利受到侵害之日起计算。

【案例 6.11】2003 年 10 月 8 日下午 14 时许，原告邓某私自扒乘 21018 次货物列车，并在跳车时在被告西安铁路局所属的阳平关火车站被一列货物列车压伤左下肢造成左腿高位截肢。出院伤愈后因参与破坏电力设备，被判刑三年六个月，2007 年 8 月 1 日刑满释放后邓某请求法院依法判决被告西安铁路局赔偿人身伤害损失。问本案原告邓某起诉时是否超过诉讼时效？

【法理分析】根据《民法通则》第一百三十六条第（一）项的规定，身体受到伤害要求赔偿的的诉讼时效期间为一年。同时，《最高人民法院关于贯彻执行〈中华人民共和国民法通则〉若干问题的意见（试行）》第一百六十八条对《民法通则》第一百三十六条的"身体受到伤害"作出了限定，即人身损害赔偿的诉讼时效期间，伤害明显的，从受伤害之日起算；伤害当时未曾发现，后经检查确诊并能证明是由侵害引起的，从伤势确诊之日起算。本案中，原告邓某在 2003 年 10 月 8 日被货物列车轧断左腿的当天就知道自己的身体受到伤害。因此，本案的诉讼时效应当从 2003 年 10 月 8 日起计算一年。

根据《民法通则》第一百三十七条的规定，诉讼时效期间从知道或者应当知道权利被侵害时起计算。但是，从权利被侵害之日起超过二十年的，人民法院不予保护。有特殊情况的，人民法院可以延长诉讼时效期间。《最高人民法院关于贯彻执行〈中华人民共和国民法通则〉若干问题的意见（试行）》第一百六十九条对"特殊情况"作出了限定，即权利人由于客观障碍在法定诉讼时效期间不能行使请求权的，属于《民法通则》第一百三十七条规定的"特殊情况"。本案中，原告邓某因犯罪入狱，根据法律规定，服刑人员即使在监狱里服刑，法律同样赋予其民事权利。因此，原告邓某犯罪入狱不属于客观障碍，不属于特殊情况，不适用诉讼时效的延长。

根据《民法通则》第一百三十九条的规定，在诉讼时效期间的最后六个月内，因不可抗力或者其他障碍不能行使请求权的，诉讼时效中止。本案中，原告邓某不存在"不可抗力"导致无法起诉的情形，并且根据《最高人民法院关于贯彻执行〈中华人民共和国民法通则〉若干问题的意见（试行）》第一百七十二条，在诉讼时效期间的最后六个月内，权利被侵害的无民事行为能力人、限制民事行为能力人没有法定代理人，或者法定代理人死亡、丧失代理权，或者法定代理人本人丧失行为能力的。可以认定为因其他障碍不能行使请求权，适用诉讼时效中止。本案中，原告邓某是一个完全民事行为能力人，不存在"其他障碍"不能行使请求权的情形。最高人民法院《关于贯彻执行〈中华人民共和国民法通则〉若干问题的意见（试行）》第一百七十四条的规定，权利人向人民调解委员会或者有关单位提出保护民事权利的请求，从提出请求时起，诉讼时效中断。这是诉讼时效中断的另外一种情形。本案中，原告邓某在服刑期间，既没有向人民调解委员会提出请求，也没有向有关单位提出请求，更没有向法院提起诉讼，原告邓某犯罪入狱不是诉讼时效中止、中断的情形。据此，邓某因犯罪入狱不适用法律规定的诉讼时效中止、中断以及延长。

综上所述，根据《民法通则》及相关司法解释对诉讼时效期间的规定，原告邓某的诉讼时效应从2003年10月8日起计算一年，其主张权利时已超过诉讼时效。

五、审判程序

审判程序包括第一审程序、第二审程序、审判监督程序等。

1. 第一审程序

第一审程序是指各级人民法院审判第一审运输纠纷案件所适用的程序，分为普通程序和简易程序。

普通程序是运输案件审判中最基本的程序，它主要包括以下内容：

（1）起诉和受理。

起诉是指当事人的合法权益受到侵犯或发生争执时，向人民法院提出诉讼请求的行为。起诉必须符合法定条件：第一，原告与本案有直接利害关系；第二，有明确的被告；第三，有具体的诉讼请求和事实根据；第四，属于人民法院受理范围和受诉人民法院管辖。受理是指人民法院对当事人的诉讼请求，经审查符合条件的，予以接受，并对其进行审理的行为。原告起诉，应向人民法院递交起诉状，并按被告人数提交诉讼状副本。起诉状应当写明：原、被告的名称或姓名，所在地或住址；法定代表人的姓名、职务；诉讼请求和所根据的事实与理由；证据和证据来源，证人姓名和住址。如果是法人，还应该在起诉状中加盖法人单位的公章。人民法院收到起诉状后，经审查认为符合起诉条件的，应在7天内立案，并通知当事人。

（2）审理前准备。

法院应在立案后5天内将起诉状副本送达被告，被告应在收到起诉状副本后15天内提出答辩状。答辩是被告对原告提出的诉讼请求及理由进行回答、辩解和反驳，是被告的一项重要的诉讼权利。被告提出答辩状的，人民法院在收到答辩状之日起 5 天内应将答辩状副本送发原告。被告不提出答辩状的，不影响人民法院对案件的审理，诉讼程序照常进行。

（3）开庭审理。

开庭审理是指在审判人员主持和当事人及其他诉讼参与人的参加下，在法庭上对案件进行审理的诉讼活动。其目的是确认当事人的权利和义务，以调解或判决的方式解决纠纷。开庭审理一般都公开进行，但涉及国家秘密、个人隐私或法律另有规定的情况及当事人申请不公开审理的，不公开进行审理。人民法院应当在开庭审理前 3 天通知当事人和其他诉讼参与人。公开审理的应当公告当事人的姓名、案由和开庭的时间、地点。

简易程序是指基层人民法院及其派出的人民法庭，审理简单民事案件所适用的既独立又简便易行的诉讼程序。简易程序适用于事实清楚、权利义务关系明确、争议不大的简单案件。原告可以口头起诉，当事人双方可以同时到基层人民法院或其派出的法庭请求解决纠纷。使用简易程序审理的案件，由审判员一人独任审理，可随时传唤当事人、证人，不受普通程序中的法庭调查、法庭辩论等程序的影响。

2. 第二审程序

第二审程序又称上诉程序，是指上一级人民法院审理当事人不服第一审人民法院尚未生效的判决和裁定而提起的上诉案件所适用的程序。我国实行两审终审制。当事人不服第一审人民法院判决、裁定的，有权向上一级人民法院提起上诉。《民事诉讼法》规定，上诉必须具备以下条件：只有第一审案件的当事人才可以提起上诉；只能对法律规定的可以上诉的判决、裁定提起上诉。当事人不服地方人民法院第一审判决的，有权在判决书送达之日起 15 天内向上一级人民法院提起上诉。当事人不服地方人民法院第一审裁定的，有权在裁定书送达之日起 10 天内向上一级人民法院提起上诉。上诉应当递交上诉状，上诉状应当通过原审人民法院提出，并按照对方当事人或者代理人的人数提出副本。第二审人民法院应当对上诉请求的有关事实和适用法律进行审查，并组成合议庭开庭审理。经过阅卷和调查，询问当事人，在事实核对清楚后，合议庭认为不需要直接开庭审理的，也可以直接进行判决、裁定。第二审法院对上诉案件，经过审理，按下列情形分别处理：① 原判决认定事实清楚，适用法律正确，判决驳回上诉，维持原判决。② 原判决适用法律错误的，依法改判。③ 原判决认定事实错误，或原判决认定事实不清，证据不足，裁定撤销原判决，发回原审人民法院重审，或弄清事实后改判。④ 原判决违反法定程序，可能影响案件正确判决的，裁定撤销原判决，发回原审法院重审。第二审法院的判决、裁定，是终审的判决、裁定。当事人对重审案件的判决、裁定可以上诉。

3. 审判监督程序

审判监督程序是指有审判监督权的人员和机关发现已经发生法律效力的判决、裁定确有错误的，依法提出对原案重新进行审理的一种特别程序，又称再审程序。《民事诉讼法》规定，各级人民法院院长对已发生法律效力的裁定、判决，发现确有错误，认为需要再审的应当提交审判委员会讨论决定。最高人民法院对地方各级人民法院、上级人民法院对下级人民法院已发生法律效力的判决、裁定，发现确有错误的，有权提审或指令下级人民法院再审。最高人民检察院对各级人民法院已经发生法律效力的裁定、判决，上级人民检察院对下级人民法院已经发生法律效力的判决、裁定，发现情况的（原判决、裁定认定事实的主要依据不足的；原判决、裁定使用法律确有错误的；人民法院违反法律程序可能影响案件正确判决、裁定的；审判人员在审理案件时有贪污受贿，徇私舞弊、枉法裁判行为的），应按审判监督程序提出抗诉。地方各级人民检察院对同级人民法院已经发生法律效力的判决、裁定，发现有上述情形之一，应当提请上级人民检察院按审判监督程序提出抗诉。对人民检察院提出抗诉的案件，人民法院应当再审，并通知人民检察院派员出席法庭。当事人对已经发生法律效力的判决、裁定，认为有错误的，可以向原审人民法院或上一级人民法院申请再审，但不停止判决、裁定的执行。当事人对已经发生法律效力的调解书，提出证据证明调解违反自愿原则或调解协议的内容违反法律的，可以申请再审。

六、执行程序

执行程序是人民法院依法对已经发生法律效力的判决、裁定及其他法律文书的规定，强制义务人履行义务的程序。对发生法律效力的判决、裁定、调解书和其他应由人民法院执行的法律文书，当时必须履行。一方拒绝履行的，对方当事人可以向人民法院申请强制执行。申请执行的期限从法律文书规定履行期间的最后一日起计算，双方或者一方当事人是公民的为 1 年，双方是法人或者其他组织的为 6 个月。发生法律效力的判决、裁定，由第一审法院执行。其他法律文件由被执行人住所地或被执行的财产所在地人民法院执行。人民法院可以采取的强制措施有：提取、扣留被申请人的储蓄存款或劳动收入；查封、扣留、冻结、变卖被申请人的财产；强制被申请人交付法律文件指定的财产；划拨企事业单位、机关、团体的银行存款；等等。人民法院在依法进行强制执行时，应出示证件，并将执行情况做成笔录，由在场的有关人员签名或盖章。

【案例 6.12】居住在甲市 A 区的乔甲从事汽车修理业，其所开的汽车修理铺位于甲市 C 区。该汽车修理铺的个体工商户营业执照所登记的业主是其兄乔乙（居住在甲市 B 区），乔大伟实际上并不经营汽车修理。乔甲为了承揽更多的业务，与乡办集体企业正华汽车修理厂（位于甲市 L 县）签定了一份协议，约定乔甲的汽车修理铺可以以正华汽车修理厂的名义从事汽车修理业务，乔甲每年向正华汽车修理厂交管理费 2 万元。2002 年 1 月，乔甲雇佣的修理工钱某（常年居住在甲市 D 区），为客户李某（居住在甲市 E 区）修理一辆捷达车。修好后，钱某按照工作程序要求在汽车修理铺前试车时，不慎将车撞到了一棵大树上，造成汽车报废，钱某自己没有受伤。相关各方就如何赔偿该汽车损失发生纠纷，未能达成协议。现李某拟向法院起诉。问：（1）李某应以谁为被告？（2）哪些法院对本案有管辖权？（3）就此同一纠纷，若李某向有管辖权的法院都提起诉讼，应如何确定案件的管辖法院？（4）若有管辖权的法院之间就本案管辖权问题发生了争议，应如何确定管辖法院？（5）若在管辖权争议未解决之前，其中一享有管辖权的法院对案件作出了判决，对此判决及判决所涉及的案件应如何处理？

【法理分析】（1）以乔甲、乔乙和正华汽车修理厂为共同被告。《最高人民法院关于适用〈中华人民共和国民事诉讼法〉若干问题的意见》第四十五条规定："个体工商户、农村承包经营户、合伙组织雇佣的人员在进行雇佣合同规定的生产经营活动中造成他人损害的，其雇主是当事人。"个体工商户乔甲是直接致损人钱某的雇主，理当作为本案被告。《最高人民法院关于适用〈中华人民共和国民事诉讼法〉若干问题的意见》第四十六条规定："在诉讼中，个体工商户以营业执照上登记的业主为当事人。有字号的，应在法律文书中注明登记的字号。"营业执照上登记的业主与实际经营者不一致的，以业主和实际经营者为共同诉讼人。"本案适用第二款，确定乔甲与乔乙为共同被告。《最高人民法院关于适用〈中华人民共和国民事诉讼法〉若干问题的意见》第四十三条规定："个体工商户、个人合伙或私营企业挂靠集体企业并以集体企业的名义从事生产经营活动的，在诉讼中，该个体工商户、个人合伙或私营企业与其挂靠的集体企业为共同诉讼人。"据此，正华汽车修理厂亦成为共同被告。

（2）甲市A区、B区、C区与甲市L县法院皆有管辖权。李某以侵权起诉，《民事诉讼法》第二十九条规定："因侵权行为提起的诉讼，由侵权行为地或者被告住所地人民法院管辖。"侵权行为地在甲市C区，三被告住所地分别在甲市A区、B区与L县。李某以违约起诉，《民事诉讼法》第二十四条规定："因合同纠纷提起的诉讼，由被告住所地或者合同履行地人民法院管辖。"合同履行地在甲市C区。

（3）应由先立案的法院管辖。《民事诉讼法》第三十五条规定："两个以上人民法院都有管辖权的诉讼，原告可以向其中一个人民法院起诉；原告向两个以上有管辖权的人民法院起诉的，由最先立案的人民法院管辖。"

（4）由争议方协商解决，协商不成的，报请其共同的上级法院指定管辖。《民事诉讼法》第三十七条第二款规定："人民法院之间因管辖权发生争议，由争议双方协商解决；协商解决不了的，报请它们的共同上级人民法院指定管辖。"

（5）由上级法院以违反程序为由撤销其判决，并将案件移送或指定其他法院审理，或者由上级法院提审。《最高人民法院关于在经济审判工作中严格执行〈中华人民共和国民事诉讼法〉的若干规定》第四条规定："两个以上人民法院如对管辖权有争议，在争议未解决之前，任何一方人民法院均不得对案件作出判决。对抢先作出判决的，上级人民法院应当以违反程序为由撤销其判决，并将案件移送或者指定其他人民法院审理，或者由自己提审。"

复习思考题

一、名词解释

1. 运输纠纷 2. 运输纠纷调解 3. 行政复议 4. 仲裁 5. 仲裁委员会 6. 诉讼 7. 二审终审制 8. 诉讼时效

二、填空题

1. 运输纠纷可以通过_____、_____、_____的方式得到解决，也可以依照_____程序加以解决。

2. 运输纠纷的调解，按其性质可以分为两类：一类是_____，另一类是_____。

3. 仲裁机构裁决经济纠纷实行_____裁终局制度。

4. 按人民法院受理第一审经济案件的分工和权限范围，诉讼管辖分为＿＿＿＿＿、＿＿＿＿＿＿、＿＿＿＿＿＿、＿＿＿＿＿＿和＿＿＿＿＿。

5. 当事人不服地方人民法院第一审判决的，有权在判决书送达之日起＿＿＿＿＿日内向上一级人民法院提起上诉。

6. 经济诉讼的基本制度有＿＿＿＿＿＿、＿＿＿＿＿＿、＿＿＿＿＿＿、＿＿＿＿＿＿。

三、简答题

1. 运输纠纷有哪些调解方式？这些调解方式有何不同？

2. 如何理解行政复议的程序？哪些情形，公民、法人或者其他组织可依法申请行政复议，也可以依照国家规定的其他救济方式解决？

3. 经济仲裁有哪些特点？经济仲裁应遵循哪些原则？仲裁的程序有哪些？

4. 什么是经济诉讼的案件管辖？其具体如何规定？

5. 我国经济审判具体包括哪些程序？如何理解这些程序？

6. 经济诉讼应遵循哪些原则？

四、案例分析题

1. 甲企业与乙企业于 2012 年 9 月签订了一份合同，由乙企业向甲企业提供 30 吨水泥，后来因为交货期限、交货质量双方发生分歧。12 月 3 日乙企业以甲企业为被告向法院提起诉讼。某区人民法院受理了此案。原被告同时向法院申请采取不公开审理方式，法院经讨论同意了他们的要求，法院在开庭前一天通知双方到庭。法院开庭后，被告得知法庭审判员丙某为乙企业经理的近亲属，要求回避。法院以"回避应在案件开始审理时提出"为由，驳回回避申请，后经合议庭审理作出判决。因被告在判决书送达之日起 10 日内没上诉，法院经原告申请对被告财产进行了强制执行。后原审人民法院院长发现判决确有错误，经审判庭讨论决定撤销原判决，对该案依照一审程序重审并作出判决。被告在法律规定的期间内向二审法院提起上诉，中级人民法院以再审案件不得上诉为由，裁定驳回上诉。后经被告申诉，该法院受理此案，并由审判员丁某一人审理，作出判决。请指出本案不符合法律规定的地方，并简要分析。

2. 王某与杨某因国内运输合同纠纷协商无果，王某申请仲裁。仲裁机关裁决生效后，杨某拒不执行。王某又向法院提起诉讼。一审法院审理判决后，王某仍然不服，向上级法院上诉。二审法院由一名审判员、一名陪审员审理后，认为原判决认定事实不清，证据不足，裁定中止原判决执行，发回原审法院重审。一审法院由合议庭再审后，作出终审判决，告知当事人不得上诉。请指出本题中不符合有关仲裁和诉讼的规定的地方，并简要分析。

附　录

附录一　教学案例^①

一、铁路货物运输合同误交付索赔案例

【案情】

铁路运输法院经审理查明：2007 年 12 月 16 日 A 公司以 D 面粉厂的名义从 C 铁路局 E 站将 60 吨小麦面粉运往 B 铁路局的 G 站。货票记载：面粉 2 400 件，重量 6 万千克，运输号码为 12H00276629，票号 C012913，车号 132199，托运人为 D 面粉厂，收货人为 F 厂陈某，费用合计人民币 8 638.50 元。并办理了国内铁路货物运输保险，保险金额为人民币 5 万元。E 站承运后，于 2007 年 12 月 17 日随 45503 次小运转列车挂运 E 东站，发往 G 站。2007 年 12 月 22 日该货到达 G 站后，G 站口头通知运单内记载的收货人；收货人凭身份证和 H 公司的担保书将货物提走，货票（丁联）记载收货人签字"陈某"、领货人身份证号码"32024×××× ×××××× ××"。后因陈某未向 A 公司支付货款，A 公司遂到 G 站查询货物交付情况，发现提货人陈某留存在货票（丁联，票号 C12913）上的身份证号码缺一位数。

原告诉称：2007 年 12 月 16 日其从 E 站将 60 吨小麦面粉运往 B 局所属的 G 火车站，指定收货人为 F 厂陈某，经多方联系得知该批货物被 G 火车站错误交付给第三人，收货人未收到货物，故请求判令三被告返还 60 吨小麦面粉或赔偿损失人民币 13 万元。

被告 C 铁路局及 E 站辩称：C 铁路局所属 E 站在履行运输合同过程中，严格按照铁路局有关规章办理，完整无缺地将货物运抵目的地，不存在过错，不承担相应赔偿责任。

被告 B 铁路局辩称：原告不是铁路运输合同法律关系的任何一方主体，不是适格的当事人，请求法院驳回原告对 B 铁路局的诉讼请求。

【审判】

E 铁路运输法院认为，A 公司是涉案货物的所有者及实际托运人，且经缔约托运人的权利转让，其诉讼主体适格。D 厂与铁路企业签订的铁路货物运输合同合法有效，当事人均应全面履行合同规定的义务。C 铁路局及 E 站承运该批货物后依约发往到 G 站，已履行了承运人应尽的义务，并无过错，不应承担赔偿责任。B 铁路局所属 G 站，在收货人 D 厂陈某没有持领货凭证来领取货物的情况下，依据陈某的个人身份证和 H 公司出具的担保书将货物交付，其行为符合相关规定。但由于该站审查身份证号码不谨慎，原本应当为 18 位数的身份证号码，在货票丁联上仅有 17 位，且担保书上的身份证号码也是 17 位，依据货票丁联上的身份证号无法查找收货人"陈某"，该轻率的作为应属重大过失，该过失行为是导致涉案货物产生误交

---

① 本部分案例摘自 110 网。

付的直接原因。B铁路局辩称已按照合同约定将涉案货物交付收货人陈某的理由依据不足；B铁路局未能履行将货物交付给收货人，属违约行为，对此给A公司造成的损失应予赔偿。鉴于该批货物已被他人提走，A公司诉称损失人民币13万元，但自始未能提交能够证明其损失人民币13万元的有效证明，从公平角度出发，只能在其投保人民币5万元和已支付的铁路运输费用范围内予以保护；其要求支付短途运输费用3 600元，因证据不足，难以支持，鉴于短途运输费用确已发生，酌情认定短途运输费用2 000元。据此，E铁路运输法院依照《中华人民共和国合同法》第一百零七条、第三百一十一条，《中华人民共和国铁路法》第十七条第一款第（二）项，《最高人民法院关于审理铁路运输损害赔偿案件若干问题的解释》第二条、第八条之规定，判决：（1）B铁路局赔偿A公司面粉款人民币5万元，铁路运杂费人民币8 638.50元，短途运输费人民币2 000元，三项共计人民币60 638.50元，于判决生效之日起十日内付清；（2）驳回A公司其他诉讼请求。

一审宣判后，A公司不服提出上诉，称：价格认定中心的《关于对特二面粉单价鉴定结论书》是关于同期面粉价格的认定而不是单纯关于面粉价值的鉴定，因该批面粉已经灭失，直接对该批面粉进行价值鉴定已经不可能，若以此作为否定该证据效力的理由实有强人所难之嫌。根据国家发展和改革委员会等部门联合发布的《2007年小麦最低收购价执行预案》，白麦每千克人民币1.44元，红麦、混麦每千克人民币1.38元，面粉的价格竟然比小麦还便宜39%，这怎么说都不叫公平。保险价值并不等于实际价值，而且绝对不能与实际价值混淆。原审法院关于价格或价值的认定存在严重错误，请求撤销原判，依法改判，支持其一审的全部诉讼请求。

B铁路局答辩称：上诉人诉讼请求无事实和法律依据。首先，B铁路局不构成误交付，一审判决已认定B铁路局交付符合相关交付程序，相关担保书也充分说明；其次，B铁路局也没有重大过失行为，一审法院依据身份证缺位就认为B铁路局具有重大过失有失公平。

C铁路局和E站称：A公司在上诉请求中未向其提出请求，因此不提出相关意见。

除一审法院查明的事实外，C铁路运输中级法院另查明：收货人F厂并未向工商行政管理部门进行登记，公安机关证实在涉案省市并无"陈某"此人。A公司自述与收货人F厂陈某未直接接触，而是通过中间人介绍，双方也无书面合同，但曾口头约定货装上车后由对方打钱过来后再发货，但对方始终未打钱，货物发出后A公司曾通知中间人告知其联系收货人领货，领货凭证曾由A公司保管但后又弄丢了。

C铁路运输中级法院认为，二审期间，双方的主要争议是涉案面粉的价格如何确定。上诉人二审时申请证人时某和唐某出庭作证。时某作证证明：涉案面粉系其受A公司委托运至E站，共运了60吨，面粉包装袋上显示为特一粉，运费为每吨60元，运费未开具发票。证人唐某称，一千克小麦能生产出0.7千克面粉，这批面粉的出厂价为每千克1.88元，销售到B省为每千克2.14元，给时某的运费是3 600元，没有开具发票。托运时办理的保险系车站人员代办。二审法院认为，虽然两证人早已存在，但A公司为补强其证据而要求两证人出庭作证，故可以作为二审期间的新证据。两证人证言均证明本次运输的面粉包装物标明为特一粉，但A公司在一审期间提供的某县价格认证中心出具的《关于对特二面粉单价鉴定结论书》表明，该公司在送检样品时的面粉等级为特二级，其委托代理人表示是申请鉴定时自行降了一档次。二审认为，两证人证言与《关于对特二面粉单价鉴定结论书》关于面粉等级、价格的内容存在矛盾之处，由于涉案货物已被交付，且无其他直接证据可以证明该批面粉的等级，而两证人证言对面粉等级的陈述可以相互印证，故可以认定涉案面粉为A公司自行确定的特一级面粉。根据唐某的证言，A 公司并不生产特二级面粉，故以特二级面粉送检所作出的价格认定明显不足，不应被采纳。在面粉价格采用市场调节价没有政府指导价的情况下，对面粉价格和价值的认定应以相对合理的标准予以确定。原审法院以 A 公司保险价值认定该批面粉的价值，导致面粉价格明显低于小麦的价格，不符合常理，故对此应予纠正。而唐某作为 A 公司的员工证明该批面粉的出厂价为每千克 1.88 元，应当具有一定的可信性。因此，二审认为涉案面粉的价格可按每千克 1.88 元予以确定。

综合本案查明的事实来分析，A 公司指定的收货人 F 厂并未向工商行政管理部门进行登记，涉案省市也无"陈某"此人，而身份证又明显是伪造的，故 A 公司的损失是由"陈某"实施的诈骗行为所造成。本案双方当事人之间存在铁路货物运输合同关系，向承运人提供收货人的真实信息是托运人的义务，本案中的收货人"F 厂陈某"是 A 公司指定的收货人，而"陈某"又是在中间人告知领货信息后去领货的，故将货物交给该收货人是托运人在铁路货物运输合同中的意思表示。铁路运输企业作为承运人不具有审查托运人指定收货人是否真实的义务，也无需审查托运人与收货人之间的交易和付款的方式，因指定收货人不真实而产生的相应法律后果理应由托运人自行承担。A 公司作为货物的所有权人对买家的真实情况并不了解，而轻信了中间人的介绍，向承运人指定的收货人提供的信息实际虚假，过错在于 A 公司自身，而该过错是导致货物被"陈某"领走的主要原因。而 B 铁路局作为承运人，在领货凭证未到的情况下，要求收货人提供担保并写下收货人身份证号码进行交付的行为符合《铁路货物运输规程》的规定，且根据 A 公司自述的相关事实分析，实际最终领取货物之人应当是 A 公司指定的收货人"陈某"，也是其曾经希望交易的对方，只是在提取货物后对方未能付款才导致 A 公司发现系受骗上当，故实际收货人即是托运人指定的收货人，本案并不存在误交付。收货人"陈某"应当是 A 公司货物损失的责任主体。但是，由于"陈某"在提货时所持的身份证号码仅为 17 位，存在明显的瑕疵，只要 B 铁路局所属 G 站的有关工作人员稍加注意，完全有可能发现该身份证系伪造，从而可以避免损失。铁路承运人在货物交付过程中具有确保货物安全的责任，但因承运人未能尽到谨慎的注意义务，使"陈某"以明显的假身份证提走了面粉，故作为承运人的 B 铁路局也对 A 公司的损失发生存在一定的过错，应当承担相应的赔偿责任。二审认为，本案是由第三人的侵权行为引发的纠纷，在铁路货物运输合同关系中，A 公司的过错是导致损失发生的主要原因，B 铁路局的过错是损失发生的次要原因。原审判决认定 B 铁路局构成误交付且具有重大过失的依据不足，应当予以纠正。

一审判决确定的赔偿金额虽高于二审认定的 B 铁路局实际应承担的金额，但由于 B 铁路局并未提起上诉，表明其对原判认定的赔偿数额予以认可，上诉人要求支持全部诉讼请求的上诉请求也应予以驳回，故二审综合考虑各方利益和案件处理的实际效果，可判决维持原判确定的赔偿金额。据此，依照《中华人民共和国民事诉讼法》第一百五十八条、《中华人民共和国合同法》第一百二十条、第三百零四条第一款的规定，判决：

驳回上诉，维持原判。

二、旅客人身伤害赔偿纠纷案

【案情】

原告何某向原审法院诉称，2012 年 5 月 16 日下午，原告乘坐被告承运的 K952 次列车回衡阳，列车在进入广州火车站时，原告从列车洗手间出来，因列车剧烈晃动，车厢门突然反弹在其扶着门框的右手上，导致其右手无名指一节手指断裂，断指粘在门框上。在列车上做简单包扎后，在广州被送医院抢救治疗。经医院诊断为右手无名指末端部分离断伤，住院四天。后经衡阳市仁济司法鉴定中心鉴定，伤残度为十级。原告认为其购票乘车，是合法旅客，根据我国法律规定，该事故损失应由被告南宁铁路局承担。原告请求法院判令被告赔偿各项损失共计 87 999.66 元，并承担本案诉讼费用。

被告南宁铁路局答辩称，本次事故系原告何某对自身安全注意不够，在车厢连接处吸烟被夹伤，其人身伤害系自身原因造成。原告的诉请不合法也不合理，原告的伤势不构成残疾，请求法院公平确定双方的责任。

原审法院审理查明，2011 年 5 月 16 日，原告何某乘坐被告南宁铁路局承运的 K592 次列车回衡阳，列车在进入广州火车站时，原告在列车连接处吸烟，由于列车剧烈晃动，车厢的隔离门突然反弹在原告扶着门框的右手上，导致原告右手无名指一节手指断裂，断指粘在门框上。在列车上做简单包扎后，何某在广州被送医院抢救治疗。经医院诊断为右手无名指末端部分离断伤，原告回衡阳住院四天。后经衡阳市仁济司法鉴定中心鉴定，伤残程度为十级。原告向原审法院起诉，要求判令被告南宁铁路局支付残疾赔偿金 37 688 元、医药费 1 705.76 元、误工费 17 567.5 元、交通费 1 177.5 元、住院和伙食补助费 440 元、后续治疗费 3 000 元、营养费 2 000 元、鉴定费 400 元、未成年子女抚养费 4 020.9 元、保险费 20 000 元，共计 87 999.66 元，并承担本案诉讼费用。

原审法院认定上述事实的证据有旅客车票、医院病例、《司法鉴定意见书》等。

原审法院认为，关于原告伤残程度的认定，原告在起诉时提供了《衡阳市仁济司法鉴定中心司法鉴定意见书》，该鉴定根据湖南省高级人民法院"湘高法〔2003〕27 号通知"要求，参照中华人民共和国国家标准《劳动能力鉴定 职工工伤与职业病致残等级分级》评定原告何某伤残等级为十级。由于被告对该鉴定使用的标准有异议申请重新鉴定，提交了《衡阳市民和司法鉴定所司法鉴定书》，该鉴定认为对意外事故等导致人体损伤的伤残等级评定，目前参照的国家标准有两个，即《劳动能力鉴定 职工工伤与职业病致残等级分级》和《道路交通事故受伤人员伤残评定》，按前标准评定何某伤残等级为十级，按后标准评定何平的损伤不构成伤残。被告提出应按最高人民法院《人体损伤残疾程度鉴定标准（试行）》评定，经查该标准在 2005 年 1 月 1 日试行，并不是国家标准。现在用的国家标准只有前鉴定报告所述的两个标准。湖南省高级人民法院在 2005 年 1 月 12 日"湘高法技〔2005〕2 号"通知中决定"在最高人民法院出台新的规定前，人身损伤案件的伤残评定，统一适用国家《劳动能力鉴定 职工工伤与职业病致残等级分级》"。因此本案中何平的损伤按《劳动能力鉴定 职工工伤与职业病致残等级分级》评定为十级伤残是适当的，该院予以确认。

关于原告提出的赔偿数额，被告对原告的误工费计算有异议，在原告提交的工资卡银行账单里，原告何某的工资是每月 3 900 元至 4 500 元，何平单位出具其月工资为 7 530 元的证明与事实不符，该院认为何平的误工费月工资应按 4 200 元计算。原告提出的住院护理费和伙食补助费 440 元、营养费 2 000 元没有相应证据证实，要求赔偿未成年子女抚养费 4 020.9 元，亦没有丧失劳动能力的相应证据予以佐证，上列赔偿该院不予支持。经计算，原告何平的损失有残疾赔偿金 37 688 元、医药费 1 705.76 元、误工费 9 800 元、交通费 1 177.5 元、后续治疗费 3 000 元、鉴定费 400 元、保险费 20 000 元，共计 73 771.26 元。

【审判】

综上所述，原审法院认为原告何某在正常乘坐列车时发生意外伤害，要求铁路承运方赔偿是合理合法的，承运人应当在约定期间或合理期内将旅客安全运输到约定地点，对运输过程中旅客伤亡应当承担损害赔偿责任，但伤亡是旅客自身健康原因造成的或者承运人证明伤亡是旅客故意、重大过失造成的除外。原审被告没有举证证明这次事故是何某故意、重大过失造成，应承担赔偿责任。根据《中华人民共和国合同法》第二百九十条、第三百零二条，《中华人民共和国民法通则》第一百一十九条的规定，作出判决：（1）被告南宁铁路局赔偿原告何平医药费、交通费、误工费、鉴定费、残疾赔偿金、后续治疗费、保险费共计 73 771.26 元；（2）驳回原告的其他诉讼请求。本案受理费人民币 2 000 元，由原告何平负担 356 元，被告南宁铁路局负担 1 644 元。

上诉人南宁铁路局不服原审法院上述民事判决，上诉称：（1）一审判决认定事实不清，上诉人在一审中提供的《列车广播计划》及广播录音、《旅客列车三乘联检记录》，证明被上诉人乘坐的旅客列车硬件设施处于安全适用状态，上诉人已就旅客乘车应注意的包括车厢连接处防夹伤等安全注意事项以列车广播的方式尽了安全提示义务，一审判决对此事实未予认定，属重大事实认定不清。被上诉人将上诉人告知的旅行安全注意事项置之不理，不听劝导在车厢连接处吸烟，属违反旅客义务的行为，因此造成自身人身损害，具有重大过错，应承担主要过错责任。根据《最高人民法院关于审理铁路运输人身损害赔偿纠纷案件适用法律若干问题的解释》第十二条的规定，应当区分双方责任大小作出判决。（2）一审判决错误认定被上诉人何某的人身损伤构成十级伤残。对意外事故等导致人体损伤的伤残等级评定，目前参照的国家标准有两个即《劳动能力鉴定 职工工伤与职业病致残等级分级》和《道路交通事故受伤人员伤残评定》，按前标准评定何某伤残等级为十级，按后标准评定何某的损伤不构成伤残。第二次鉴定结论（即《衡阳市民和司法鉴定所司法鉴定书》）中的第二种意见，参照《道路交通事故受伤人员伤残评定》得出被上诉人何某人身损伤不构成伤残的鉴定意见，定残要件与最高人民法院《人体损伤残疾程度鉴定标准（试行）》的相关规定一致，故应采信该鉴定，一审判决以"湘高法技〔2005〕2 号"通知中有明确规定鉴定标准而予以否定最高人民法院《人体损伤残疾程度鉴定标准（试行）》这一规定，显属不当。上诉人依上述事实及理由，请求二审撤销原审判决第一项，改判驳回原告何某的诉讼请求并承担本案上诉费用。

被上诉人何某答辩称，原审法院认定事实清楚。（1）被上诉人在上诉人的车上受了伤，是因为车子的设施存在安全问题，没有任何证据证明被上诉人存在重大过失。（2）被上诉人是在鉴定机构按国家标准做的伤残鉴定，按职工工伤标准认定是整个湖南省范围的案件适用标准，故其伤残认定为十级伤残完全符合有关规定。请求二审法院驳回上诉人的上诉请求，维持原判。

上诉人和被上诉人在二审期间均没有提交新证据。

本院经二审审理查明，2011 年 5 月 16 日，被上诉人何某从深圳乘坐上诉人承运的 K592 次列车回衡阳，在列车进入广州火车站时，何某在列车连接处吸烟，由于列车剧烈晃动，车厢的隔离门突然反弹在其扶着门框的右手上，导致其右手无名指一节手指断裂，断指粘在门框上。列车工作人员在列车上对其做简单包扎后，在广州将其送医院抢救治疗，经医院诊断为右手无名指末端部分离断伤。被上诉人何某回衡阳后治疗住院四天，后自行委托衡阳市仁济司法鉴定中心对其损伤进行鉴定，该鉴定中心出具鉴定报告鉴定其伤残程度为十级。何某后向原审法院起诉，要求判令南宁铁路局支付残疾赔偿金等费用共计 87 999.66 元。

在原审法院审理过程中，南宁铁路局对何某自行委托的鉴定提出异议，申请重新鉴定。原审法院遂于 2012 年 10 月 10 日委托衡阳市民和司法鉴定所进行重新鉴定。该鉴定机构于同年 10 月 15 日作出司法鉴定意见书，得出鉴定结论：参照《劳动能力鉴定　职工工伤与职业病致残等级分级》的规定，何某右手无名指损伤等级评定为十级伤残；参照《道路交通事故受伤人员伤残评定》的规定，则何某右手无名指损伤不构成伤残。

二审认定上述事实的证据有旅客车票、医院病例、《司法鉴定意见书》等证据，全部经过一审庭审质证。

本院认为，本案二审争议的焦点问题是：一、被上诉人何某的损伤是否构成十级伤残；二、被上诉人何某是否对其人身损伤存在重大过失。

关于被上诉人何某的人身损伤是否构成十级伤残的问题。经查，目前关于人身损害伤残等级评定的标准较多，除《劳动能力鉴定　职工工伤与职业病致残等级分级》和《道路交通事故受伤人员伤残评定》外，还有其他多种标准。除对于职工工伤、道路交通事故等特定损害必须适用特定标准之外，对于其他人身损害的伤残等级鉴定未有统一标准，上诉人提出和一审判决中提到的最高人民法院《人体损伤残疾程度鉴定标准（试行）》并未正式颁布。在司法实践中，多数案件按照有利于被害人的鉴定标准进行鉴定，即采用工伤标准。对于一般情况下的人身损害残疾鉴定标准，部分省份有相应规定的，在该省范围内遵照执行。根据湖南省高级人民法院湘高法〔2003〕27 号通知和 2005 年 1 月 12 日发布的湘高法技〔2005〕2 号通知的要求，在最高人民法院出台新的规定前，湖南省境内人身损伤案件中的伤残评定，统一适用国家《职工工伤与职业病致残程度鉴定标准》。故一审法院采信鉴定报告中按《职工工伤与职业病致残程度鉴定标准》认定何某的损伤为十级伤残的鉴定结论，符合相关规定。上诉人南宁铁路局认为何某的损伤不构成十级伤残的理由，本院不予采纳。

关于何某对其人身损伤是否存在重大过失的问题。经查，虽然上诉人提交的《列车广播计划》及广播录音、《旅客列车三乘联检记录》证明上诉人对被上诉人乘坐的旅客列车硬件设施进行了安全检查及旅客乘车应注意的安全事项进行了广播提醒，但被上诉人何某所受损伤系由于列车剧烈晃动，车厢的隔离门突然反弹致使其扶着门框的右手受伤。根据《中华人民共和国合同法》第三百零二条"承运人应当对运输过程中旅客的伤亡承担损害赔偿责任，但伤亡是旅客自身健康原因造成的或者承运人证明伤亡是旅客故意、重大过失造成的除外。"的规定，重大过失一般情况下系指旅客明知可能造成损失而轻率的作为或不作为，现查明何某受伤的事实不能认定系其重大过失，上诉人也没有充分的证据证明何某受伤系其故意或重大过失造成。故不能认定何某对其人身损伤存在重大过失。上诉人南宁铁路局上诉提出被上诉人何某具有重大过错，应承担主要过错责任的理由，没有事实依据，本院不予采纳。

根据《最高人民法院关于审理铁路运输人身损害赔偿纠纷案件适用法律若干问题的解释》第十二条"铁路旅客运送期间发生旅客人身损害，赔偿权利人要求铁路运输企业承担违约责任的，人民法院应当依照《中华人民共和国合同法》第二百九十条、第三百零一条、第三百零二条等规定，确定铁路运输企业是否承担责任及责任的大小"的规定，原审法院根据查明的事实，依据《中华人民共和国合同法》有关规定，认定由南宁铁路局承担何某受伤的全部赔偿责任并无不当。上诉人提出应区分双方责任大小进行判决的理由，本院不予采纳。

综上所述，原审判决认定的基本事实清楚，适用法律准确，审判程序合法。依据《中华人民共和国民事诉讼法》第一百七十条第一款第（一）项、第一百五十八条的规定，判决如下：

驳回上诉，维持原判。

二审案件受理费人民币 2 000 元，由上诉人南宁铁路局承担。

本判决为终审判决。

三、货物运输合同货物毁损纠纷案例

【案情】

原、被告于 2000 年 2 月 23 日口头商定：由被告承运海南产之蔬菜（油豆角）3 500 千克；终点站为黑龙江省大庆市让湖路车站。商定的当天原告将 3 500 千克蔬菜交给被告承运，还交了 7 741 元给被告之经办人李某。被告的经办人李某收到该款后出示收款收据，被告也按约定将 3 500 千克蔬菜（油豆角）运往大庆。2000 年 3 月 8 日该批蔬菜到达终点站时，经哈尔滨市齐齐哈尔分局让湖路车站检查发现集装箱后面调温室无门锁，可自由开启，调温室内温度控制箱箱门开启，冷板温度显示表和箱内温度显示表失灵，调温机不工作；3 月 9 日交付时开启箱内见绿水流出，竹筐装豆角 96 箱，全部腐烂变黑。油豆角当时在大庆市的价格为每公斤 10～12 元。2000 年 4 月 21 日，原告以冷藏商运公司为被告，向海口市某法院提起诉讼，称：2000 年 2 月 23 日，原告要求被告用保温冷藏箱发运海南产蔬菜（油豆角）3 500 公斤。原告依照约定向被告交纳 310 吨冷藏箱租费 1 500 元、车费 1 800 元、冷藏费 400 元、铁路运输费 4 041 元，共计人民币 7 741 元，而且于当日将所运蔬菜交给被告指定的冷藏仓库。后经铁路部门检验发现所运蔬菜全部腐烂。由于被告的过失，没有尽到谨慎运输之责，致使冷藏箱后面温室内温度控制箱箱门开启，冷板温度显示表和箱内显示表失灵，调温工作机不工作，造成原告的经济损失 498 099.2 元（包括运费 7 741 元），现诉至法院要求判令被告赔偿损失 421 582 元及退回运费 7 741 元，并负担本案诉讼费用。

被告冷藏商运公司辩称：被告与原告系委托代理关系，是原告将货物交给被告委托铁路部门运输的，原告的货物损失与被告无关，系铁路运输部门的责任，要求法院判决驳回原告的起诉。

【审理】

海口市某法院审理认为：

2000 年 2 月 23 日的运输蔬菜合同系原、被告双方在协商一致、意思表示真实的基础上订立的，且被告有"冷藏集装箱及多类集装箱的铁道营运、销售租赁服务"的经营范围，内容没有违反法律、法规的规定，该合同合法有效。原告已约定将所运的蔬菜及租箱费、车费、预冷藏费共计 7 741 元交给被告的经办人李某。李某的经营活动应由被告承担民事责任。被告在承运原告托运的蔬菜的过程中，造成蔬菜腐烂，被告应对承运的蔬菜腐烂承担赔偿责任。

2000 年 3 月 13 日，由大庆市物价局价格管理科及大庆市农副产品批发市场工商所开具的证明证实，油豆角的市价为每千克 10～12 元，依照《中华人民共和国合同法》第三百一十二条"货物的毁损、灭失的赔偿额，当事人有约定的，按照其约定；没有约定或者约定不明确，依照本法第六十一条的规定仍不能确定的，按照交付或者应当交付时货物到达的市场价格计算"之规定，原告的 3 500 千克油豆角，被告应承担赔偿损失 42 000 元。

原告诉请要求被告赔偿损失 42 000 元，应予支持。原告要求退还运费 7 741 元没有法律依据。依照《中华人民共和国民法通则》第四十三条、《中华人民共和国合同法》第三百一十一条、第三百一十二条之规定，判决被告冷藏商运公司赔偿原告经济损失 42 000 元人民币。

双方当事人均未上诉。

【评析】

在日常的社会经济活动中，合同的一方当事人不履行合同义务或者履行合同义务不符合约定的行为屡见不鲜。本案是一起关于货物运输合同的纠纷。

（1）当事人之间的合同法律关系的发生，首先要求在当事人之间成立一个具有法律约束力的合同。本案中，被告认为双方只存在一种委托代理关系。"运输合同是承运人将旅客或者货物从起运点运输到约定地点，旅客、托运人或者收货人支付票款或者运输费用的合同。"被告有"冷藏集装箱及多类集装箱的铁道营运、销售租赁服务"的经营范围，原告也在合同订立后履行了自己的义务，双方形成的是一种运输合同关系。

（2）企业法人和其他民事主体一样，在其未履行民事义务时，必须承担相当的民事责任。企业法人的民事责任一般都是在经营过程中产生的，这种经营活动又是通过它的法定代表人和其他工作人员进行的，因此，企业法人的法定代表人和其他工作人员，以法人名义从事的经营活动，企业法人应当承担民事责任。

（3）运输作业是风险作业，同时在运输过程中损害的发生原因也是极其复杂的，法律在强调对托运人或者收货人利益保护的同时，也必须对承运人的利益作适当的保护。《中华人民共和国合同法》第三百一十一条规定，"承运人证明货物的毁损、灭失是因不可抗力、货物本身的自然性质或者合理损耗以及托运人、收货人的过错造成的，不承担损害赔偿责任"。承运人要免除赔偿责任的，就应当负举证责任。本案中作为承运方的冷藏商运公司，在承运蔬菜的过程中，没有尽到妥善保管的义务，致使蔬菜腐烂变质，在承运方不能证明有免责事由存在的情况下，应当赔偿托运方的损失。

（4）本案中关于货物赔偿额的计算，适用《中华人民共和国合同法》第三百一十二条的规定，按照交付或者应当交付时货物到达地的市场价格计算。其目的在于使托运人或者收货人获得如货物安全及时到达并按合同交付时所获得的预期利益，有利于保护托运人或者收货人的利益。

四、铁路货物运输合同逾期货损索赔再审案例

【案情】

某年 4 月 19 日，宏隆公司在广州东站将买方拒收的 TD 甘油委托广东省物资储运公司返运上海何家湾站。货物运单记载：TD 甘油 240 件，铁桶包装，货物价格 6 万元，保价 6 万元，托运人：广东省物资储运公司，收货人：上海宏隆实业有限公司，货物装入 P632697 号 60 吨棚车，由托运人自装自锁，施封号码 0276 号，托运人确定重量 60 吨。承运人填制的货票记载，运到期限为 9 天。

该批货物于 1995 年 4 月 19 日承运，4 月 20 日从广州东站挂 2078 次区段列车开出，21 日 20:40 分到达株洲北站编组作业。因长沙铁路总公司调度所 4 月 21 日 8178 号停装保留的调度命令，该车被编组为 3612 次机后第 47 位（辆）开往白马垅站保留。5 月 1 日解除保留开回该站待编组，但受浙赣线列车牵引总吨位的限制，前 37 辆车编为一列开出，包括该车在内的

其余 10 辆车根据 5 月 1 日调度命令，又被编入 3614 次开往白马垅站保留。5 月 18 日开回该站，编为 1324 次直通货物列车开出，同日到达上海铁路局管内鹰潭站。当列检员例行检查时，发现该车走行部位一侧位旁承游间及枕簧被压死，不能继续运行，遂送鹰潭南站倒装扣修。鹰潭南站在调配不到棚车的情况下，于 6 月 8 日以敞车代用。换装时货运记录记载：车底板上有油迹，经清点有空桶 17 件，另有 7 件桶中部有 0.8 厘米×0.4 厘米的破口（新痕），内货剩半余桶。该货被换装至两辆敞车并苫盖篷布，于 6 月 9 日挂运，6 月 14 日运抵何家湾站。收货人宏隆公司自行卸车。卸车时货运记录记载：空桶 44 件，半桶 36 件。6 月 19 日，经上海市产品质量监督检验所现场外观检查：TD 甘油共计 240 桶，桶体为蓝色铁桶，无中文标签。其中 61 桶为空桶，满桶 179 桶。在 179 桶中有 167 桶为胖桶，12 桶未发生胖桶。现场随机抽查 4 桶，内均有气体逸出，且内装物均有发酵味。抽样检验结论：该产品本次抽查检验不合格。

本批货物是宏隆公司为履行与广州市润泽有限公司买卖合同于 1994 年 11 月 13 日从江苏省泰兴市甘油厂购买发往广东石围塘站。11 月 16 日该货运至广东石围塘站卸货时，货运记录记载 5 件有不同程度渗漏，完好件重 275 千克。经广州市产品质量监督检验所 12 月 19 日抽样检验，确认货物不是甘油（丙三醇），买方因此而退货。卖方宏隆公司于 1995 年 4 月 19 日将该货返运上海时，已在广州已滞留 5 个月。该货生产日期为 1994 年 11 月 5 日～13 日，企业标准规定保质期为 6 个月。

宏隆公司返运的该批 TD 甘油，使用的包装为已盛装过其他物质的旧铁桶，桶上只贴有英文标签，标有"SORBITOLNEOSORB"（注：山梨糖醇、异构山梨醇），"NET 275KG"（注：净重 275 千克），"Gross 296Kg"（注：毛重 296 千克）字样，桶上没有 TD 甘油的中文标识。1995 年 6 月 28 日，宏隆公司对 10 桶满桶抽样过秤，最重 273 千克，最轻 270 千克。本案棚车标记载重：60 吨，故要求每件货物毛重为 250 千克。

宏隆公司以承运人的重大过失行为导致严重逾期，货物变质，野蛮装卸导致严重破损为由，向上海铁路运输中级法院起诉，请求判令何家湾站赔偿货物价值 78 万元及其他实际损失共计 840 889 万元。

本案审理中，中国科学院化学研究所接受法院委托，对从泰兴甘油厂提取的 TD 甘油样品进行了检验，检验结果是：TD 甘油样品是一个多元醇的多聚糖混合物的水溶液。该混合物中，含量最多的是己六醇亦称六碳醇糖（如山梨糖醇、甘露醇之类），其次成分是六碳单糖。

【审理】

上海铁路运输中级法院判决认为：运输过程中尚未发现承运人有野蛮装卸和重大过失。株洲北站保留该车致使货物逾期并超过保质期，属一般过失，应在货物保价金额内承担赔偿责任；货物到达鹰潭站已过保质期，扣车和倒装系货物超载所致，故鹰潭站不承担赔偿责任。判决株洲北站赔偿宏隆公司货款损失 60 000 元，支付逾期违约金 1 434 元。

宏隆公司和株洲北站不服该判决，上诉至上海市高级人民法院。

上海市高级人民法院判决认为：宏隆公司托运的 TD 甘油有一定的保质期，该公司 4 月 20 日返运上海的另一车 TD 甘油 8 天后即运抵上海，株洲北站称本案货物是由于醴陵限制口车辆通过能力所限被保留的理由难以采信；本案货物到达鹰潭站没有及时倒装，致使该批货物又在该站滞留，造成货物运离鹰潭站时全部超过保质期，对此本院有理由认为货物的逾期变质完全是由于承运人的重大过失引起的，宏隆公司上诉提出不应受保价金额的限制，应按实际损失赔偿的请求并无不当，按照铁道部规定，判决由事故处理站何家湾站赔偿宏隆公司货物损失 60 万元。

株洲北站和鹰潭站不服上海市高级人民法院终审判决，分别向最高人民法院提出申诉。

株洲北站申诉称：（1）该批货物不是甘油，不应套用甘油的质量标准，且从广州返运前已存在质量问题。宏隆公司对代办托运人隐瞒货物非甘油和保质期将到的情况，将产品质量问题嫁祸于铁路逾期运到。（2）保留是受浙赣线醴陵口通过能力限制所致。该批货物在运单上无任何快运限期，完全符合保留车条件。保留的时间由调度令决定，株洲北站无法改变。

鹰潭站申诉称：（1）货物在我站滞留，是因宏隆公司为少交运费，匿报货物重量导致车辆损坏所致，我站的行为防止了列车颠覆。后因换装排不上棚车，最终只好用敞车装运，并用篷布苫盖。（2）该批货物使用铁桶包装，桶上没有任何标识，超过企业标准规定的保质期 20 多天就全部发酵变质，其产品质量可想而知。况且，发运前货物已有质量问题。而托运人并未向承运人声明，致使承运人将该"甘油"按普通货物运输，托运人对货物变质有不可推卸的责任。

宏隆公司接到最高人民法院提审裁定后，在答辩期内未作答辩。庭审时答辩称：本案是运输合同，不是购销合同，铁路无需关心质量问题。铁路收了运费，就应把货物按合同约定的运到期限完好运到，而不能以运能紧张对抗货主。逾期 30 天就可推定为灭失，逾期 47 天当然可认定为重大过失。铁路对包装和重量应该查实，既然接收了就应视为同意。

上海铁路分局杨浦站陈述称：上述货物是由宏隆公司自行卸车，卸后堆放在凹凸不平的露天场地，数天后才转入室内仓库。收货人称货物已过保质期可能变质，但货物运单上无容许运送期限。我站完全同意株洲北站和鹰潭站的申诉理由，该批货物变质发酵，是货物本身质量造成的，承运人不应承担赔偿责任。

最高人民法院经审理认为：根据《中华人民共和国铁路法》第十九条的规定，托运人有如实填报托运单的义务。其填报的内容将决定承运人采取何种运输措施，以保证货物安全。第二十条规定，托运人对货物应当按照国家或者行业包装标准包装，使货物在运输途中不因包装原因而受损坏。

《铁路货物保价运输管理办法》第八条、第十条规定，保价金额 50 万元以上的整车货物，应及时挂运，中转停留一般不超过 24 小时。由于宏隆公司委托的托运人未如实申报货物价值，使承运人确认该批货物属对运输无特殊要求的低值普通货物，故在选择保留车时，根据先普通货物后特殊货物的原则决定将该车保留。该批货物使用棚车运输，由托运人自装自锁。按照中华人民共和国铁道部 1991 年公布的《铁路货物运输规程》等四十七条的规定，承运人与托运人凭封印交接，内货状况和包装由托运人负责。《铁路法》第十九条规定的铁路运输企业对货物进行检查是承运人的权利，并非义务。承运人按照运单填报内容，依据运输规章决定将该车保留，延长了运输时间，使货物的变质加剧，属货物本身的自然属性和托运人的过错造成的。依照铁路法第十八条第一款第（二）（三）项规定，承运人不承担赔偿责任。

本案货物的运到期限为 9 天，逾期 47 天运到。《铁路法》第十六条规定："铁路运输企业应当按照合同约定的期限或者国务院铁道主管部门规定的期限，将货物、包裹、行李运到目的站；逾期运到的，铁路运输企业应当支付违约金。"《铁路货物运输合同实施细则》第十八条第五款规定，承运人"未按规定的运到期限，将货物运至到站，向收货人偿付该批货物所收运费 5% 至 20% 的违约金。"株洲北站虽然是因运输能力的限制而对该车采取保留措施造成逾期，但仍属承运人的违约行为，与托运人或者收货人无关，株洲北站应当依法给付该段逾期时间内的违约金。

五、新铁路人身损害赔偿司法解释实施后，河北省第一起铁路交通案件

【案情】

2010年3月12日上午10点多钟受害人张某外出买菜，一夜未归，次日下午五点多钟得到派出所电话，要求家属前去验尸，被证实正是受害人。家属找铁路部门协调，铁路部门称只能给几千块钱丧葬费，家属不同意找到律师咨询。2010年3月16日，恰好当天《最高人民法院关于审理铁路运输人身损害赔偿纠纷案件适用法律若干问题的解释》正式实施。根据该司法解释的规定，如受害人是纵向沿铁路线路行走造成死亡后果的，铁路部门免责，不承担赔偿责任；如受害人在横向穿越铁路过程中发生铁路事故的，由铁路部门在20%～80%的赔偿范围内承担赔偿责任。铁路部门认为，受害人是在沿铁路线路纵向行走过程中发生的交通事故，应当免责。作为原告代理律师，要想为当事人争取赔偿权利，只能驳倒铁路部门的说辞，因此，被害人到底是沿铁路线路"纵向行走"还是"横向穿越"成为案件的关键问题。律师经过多次当场勘查，发现铁路旁边有一条平坦的小路，再结合受害人的年龄及事故发生时间以及东北方向上的灯光，律师认为受害人案发时是想横穿铁路，排除了受害人沿铁路线路纵向行走的说法。

本案经石家庄铁路运输法院二次庭审，庭审中就焦点问题双方展开激烈辩论。因本案是新司法解释实施后河北省第一个铁路交通事故案件，石家庄铁路运输法院非常慎重，庭后，多次组织当事人进行调解，最终由北京铁路局赔偿原告各项费用约8万元，本案调解结案。案件结案后，收到了非常好的社会效果，改变了人们对铁路运输人身损害赔偿纠纷难以获赔的印象，河北青年报等媒体多次对本案进行了报道。

附：本案一审代理词如下，以供参考。

杜某北京铁路局交通事故损害赔偿一案一审代理词

审判长、审判员：

河北恒利律师事务所接受原告杜某委托指派我们担任其与北京铁路局铁路交通事故损害赔偿案件一审代理人，经过二次庭审，我们对本案有了更为清楚的了解。根据已查明事实和《最高人民法院关于审理铁路运输人身损害赔偿纠纷案件适用法律若干问题的解释》第六条第（一）项、第七条第（一）项的规定，代理人认为，被告北京铁路局未充分履行安全防护、警示等义务，致使张秀琴在横向穿越铁路时被列车撞击死亡，被告应当按原告全部损失的百分之八十承担赔偿责任。具体代理意见如下：

（一）被告北京铁路局未充分履行安全防护、警示等义务，存在过错庭审中被告称：司机发现险情后，列车及时鸣笛示警、紧急制动。代理人认为，关于鸣笛示警问题，除司机尚某及道口工薛某的证人证言外，没有任何证据证明当时进行了鸣笛示警。而根据对证人证言的认定规则，本案被告提供的证人未出庭作证接受当事人质询，并且道口工薛某本身是被告的职工，司机尚某是直接责任人，两人与被告均有利害关系，出于趋利避害的考虑两人完全有可能进行虚假陈述，因此两人的证言证明效力非常低，不应当采纳。退一步讲，即使被告所

说属实，列车及时鸣笛示警、紧急制动，但这只能说明本次事故属于意外事故，司机采取了措施想阻止事故的发生，排除了司机直接杀人的主观故意，但不能以此认定被告充分履行了安全防护、警示等义务。被告代理人认为，至今法律、行政法规、规章及规范性文件均未要求 120 km/h 以下的线路两侧应当或者必须设立安全防护措施。因此，对其不作为的行为不应承担责任。原告代理人认为，根据《铁路技术管理规程》①第四十八条的规定"列车运行速度 120 km/h 及以上线路和重载运煤等线路应全封闭、全立交、线路两侧按标准进行栅栏封闭，并设置相应的警示标志"。虽然国家法律、行政法规等没有要求运行速度 120 km/千米以下的铁路线路必须全封闭、全立交，线路两侧进行栅栏封闭；但也没有规定线路两侧可以不设置任何隔离措施、安全警示标志、标语等基本防护措施。被告作为对铁路线路负有管理义务的单位，应当对靠近城镇、村庄的未封闭线路，加强管理，对潜在的安全隐患，积极采取措施予以排除。从事故现场来看，该铁路线路未封闭，靠近村庄，铁路线路两侧没有设置丝毫的安全防护措施，因此被告并未充分履行安全防护、警示等义务，存在过错。尤其是新司法解释实施后，该司法解释对铁路部门应履行的安全防护义务、警示义务提出了更高的要求，铁路部门设置的警示标志、信号除应保持完整、明显外，还应经常检查是否完好，对沿线村庄、学校应开展经常性普法教育，适时开展法制宣传活动。因此，国家没有明确规定，不能成为铁路管理部门不充分履行"安全防护、警示等义务"的说辞。

（二）《铁路交通事故认定书》认定"受害人在铁路线路上行走"纯属认定事实错误。《铁路交通事故认定书》程序上存在的问题，由于体制原因代理人不再过多阐述。但在内容上，代理人认为，事故调查组作出的事故认定书认定"受害人在铁路线路上行走"的事实有误，不应当以此作为认定事实的根据。具体理由如下：《铁路交通事故认定书》认定"被害人在铁路线路上行走"的主要证据有司机尚某的证人证言、现场勘查笔录、照片、现场示意图等；事故调查者以现有证据就认定"受害人在铁路线路上行走"，纯属主观臆断。（1）司机尚某的证人证言：司机作为事故的直接责任人，与被告有直接的利害关系，司机为趋利避害最大限度地减轻自己的责任完全有可能隐瞒事实真相，作出虚假陈述。而且证人无正当理由未出庭接受质询，其证言可信度非常低不应当采信。（2）关于列车撞击点的问题庭审中，被告称"在 K12+735 米处列车左侧前方撞击受害人头部右枕部，受害人在倒地的过程中血迹喷溅到沙箱及车梯上"。代理人认为，被告的说法不能成立：第一，庭审中证人路某确说明，经过现场勘查"机车左侧前方与人同等高度位置没有血迹"。被告代理人称"受害人头部被撞击时，头部还没有出血，血是在倒地过程中才喷溅出来"这种说法显然不能成立。血会喷溅出来，说明头部必然有伤口，如果是列车左侧前方直接撞击受害人头部右枕部，那么列车前方左侧与受害人头部的接触点部位，必然会留下血痕。被撞时头部没有出血，说明被撞部位没有伤口，那么在倒地过程中，血怎么会喷溅出来呢？被告代理人的这种说法不符合逻辑。第二，从伤口的形状上分析，现场勘查勘验笔录第 3 页记录"死者头部右枕上有一 5.5 厘米×0.8 厘米的伤口（获鹿派出所工作情况说明认定为："开放性创伤"）。虽然笔录没有明确记录该伤口是锐器还是钝器所致，但根据伤口的形状分析，就是锐器所致；因为列车左侧下方的沙箱距地面有 10～20 多厘米，是铁质长方形器具，棱角分明，人在倒地后沙箱高度恰好能够撞击到人的头部，且列车沙箱上有大面积血迹；通过伤口的形状以及沙箱上的血迹足以印证被害人是在

---

① 现已失效。

倒地后被沙箱撞击头部造成死亡这一事实。列车左侧前方机身部位，表面平滑，如果受害人头部受钝性外力作用撞击，必然会造成颅骨骨折、右顶部硬膜下血肿、蛛网膜下腔出血等症状，并且造成颅内出血的可能性要远远大于血液喷溅的可能性。而且从列车外形上分析，与受害人同等高度部位向内凹陷，该部位不可能撞击到人的头部。因此，受害人受机身前部这种钝性外力撞击的可能性很小。综上分析，代理人认为：受害人头部右枕上受伤、列车沙箱左侧有血迹、车梯上有喷溅血迹，这些证据足以说明受害人是在倒地后被列车左侧沙箱撞击头上右枕部死亡。被告认为，受害人头部右枕部有伤口，就直接认定是在背向列车行走时被机车撞击所致，通过以上分析，被告的该种分析显然不能成立。（3）被撞击倒地之后的姿态是否能推断被害人当时的行走方向？虽然司机尚某陈述"发现该人在下行线路左侧钢轨外沿，面向右下侧，头朝机车方向侧卧着"。一方面，司机证言的真实性值得怀疑；另一方面，即使司机所述真实，那么这也是受害人被撞击倒地之后的姿态，列车与人发生碰撞后，其身体必然受到外力的作用，人的身体会发生翻转，因此，凭借被撞击倒地之后的姿态根本无法推断出被害人当时行走的方向。庭审中，审判长就"通过倒地姿态推断出受害人沿线路纵向行走的分析过程"不止一遍地询问勘查人员路某，但路某就该问题并没有给出直接的答案。而现有证据恰恰表明正是获鹿派出所最先在事故工作情况说明中认定"受害人由南向北背向列车沿铁路线路顺向行走"，很显然获鹿派出所在得出"受害人由南向北背向列车沿铁路线路顺向行走"的结论时，主要是根据司机陈述进行的认定，并未结合现有已经固定下来的证据进行综合分析，得出的结论纯属主观臆断。（4）认定"受害人倒地后顺线路前移"并不能说明受害人是沿铁路线路行走的。根据现场示意图显示，受害人第一次被撞击的位置是 K12+735 米处，二次被撞的位置是 K12+742 米处，而且根据现场勘验检查笔录显示，受害人上身外罩有（40 厘米×38 厘米）的破口，下身裤子上有（16 厘米×13 厘米）的破口，这充分说明受害人是被列车挂碰拖着行走了 7 米才落地被二次撞击死亡，并不能因为受害人两次被撞击的位置前移就推出受害人是沿铁路线路行走的事实。综上所述，以现有现场勘查笔录、照片、现场示意图等证据，进行分析推理根本无法得出受害人"沿铁路线路纵向行走"的结论，事故调查组依据与本案最具有利害关系的司机的陈述，得出受害人"纵向行走"的结论，显然难以使人信服。

（三）受害人是在横向穿越无封闭的铁路线路时发生的交通事故。根据案发地点周围的环境、受害人的年龄、事故发生的时间，依据日常生活经验法则可以推定：第一，受害人不可能沿着铁路线路行走；第二，发生事故时受害人之所以在铁路线路上，其目的是想横穿铁路。（1）受害人不可能沿着铁路线路行走。因为根据周围环境：铁路西边有一条 1 米多宽与铁路平行的小路，小路西边附近是施工现场，晚上有灯，路很显眼，如果受害人想要直行，在周围有一条平坦的小路的情况下，根据日常经验法则，一个 56 岁的中老年人不可能在漆黑的夜里爬上 1 米多高的护坡，在只有 30~40 厘米，上面全是路渣的路肩上行走，这是违背人们思维逻辑的，因此，受害人不可能沿着铁路线路行走。（2）发生事故时受害人之所以在铁路线路上，是想横穿铁路回家或者朝着有灯光的方向走。目的性——回家。事故发生时间是 2010 年 3 月 12 日晚上 7 点 51 分，当时天已黑且距受害人离开家已经近 10 个小时，可以想象老人当时最急迫的心情就是想回家，而受害人闺女家就在案发地点东北方向的张营村，此时要想走近路只能是横穿铁路。目的性——找灯光。本案案发地西边是高铁施工现场，东边是麦地，在天已经很黑的情况下，只有东北方向是张营村，晚上村庄有灯光，而黑夜里灯光本身对人就有一种指引作用，在这种环境下，基于人的本能，受害人就会朝着有灯光的方向走，因此，发生事故时受害人在铁路线路上横穿铁路的可能性更大。（3）代理人认为，判断受害人是"横向穿越"还是"纵向行走"，不能仅仅根据事故发生的瞬间受害人处于"在铁路线路上行走"状态就认定为"纵向行走"；而应当结合受害人登上铁路线路的目的来综合认定。（4）证明优势原则根据《最高人民法院关于民事诉讼证据的若干规定》第七十三条：双方当事人对同一事实分别举出相反的证据，但都没有足够的依据否定对方证据的，人民法院应当结合案件情况，判断一方提供证据的证明力是否明显大于另一方提供证据的证明力，并对证明力较大的证据予以确认。这就是说当证据显示的待证事实存在的可能性明显大于不存在的可能性时，可进行合理判断，只要达到确信其存在的程度时，即使还不能排除相反的可能，也可以根据已有证据认定这一待证事实的存在。从本案情况看，被告认定受害人沿铁路行走的直接证据就是司机的陈述，而司机出于趋利避害的考虑，其陈述的证明效力非常低；而且现场固定证据又不能推断出受害人当时的行走状态。而原告根据案发地点周围的环境、受害人的年龄、事故发生的时间，依据"日常生活经验法则"，推断出受害人不可能沿铁路线路纵向行走，事发时站在铁路线路上的"目的性"就是要横穿铁路。根据证明优势原则，受害人横穿铁路的的可能性明显大于纵向行走的可能性。（5）不能将《铁路交通事故认定书》作为划分责任的依据。根据《最高人民法院关于审理铁路运输人身损害赔偿纠纷案件适用法律若干问题的解释》第六条和第七条的规定，新司法解释根据铁路部门是否履行了相应的义务来区分责任，而不是一概地认定受害人违章就承担全部责任。因此，不能将《铁路交通事故认定书》作为划分责任的依据。

（四）赔偿项目及计算依据共计：150 000元。死亡赔偿金：5 150（农村居民纯收入）×20＝103 000元；丧葬费：2 365（职工平均工资）×6＝14 190元；精神损害赔偿金：30 000元；处理交通事故产生的交通费、误工费、差旅费：2 810元。综上所述：被告未充分履行安全防护、警示等义务，且事故调查组作出的事故认定书认定"受害人在铁路线路上行走"的事实有误，法院应当在庭审查明的基础上，依法对事实重新作出认定，以维护受害人的合法权益。

六、铁路货物运输合同误交付纠纷案

【案情】

1996年2月14日，原告与天津汉沽区晶宝农贸有限责任公司口头协议购买豆粕171.795吨。协议商定每吨豆粕运到衡阳单价为2 700元，总价款为463 846.50元。同年2月，天津晶宝农贸有限责任公司委托齐齐哈尔火车站议价粮油商店代办托运，托运人齐齐哈尔火车站议价粮油商店分别于同年2月15日、16日、3月1日计3车9批重174.145吨，将该批豆粕发往衡阳。运到期限为17天，保价金额33万元。但托运人在办理托运票据时误将收货人名称写为衡阳县粮油贸易运输总公司贸易分公司（实际收货人应为衡南县粮油贸易运输总公司贸易分公司）。1996年2月27日、3月1日、二车豆粕6批计115.50吨相继到达衡阳站。被告于货物到达次日按运单记载的收货人名称及地址连续三次发出催领货物通知书。同年3月7日，第三人派取货人邓某持盖有衡阳县粮油贸易运输公司公章并注明"经查我公司从齐齐哈尔发来豆粕已到"的取货公函到衡阳站领货。被告方货运员杨某在邓称"领货凭证未寄过来"后，对其公函进行审查，在发现公章与收货人名称不相符且邓所写的每一票七要素内容都有错误的情况下未进行认真核对即办理了二车豆粕的交付手续。同年 3 月 11 日，当后一车豆粕 3 批 58.645 吨到达衡阳站后，该站负责交付的货运员陈某发现前来领货的邓某所持领货公函上所盖公章与收货人名称不相符，并在邓所写的七要素内容都有错误的情况下办理了后一车货的交付手续，原告在货到衡阳站后数次到被告处查询，被告经查方知该批货物已误交付与第三人。另查，被告将货物交付给第三人时，第三人未对货物数量和质量提出任何异议，被告人收取了第三人服务、基距、装卸、担保费等费用 10 497.10 元。第三人领取该批货物后已将全部货物销售得利。

【审理】

原审认为：原告持有该批货物的领货凭证是该批货物的合法收货人，其对该批货物的所有权受法律保护。被告人在办理货物交付时应向货物运单记载的收货人交付。但被告人在第三人既无领货凭证并且所出具公函上公章又与运单记载的收货人名称明显不符时，轻信第三人，并在第三人出具的七要素内容与货票记载内容有部分差异的情况下，轻率地将该批货物交付给第三人，致使该批货物至今不能返还真正收货人。被告人未依章办理货物交付手续，是该批货物误交付的主要原因。依照《中华人民共和国铁路法》的规定被告误交付行为是重大过失行为，应承担其误交付造成原告重大经济损失的法律责任。第三人经查询已明知该批货物不属于自己时以所谓无因管理为由冒领他人货物，且擅自销售得利，属不当得利行为，应返还其冒领原告的财产并承担由此而造成的原告经济损失。据此，依照《中华人民共和国民法通则》第九十二条、《中华人民共和国经济合同法》第三十六条第一款第（二）项、《中华人民共和国铁路法》第十七条第一款第（二）项之规定，及最高人民法院《关于审理铁路运输损害赔偿案件若干问题的解释》的通知精神，判决：（一）第三人返还原告全部货款 463 846.50 元；偿付原告货款利息 14 446.69 元；支付原告差旅费 4 360.80 元。（二）被告对返还原告货款承担连带赔偿责任。偿付原告货款利息 21 670.04 元；支付原告差旅费 6 541.20 元；承担原告货款逾期交付违约金 5 617.64 元。案件受理费 10 310 元，其他诉讼费用 3 400 元，共计 13 710 元，被告承担 8 226 元，第三人承担 5 484 元。

衡阳县粮油贸易运输公司不服原审判决向本院提起上诉称：

（一）一审判决认定事实错误。（1）上诉人领取保管、销售讼争货物不是不当得利，而是无因管理。（2）上诉人对货物实施了无因管理，有权要求受益人偿付由此付出的费用（包括运杂费、仓储费、差旅费、汽车转运装卸费），一审法院对此未作认定。（3）本案误交付事实的发生是由托运人误写收货人名称引起的，托运人应对此承担民事责任。（4）一审法院对上诉人提出的重量和质量问题不予认定，违背了客观事实。（5）一审法院认定上诉人冒领他人货物给原告造成了巨大经济损失既无认定依据，也违背了无因管理规定的原则。（6）第一被上诉人提供的 0624102 号发票，一审法院未经核实即予认定。

（二）上诉人不具备一审第三人的主体资格。因为：（1）本案讼争标的物（重量计 171.795吨）与上诉人无因管理的标的物（重量计 174.145 吨）并非同一标的。（2）第一被上诉人一审起诉的货物与上诉人无关，案件处理结果与上诉人没有法律上的利害关系。人民法院追加上诉人作为第三人参加诉讼，违背了《中华人民共和国民事诉讼法》第五十六条第二款的规定。

被上诉人衡阳车站答辩称：一审认定事实正确。该案标的物是上诉人冒领走的，与无因管理无任何关系。上诉人付出的铁路各项杂费仍属我站按铁道部等有关文电、规章合理收费。该案标的物重量 174.145 吨有承运人、站货票记载为证，对货物的质量、重量，上诉人冒领时无任何异议。

被上诉人湖南省衡南县粮油贸易运输总公司贸易分公司答辩称：一审判决事实清楚、证据确凿、适用法律正确。上诉人明知货物不是自己的，而将其据为己有，其领取、保管、销售讼争货物的行为不是无因管理行为，而是恶意不当得利，衡阳车站货运职工重大过失造成货物误交付，应与上诉人连带承担赔偿责任。

本院经审理查明：被上诉人衡南县粮油贸易运输总公司贸易分公司购买豆粕、天津汉沽区晶宝农贸有限责任公司委托齐齐哈尔火车站议价粮油商店托运豆粕及衡阳车站交付货物、上诉人衡阳县粮油贸易运输公司提货的过程均与一审认定事实一致。

另查：该批豆粕保价金额为 32 万元；上诉人领货进向车站交纳该批货物运杂费总计 10 457 元。

上述事实，有货物运单、领货凭证、购货发票、第三人领货公函、运杂费收据、电汇凭证等书证证实，足以认定。

本院认为：被上诉人衡南县粮油贸易运输总公司贸易分公司依口头合同购买下豆粕并持有该批货物的领货凭证是该批货物的合法收货人。其对该批货物的所有权应受法律保护。依照铁路货物运输规章的规定，收货人在到站领取货物须提交领货凭证。被上诉人衡阳车站在办理货物交付时应向货物运单内记载的收货人交付，但衡阳车站在上诉人既无领货凭证且其所出具的领货公函上的公章与运单记载的收货人名称明显不符，及填写的票据记明七要素内容与货物运单上记明的七要素内容部分差异的情况下，轻率地将该批货物交付给上诉人，致使该批货物至今不能返还给真正收货人。被上诉人衡阳车站未依章办理货物交付手续，是造成货物误交付的直接原因，依照《中华人民共和国铁路法》的相关规定及《最高人民法院关于审理铁路货物运输损害赔偿案件若干问题的解释》，被上诉人衡阳车站误交付行为已构成重大过失，依法应承担其误交付行为给被上诉人衡南县粮油贸易运输总公司贸易分公司造成重大经济损失的法律责任。上诉人冒领他人货物并擅自销售得利，且在已知实际收货人后，拒不返还货物或货款，显系不当得利。上诉人上诉时提出的"领取、保管、销售讼争货物是无因管理行为"的主张与事实相悖，本院不予支持；其就货物质量和重量问题提出的异议以及提出的"本案讼争标的与上诉人无因管理的标的并非同一标的""第一被上诉人一审起诉的货物与上诉人无关，上诉人不承担民事责任"的主张，无证据证实，本院不予采纳；托运人误写收货人名称与该纠纷的发生无直接因果关系，上诉人上诉提出"本案误交付事实的发生是由托运人误写收货人名称引起的，托运人应对此承担民事责任的理由不成立。但其主张"在领取货物过程中付出的运杂费 10 457 元，要求受益人偿付"的合理的，应予支持。上诉人冒领他人货物并擅自销售得利的行为严重侵害了他人的财产所有权，对此纠纷负有重要责任，应返还其冒领被上诉人衡南县粮油贸易运输总公司贸易分公司财产并承担由此而造成的经济损失。

依照《中华人民共和国民法通则》第九十二条、《中华人民共和国铁路法》第十七条第一款第（二）项及《中华人民共和国民事诉讼法》第一百五十三条第一款第（二）项之规定，判决如下：

（1）撤销长沙铁路衡阳运输法院（1996）衡铁经初字第 6 号民事决的第一项。

（2）上诉人衡阳县粮油贸易运输公司返还被上诉人衡南县粮油贸易运输总公司贸易分公司货款 453 389.50 元（该批货物全部货款 463 846.50 元扣除上诉人领货时支付的铁路运输杂

费 10 457 元)；偿付被上诉人衡南县粮油贸易运输公司贸易分公司货款利息 26 407.77 元。

（3）变更一审判决第二项为：被上诉人衡阳车站对返还被上诉人衡南县粮油贸易运输总公司贸易分公司货款及偿付利息承担连带赔偿责任。

二审案件受理费 10 310 元，其他诉讼费用 3 000 元，由上诉人衡阳县粮油贸易运输公司负担 11 979 元，被上诉人衡阳车站负担 1 331 元。

七、易腐货物逾期运到变质损失赔偿案

【案情】

1997 年 4 月 25 日，冷风库委托藁城市果品供销社综合服务社与藁城站签订了第 81715 号铁路货物运输合同（即货物运单）。约定由藁城站承运雪梨一整车 2 400 件（重 40 吨，价值 96 200 元），发往重庆东站，收货人第三军医大学；在货物运单托运人记事栏中言明"运输十五天不烂"，付运费 6 816.14 元，并向保险公司不足额投保货物运输险 3 万元。藁城站在货物运单上注明"易腐货物"，当日将雪梨装入 P3100916 号栅车承运，货物运到期限九天。5 月 14 日，该车雪梨到达重庆东站。5 月 15 日卸车时，发现腐烂变质 2 293 件，完好货物 107 件，重庆东站即编制了货物记录载明："藁城发重庆东整车雪梨，卸检后未施封，二侧车门螺栓拧紧，开门车内有腐臭味，全批纸箱外有不同程度湿迹，开检见内货腐烂变质严重，卸后清点整理，完好货物 107 件，其余全部腐烂变质，车底有 9 米长、2.1 米宽的湿迹。"重庆东站并附货运事故查复书载明："货物腐烂变质属铁路责任，请中保公司核赔，联系收货人与保险公司接洽处理。"收货人将雪梨损失的情况告知冷风库，向保险公司索赔。保险公司查勘后以铁路责任为理由，拒不赔偿。重庆东站以保险公司已接洽处理，冷风库又不是货物运单上的合同单位为理由，未予赔偿。藁城市供销社果品生产综合服务社出具证明，其是受冷风库委托托运雪梨，一切事宜由冷风库全权处理。冷风库遂起诉至石家庄铁路运输法院。

原告冷风库诉称：因承运人在运输中违反了《铁路鲜活货物运输规则》的有关规定，造成货物腐烂变质，货物损失达 96 200 元，运杂费、差旅费损失 29 400 元，利息损失 10 248.30 元，总计 135 994.30 元，请求法院判令被告重庆东站予以赔偿上述损失并支付违约金。

被告重庆东站答辩称：1997 年 4 月 25 日，托运人藁城市果品供销社综合服务社由藁城站发往我站雪梨 2 400 件，5 月 14 日车到站卸货时发现腐烂变质 2 293 件，托运人投保运输险 3 万元。我站编制货物记录、货运事故查复书，联系保险公司与收货人接洽处理。原告称货物价值 96 200 元，但该货保额不足，应由托运人负责。原告冷风库既不是货物运单上的托运人，也不是收货人，不符合本案主体资格。故我站不负赔偿责任。

【审理】

审判石家庄铁路运输法院经审理认为：冷风库委托藁城市果品供销社综合服务社与藁城站签订的铁路货物运输合同合法有效，冷风库可作为当事人参与本案诉讼。铁路运输企业（包括发站、到站及中途各站）应对所承运的货物负有安全、完整、及时运输的义务。货物逾期运到或发生灭失、变质、损坏等，除不可抗力、货物本身的自然属性及托运人、收货人的过错可以免责外，铁路运输企业应承担逾期违约的赔偿责任。雪梨腐烂变质 2 293 件是对易腐的雪梨逾期十天运到造成的，重庆东站的货运记录、货运事故查复书能予认定。保险公司对货物运输现场作出查勘报告，以属铁路责任为由不予赔偿，原告冷风库要求货物的到达站重庆

东站赔偿货物损失、支付违约金的诉讼请求符合法律规定，应予支持。但根据《铁路货物运输规程》的有关规定，该车货物未办保价运输，且按件数和重量承运，每吨货物实际损失最高赔偿 2 千元；对完好 107 件雪梨及运费不应赔偿。购梨贷款利息、差旅费因证据不足，不予支持。依照《中华人民共和国经济合同法》[①]第三十六条第（一）项，《中华人民共和国铁路法》第十七条第一款第（二）项及《最高人民法院关于审理铁路运输损害赔偿案件若干问题的解释》第四条的规定，该院于 1997 年 12 月 24 日判决：

（1）被告重庆东站赔偿原告正大冷风库货物损失 76 433.33 元，并支付逾期违约金 614.40 元。

（2）驳回原告正大冷风库的其他诉讼请求。

判决生效后已履行。

【评析】

（1）代办运输的代运人，以自己的名义与承运人签订铁路货物运输合同，代运人为运输合同中的托运人，因此代运人可基于运输合同向承运人主张权利。如果代运人将债权转让与货主（原委托人），则货主可直接依运输合同向承运人主张债权，代运人不再作为债权人参加诉讼。所以，本案冷风库身为货主，代运人已将债权转让货主，冷风库提起本案诉讼，主张债权是正确的。

（2）法院认为雪梨腐烂变质是由于运输途中，超过规定运输期限逾期十天造成的，是正确的。因《铁路鲜活货物运输规则》第二十九条明确规定，易腐货物在运输途中不得保留积压。雪梨用棚车运输，一般平均气温要在 1～6 ℃。藁城市四月下旬平均气温在 16 ℃ 左右，重庆市五月上旬平均气温在 20 ℃ 左右，运输本身就有风险。《铁路鲜活货物运输规则》中虽规定，易腐货物容许运输规定期限内大于三日，但过高的温度，逾期的运输条件，必然使易腐的雪梨腐烂变质。

（3）铁路运输企业（包括发站、到站及中途各站）应对所承运的货物负有安全、完整、及时运输的义务。对铁路逾期运到或发生灭失、变质、损坏等，除不可抗力、货物本身的自然属性及托运人、收货人的过错可以免责外，铁路运输企业应承担逾期违约的赔偿责任。该车雪梨腐烂变质不是铁路运输企业故意或重大过失造成，也不是货物本身自然属性等因素所致，而是逾期十天运到造成雪梨腐烂变质。根据《最高人民法院关于审理铁路运输损害赔偿案件若干问题的解释》第四条第一款"投保货物运输险的货物，在运输中发生损失，对不属于铁路运输企业免责范围的，适用《铁路法》第十七条第一款（二）项的"由铁路运输企业承担责任"的规定，本案托运人虽不足额投保货物运输险，可向保险公司索赔，但雪梨腐烂责任明确，将铁路运输企业作为被告，要求货物到达站重庆东站赔偿货物损失等，并无不当。

（4）《铁路法》第十七条第一款第（二）项规定："未按保价运输承运的，按照实际损失赔偿，但最高不超过国务院铁路主管部门规定的赔偿限额。"据《铁路货物运输规程》有关规定，因该车货物未办理保价运输，且按件数和重量承运，每吨货物实际损失最高赔偿额为二千元。所以，腐烂变质的 2 293 件雪梨，只能赔偿 76 433.33 元。按运输合同的约定，因承运的 2 400 件雪梨均逾期到达，其违约责任应由铁路运输企业重庆东站承担，支付违约金 614.40 元。对完好货物及运杂费等不予赔偿。

（5）保险公司是否应承担赔偿责任，应当依据保险合同中的保险范围来确定，而不是依

---

① 已失效。

据铁路方面是否有责任。如果货物损失属于保险范围，保险公司就应予赔偿，然后再依取得的代位求偿权，根据铁路运输合同向负有责任的铁路承运人追偿。

八、客运合同纠纷案

【案情】

2008 年 2 月 7 日（正月初一），原告从北京市通州区的火车票代售处购买了 2008 年 2 月 8 日 12 时 57 分北京西开往邢台的票价为 55 元的 T145 次新空调硬座特快火车票一张，火车票背面的《铁路旅客乘车须知》中写有"如不能按时乘车，须在开车前办理退票手续"和"未尽事项请参阅《铁路旅客运输规程》"等内容。购票后，原告因自身原因不能按照客票记载的时间乘坐，遂于 2008 年 2 月 8 日上午 9 时 5 分到北京西站 13 号退票窗口办理退票，被告工作人员以原告"没有在开车前 6 小时办理退票"为由未予退票。原告购票时间 2008 年 2 月 7 日（正月初一）和退票时间 2008 年 2 月 8 日（正月初二）在铁路春节旅客运输即春运期间内。另查明，2008 年 1 月 7 日，铁道部运输局以铁路传真电报的形式向各铁路局发出《关于调整春运期间旅客退票时间及改签车票办法的通知》，内容为：为更好利用运能，铁道部决定春运期间将一般旅客退票时间调整为不晚于开车前 6 小时……各铁路局见电后，要立即在所有的铁路车票销售场所进行公告，也可以利用其他方式向社会广泛宣传。接到电报后，A 铁路局通过报纸、网络、在火车站张贴告示、在电子屏显示等形式对上述通知中的内容向社会进行了宣传。

原告认为：第一，原、被告之间是铁路旅客运输合同关系，合同自被告向原告交付客票时成立。原、被告之间铁路旅客运输合同的内容就是车票记载的内容，包含两部分：一是车次、时间等乘车信息。二是《铁路旅客乘车须知》的内容，即（1）请按照票面标明的日期、车次乘车，并在有效期内至到站。如不能按时乘车，须在开车前办理退票或一次改签手续。除旅客伤、病外，开车后不予退票。中途下车恢复旅行应办理签证。卧铺票和动车组列车车票中途下车前程失效。（2）乘车免费携带物品，成人 20 千克，儿童 10 千克，长、宽、高相加不超过 160 厘米（动车组列车 130 厘米）。超过规定物品应办理托运。禁止携带、托运危险品。（3）车站开车前停止检票，请在停检前进站上车或在站台上等候，具体停检时间请关注车站通告。为保证安全，请不要进入车站非旅客活动区域，并在旅行中关注安全提示。（4）未尽事项请参阅《铁路旅客运输规程》。

第二，原告享有退票权，被告没有在约定的时间"开车前"为原告办理退票，构成违约，应承担违约责任。《合同法》第二百九十五条规定应当在约定的时间内办理退票，原、被告之间的合同即车票上《铁路旅客乘车须知》第 1 条关于退票时间的约定是"开车前"，第 4 条约定"未尽事项请参阅《铁路旅客运输规程》"，该规程第四十八条规定"旅客要求退票时，按下列规定办理，核收退票费：1.在发站开车前，特殊情况也可在开车后 2 小时内，退还全部票价"。被告作为承运人应按双方合同约定，在"开车前"为原告办理退票，被告违反约定拒绝退票，应承担违约责任，赔偿原告的损失。

第三，被告"春运期间实行特殊的退票办法，开车前 6 小时办理退票"的抗辩理由不能成立。如果被告调整退票时间发生在 2008 年 2 月 7 日原告购票之前，被告单方决定调整，这只能认定为经营过程中被告的一项经营措施，即使经过媒体宣传，也只能是对企业的一种宣传，不能约束其他人。在原、被告达成铁路旅客运输合同时，被告向原告提供的合同内容仍是"开车前"，原告同意该合同内容，双方进行票款相互给付，合同成立，双方遵循适用的应当且只能以双方成立的这份合同为准。如果被告认为是在合同成立后对退票时间进行调整，那么属于《合同法》第五章规定的合同的变更，原告购买火车票合同成立后，被告没有向原告提出过调整退票时间的请求，也没有与原告协商有关变更退票时间的合同内容。所以，调整退票时间是被告单方所做的变更、调整，对合同另一方不产生拘束力，不能产生合同变更的法律效果。因此，原、被告之间的客运合同中关于"开车前"退票的条款是有效的，对合同双方具有拘束力，双方应依该条款来履行。

第四，载明双方具体权利义务的合同凭证是火车票，铁道部运输局的《关于调整春运期间旅客退票时间及改签车票办法的通知》、被告店堂告示以及媒体的报道不能作为双方合同的组成部分，不构成阻却原、被告履行铁路旅客运输合同的根据。首先，铁道部运输局的通知不是法律、行政法规、部门规章以及法规性文件，不具有约束包括原告在内的广大乘客的法律效力。通知的内容和原、被告达成的协议即车票规定的内容矛盾，铁道部与被告之间的关系属行政管理范畴，它与本案涉及的民事合同没有丝毫联系，被告以铁道部通知来抗辩己方不履行民事合同中的民事义务不能成立。其次，被告大厅的声明不能作为合同的组成部分。在售票处设置店堂告示，可以视为一种提请注意的方式，但其不是合同条款，不能直接产生合同的效力。本案中，车票与店堂告示内容不一，车票的内容是合同内容，店堂告示不具有优先于车票内容的法律根据和效力。再次，媒体报道不构成合同内容，不构成阻却原、被告履行合同的根据。媒体的报道是以新闻形式出现的，公众有看报纸、浏览网站的自由，也有不看报纸、不上网的自由。这些媒体报道不会对公众产生法律效力，合同是当事人达成的具体一致的合意，媒体的报道不能作为合同的组成部分，原、被告必须也只能按照双方合同规定的"开车前"办理退票。综上，原、被告之间的铁路旅客运输合同中关于"开车前"退票时间的条款是唯一的对合同双方具有拘束力的合同内容，双方应依该条款来履行，被告违反此规定，应承担违约责任。请求法院判令被告返还购票款 55 元，支付原告支出的交通费、查询费 40 元，诉讼费由被告承担。

A 铁路局在一审中答辩称：第一，国家铁路运输主管部门为了保证春运这个特殊时期的铁路运输安全、有序、可控，使广大铁路旅客走得了、走得好，千方百计扩大运能，尽量缩小不断增长的运量要求与运力之间的矛盾，每年在春运期间加开大量的临时旅客列车，尽可能多地利用正常图定列车的车底来套跑，就必须尽可能早地确定正常图定旅客列车的人员状况。为此，国家铁路运输主管部门于 2008 年 1 月 7 日发出铁道部铁运电〔2008〕14 号《关于调整春运期间旅客退票时间及改签车票办法的通知》，决定从 1 月 23 日到 3 月 2 日的春运期间，一般旅客退票时间调整为不晚于开车前 6 小时。国家铁路运输主管部门所作出的调整春运期间旅客退票时间的决定是国家行政机关即政府的决定，应当属于国家行政机关制定的抽象行政行为。作为被告的 A 铁路局广泛宣传了国家铁路运输主管部门调整春运退票时间的决定，北京西站工作人员正是执行该通知未能给原告退票的。A 铁路局是国家铁路运输企业，具有一定的社会公益性质，具有高度集中、大联动机似的统一指挥和半军事化的显著特点，包括能否运输、怎样办理运输及在运输过程中遇到何种情况如何处理等，一般执行的都是国家铁路主管部门的规定或决定，并不是由铁路运输企业与旅客或者货主协商确定。

第二，北京西站未能给原告退票的行为既不违法也不违约。铁路客运合同成立生效后，承运人依法应当为旅客办理的是按照约定的时间、车站、车次、座别，安全地将旅客运送到目的地，但绝不是承运人应当为旅客毫无条件、限制地办理退票。《合同法》第二百九十五条对旅客自身原因退票有明确的限制性规定，应当在约定的时间内办理退票手续，《合同法》对于客运合同只是一般性的规定，还需要结合铁路法及其配套规定来全面理解"约定的时间"。《铁路法》第二十五条规定，"国家铁路的旅客、货物运输杂费的收费项目和收费标准由国务院铁路主管部门规定"。根据该条以及《铁路旅客运输规程》等配套规定，国家铁路在旅客、货物运输过程中对于包括如何收取客运杂费在内的所有与定价有关的行为均应当按照国家的规定执行。即铁路旅客运输合同当事人的权利义务主要在法律、行政法规和政府规章特别是规范性文件等国家规定中明确，并非是原告认为的包括退票内容在内的双方权利义务必须由国家法律或者由双方协商确定，这是我国铁路运输的特点所决定的。如果不考虑国情，火车站售票时所涉及的相关事项均由国家法律或者行政法规来规定，或者全部涉及的内容由双方协商确定，那是不现实的。因此，北京西站未能给原告退票执行的是国家规定，并非铁路运输企业自己的规定，也不是合同双方协商确定的内容，因此，对于作为被告的 A 铁路局而言，根本谈不到违法、违约问题。

第三，北京西站拒绝为原告退票的理由与火车票背面记载的《铁路旅客乘车须知》并不相悖。火车票的格式和显示内容由国家铁路运输主管部门统一制定，其背面的《铁路旅客乘车须知》是一般常识性提示内容，这些内容不能代替《铁路旅客运输规程》的全部，更不能代替国家所有相关规定的全部内容。在遇有特殊时期，国家铁路主管部门根据需要作出与旅客相关的进一步的补充规定，同样应当是铁路旅客须知的内容，虽然不能及时记载在车票背面，但只要通过一定方式向社会公众广而告之，同样起到旅客须知的作用。而且，车票背面记载的《铁路旅客乘车须知》与铁道部的通知在内容上是一致的，并不相悖。车票背面《铁路旅客乘车须知》的最后一项"未尽事项请参阅《铁路旅客运输规程》"，而在该规程第四十八条第二款规定"必要时，铁路运输企业可以临时调整退票办法"。即国家授权铁路运输企业在特殊情况下有临时调整退票办法的权利，这个临时调整退票办法既包括退票时间，也包括退票费收取比例、额度。综上，由于被告退票执行的是国家规定，且被告通过新闻传媒、电子显示屏提示、张贴提示等方式向社会和旅客进行了广而告之，原告在购票之前应当知道国家在春运期间退票时间的特殊规定，原告的诉讼请求不应当得到法律的支持。

【审理】

一审法院判决认定，根据《中华人民共和国铁路法》的规定，国家铁路实行高度集中、统一指挥的运输管理体制，铁道部对国家铁路不仅行使行政管理权，而且行使部分业务管理权，所有国家铁路运输企业必须严格服从铁道部的统一管理、统一指挥和统一调度。火车票是铁路旅客运输合同的基本凭证，其规格样式由铁道部统一规定，火车票上载明的内容即发站和到站站名、座别、卧别、径路、票价、车次、乘车日期、有效期等并非是铁路旅客运输合同的全部内容而是主要内容，合同双方的其他权利义务由国家有关铁路旅客运输的法律、法规、规章，尤其由《铁路旅客运输规程》明确加以规定，并以公开出版发行等方式向社会公众公示告知，旅客购买火车票，应视为对这些相关规定的认可，即上述相关规定视为合同的内容，双方当事人应当共同遵守。关于退票时间问题，火车票背面的《铁路旅客乘车须知》中虽有"如不能按时乘车，须在开车前办理退票手续"的内容，但同时也有"未尽事项请参阅《铁路旅客运输规程》"的内容，该规程第四十八条第二款规定了"必要时，铁路运输企业可以临时调整退票办法"。本案中，铁道部作为全国铁路运输企业的主管部门，为更好利用运能，于2008年1月7日决定春运期间将一般旅客退票时间调整为不晚于开车前6小时，而且被告通过报纸、网络等媒体、在车站公告等方式向社会广泛进行了宣传告知，原告在2008年2月7日（正月初一）购买火车票，自愿接受被告提供的运输服务，应当视为对春运期间调整退票时间规定的认可。原告因自身原因不能按票面载明的时间乘车，未在开车前6小时办理退票手续，被告作为铁路运输企业在运输经营业务中执行铁道部通知未予退票，其行为并不违反《铁路旅客运输规程》第四十八条的相关规定，不应承担违约责任。原告的诉讼请求于法无据，本院不予支持。依照《中华人民共和国合同法》第二百九十五条之规定，判决：驳回原告刘某的诉讼请求。案件受理费二十五元，由原告刘某负担（已交纳）。

刘某不服一审法院上述民事判决，提起上诉。其主要上诉理由是：（1）基于铁道部与铁路运输企业之间的管理关系，铁道部2008年1月7日发给A铁路局等铁路运输企业内容为"春运期间将一般旅客退票时间调整为不晚于开车前6小时"的传真电报。A铁路局是否落实了铁道部的此项通知一审法院未作认定。判断A铁路局是否接受并落实铁道部通知的根本依据是铁路旅客客运合同。A铁路局向社会提供旅客运输服务的具体反映是A铁路局针对其与每一位旅客达成的每一份铁路客运合同的履行。客运合同系A铁路局提供运输服务的履约依据，对其具有约束力。因此，认定A铁路局是否落实铁道部的通知，首先考量其与旅客达成的客运合同内容，其次考量其对客运合同的履约状况。向社会进行宣传告知等系附着于客运合同之外的提醒说明，不能作为判断依据。春运期间，A铁路局提供给旅客的火车票依然表明"开车前"退票，由此A铁路局并未贯彻铁道部的通知。本案诉争的法律关系是铁路旅客运输合同关系，一审法院在判决中仅强调A铁路局与铁道部的关系，未进一步认定A铁路局就2008年春运铁道部电报的落实情况。A铁路局没有按照铁道部的通知调整春运退票时间，又不依据客运合同在"开车前"为旅客办理退票，应承担两份性质、后果不同的责任。（2）一审判决认定火车票上的内容当属铁路运输合同内容，火车票背面的《铁路旅客乘车须知》中第1条"如不能按时乘车，须在开车前办理退票手续"也属于铁路运输合同的内容。根据《铁路旅客乘车须知》第四条"未尽事项请参阅《铁路旅客运输规程》"的指引，《铁路旅客运输规程》第四十八条规定"旅客要求退票时按下列规定办理，核收退票费；在发站开车前，特殊情况下也可在开车后2小时内，退还全部票价也属于铁路运输合同的内容。"既然一审判决认定客运合同的内容包含于火车票、法律、法规、规章，涉及本案退票时间的内容存在于火车票和《铁路旅客运输规程》中，均为"开车前"。"开车前"是双方当事人应当遵守的退票时间。《铁路旅客运输规程》第四十八条第二款"必要时，铁路运输企业可以临时调整退票办法"赋予铁路企业临时调整退票时间的权利。A铁路局提供给旅客的火车票标明退票时间为"开车前"，则A铁路局和旅客在客运合同中约定的退票时间依然是"开车前"。A铁路局在庭审中一再强调并通过证据证明："我们实行的春运退票时间是执行铁道部的规定，不是我们企业所做的调整。"故A铁路局实际上未对退票时间进行调整。一审判决认为火车票规格、样式由铁道部统一规定，上诉人对此无异议。火车票的规格、样式与火车票内容是不同概念。铁道部可以也只能对火车票的外在规格、样式进行统一规定，如车票的大小尺寸、颜色、厚度等，而火车票内容只能由铁路运输企业遵循法律、法规、规章并按照旅客的具体要求进行制作后交付给旅客。火车票内容即客运合同内容对合同当事人有约束力，本案中火车票载明的如不能按时乘车，须在开车前办理退票手续系客运合同内容，不属于规格、样式范畴。一审法院混淆规格、样式与火车票载明内容的概念。（3）铁道部发给 A 铁路局调整退票时间的通知，A 铁路局通过报纸、网络等媒体所做的宣传，车站公告不是合同内容。本案铁路运输合同内容只在火车票、国家有关铁路旅客运输的法律、法规、规章，尤其由《铁路旅客运输规程》明确加以规定，关于退票时间的合同内容只有"开车前"。一审判决在对涉诉合同内容认定上存在错误，将铁道部与 A 铁路局等同，将 A 铁路局的宣传告知与合同内容等同，其判断合同内容标准与判断结果自相矛盾。综上，请求二审法院撤销一审判决，改判被上诉人退还上诉人票款 55 元及支付其他费用 40 元，并由被上诉人承担诉讼费。

A 铁路局服从一审法院判决。其针对刘某的上诉理由答辩称：（1）火车票是铁路旅客运输合同的基本凭证，并非铁路旅客运输合同的全部内容。铁路旅客运输合同内容除了火车票票面上载明的"发站和到站站名、座别、卧别、径路、票价、车次、乘车日期、有效期"外，国家有关规范铁路旅客运输的法律、法规、规章以及规范性文件，只要通过社会传媒向社会公众公示、告知，同样是铁路旅客运输合同应有内容。旅客购买火车票，应视为对这些相关国家规定的认可，双方当事人应共同遵守。（2）从火车票背面的《铁路旅客乘车须知》并不能得出铁路运输企业必须在开车前为旅客办理退票的结论。《铁路旅客乘车须知》是根据《铁路旅客运输规程》等重要内容提炼的，但在火车票背面全部反映包括《铁路旅客运输规程》等重要内容是不可能的。所以，《铁路旅客乘车须知》最后强调："未尽事项请参阅《铁路旅客运输规程》。"《铁路旅客运输规程》第四十八条第二款规定"必要时，铁路运输企业可以临时调整退票办法"。在春运期间，答辩人作为铁路运输企业，执行国家制定并向社会广泛公布的临时退票办法的规定并不违反《铁路旅客运输规程》的规定。（3）旅客因自身原因不能乘车的退票时间限制并非只由双方约定，在国家有明确规定的情况下双方应首先执行国家的规定。虽然《合同法》第二百九十五条规定旅客因自己的原因不能按照客票记载的时间乘坐的，应当在约定的时间内办理退票或者变更手续，但不能机械地理解该规定，应当从立法本意上去把握。一审判决又根据《合同法》第二百九十五条"旅客因自己原因不能按照客票记载的时间乘坐的，应当在约定的时间内办理退票或者变更手续。逾期办理的，承运人可以不退票款，并不再承担运输义务"的规定，判决驳回原告的诉讼请求，上诉人对此也并未提出异议。上诉人仅对一审判决适用《铁路旅客运输规程》第四十八条第二款，即"必要时，铁路运输企业可以临时调整退票办法"的规定，提出异议。上诉人认为，铁路运输企业执行国家的规定调整退票办法，就不是铁路运输企业调整退票办法的认识是错误的。由于国家铁路实行高度集中、统一指挥的运输管理体制，国家对于作为国民经济大动脉的国家铁路及其铁路运输企业，均有直接管控的权利。国家为达此目的而制定并向社会公布实施的规定无论是采用法律法规形式，还是政府规章、规范性文件形式，都是国家高度集中、统一指挥国家铁路的实现方式，如果上诉人认为在这方面有什么不妥，完全可以通过其他渠道解决，作为完全执行国家规定的铁路运输企业不应对此承担任何法律责任。即便根据《铁路旅客运输规程》第四十八条第二款，答辩人执行国家关于春运期间调整退票时间的规定，也得不出 A 铁路局实际上未对退票时间进行调整的结论来。铁道部《关于调整春运期间旅客退票时间及改签车票办法的通知》在调整春运期间旅客退票时间及改签车票办法的内容之后，要求"各铁路局见电后，要立即在所有的铁路车票销售场所进行公告，也可以利用其他方式向社会广泛宣传"。虽然铁路运输企业执行国家的规定调整春运期间退票办法，但作为铁路运输企业有义务将国家调整的春运期间退票办法向社会公告或广泛宣传。答辩人认为，铁路运输企业将国家调整春运期间退票办法的规定公告或者广泛宣传的行为，就视为以铁路运输企业名义发出修改合同内容的要约，而旅客购买车票的行为应视为接受该要约的承诺。从这个意义上讲，答辩人作为铁路运输企业，执行国家调整春运期间退票办法并向社会公告或广泛宣传的行为应视为铁路运输企业临时调整退票办法。一审判决程序合法，基于以上事实和理由，上诉人的上诉理由不能成立，请求二审法院在查明事实后依法驳回上诉、维持原判。

二审法院经审理查明的事实与一审法院查明的事实一致。

二审法院认为：本案为铁路旅客运输合同纠纷，双方当事人的争议焦点是上诉人刘某所购买的 2008 年 2 月 8 日 12 时 57 分北京西开往邢台 T145 次列车的火车票退票时间为"开车前"还是"不晚于开车前 6 小时"。上诉人刘某认为，根据其购买的火车票背面的《铁路旅客乘车须知》，退票时间应为"开车前"。但为更好利用运能，作为全国铁路运输企业主管部门的铁道部于 2008 年 1 月 7 日决定将 2008 年春运期间一般旅客退票时间调整为"不晚于开车前 6 小时"。同时，铁道部要求"各铁路局见电后，要立即在所有的铁路车票销售场所进行公告，也可以利用其他方式向社会广泛宣传"。根据《中华人民共和国铁路法》第三条"国务院主管部门主管全国铁路工作，对国家铁路实行高度集中、统一指挥的运输管理体制"的规定，铁道部这一针对春运特殊时期采取的临时性退票办法，A 铁路局应当执行。2008 年 1 月 11 日至 14 日，A 铁路局将该退票办法在《新京报》《北京晚报》《北京青年报》《新华每日电讯》《竞报》和新浪网、搜狐网、人民铁道网等社会覆盖面较广、影响较大的报纸、网络上进行了广泛宣传，同时通过在火车站张贴告示、电子屏显示等形式向铁路旅客进行了广泛告知。据此，本案铁路旅客运输合同因在春运期间成立，合同双方关于退票时间均应遵守"不晚于开车前 6 小时"的规定。因火车票背面的《铁路旅客乘车须知》内容为铁道部统一规定，虽该须知第 1 条印有"如不能按时乘车，须在开车前办理退票手续"，但第 4 条同时也印有"未尽事项请参阅《铁路旅客运输规程》"，而《铁路旅客运输规程》第四十八条第二款规定了"必要时，铁路运输企业可以临时调整退票办法"，故上诉人刘某据火车票背面《铁路旅客乘车须知》认为 A 铁路局未贯彻、落实铁道部"不晚于开车前 6 小时"的规定，合同双方仍应按"开车前"办理退票的上诉理由不能成立。上诉人刘某未按火车票票面载明的时间乘车，亦未在"不晚于开车前 6 小时"办理退票手续，应自行承担相应后果。综上，上诉人刘某的上诉理由不能成立，一审法院认定事实清楚，处理并无不当，应予维持。依照《中华人民共和国民事诉讼法》第一百五十三条第一款第（一）项，判决如下：

驳回上诉，维持原判。

一审案件受理费二十五元，由刘某负担（已交纳）；二审案件受理费五十元，由刘某负担（已交纳）。

本判决为终审判决。

附录二 法规节选

《合同法》分则节选（运输合同）

第十七章 运输合同
第一节 一般规定

第二百八十八条 运输合同是承运人将旅客或者货物从起运地点运输到约定地点，旅客、托运人或者收货人支付票款或者运输费用的合同。

第二百八十九条 从事公共运输的承运人不得拒绝旅客、托运人通常、合理的运输要求。

第二百九十条 承运人应当在约定期间或者合理期间内将旅客、货物安全运输到约定地点。

第二百九十一条 承运人应当按照约定的或者通常的运输路线将旅客、货物运输到约定地点。

第二百九十二条 旅客、托运人或者收货人应当支付票款或者运输费用。承运人未按照约定路线或者通常路线运输增加票款或者运输费用的，旅客、托运人或者收货人可以拒绝支付增加部分的票款或者运输费用。

第二节 客运合同

第二百九十三条 客运合同自承运人向旅客交付客票时成立，但当事人另有约定或者另有交易习惯的除外。

第二百九十四条 旅客应当持有效客票乘运。旅客无票乘运、超程乘运、越级乘运或者持失效客票乘运的，应当补交票款，承运人可以按照规定加收票款。旅客不交付票款的，承运人可以拒绝运输。

第二百九十五条 旅客因自己的原因不能按照客票记载的时间乘坐的，应当在约定的时间内办理退票或者变更手续。逾期办理的，承运人可以不退票款，并不再承担运输义务。

第二百九十六条 旅客在运输中应当按照约定的限量携带行李。超过限量携带行李的，应当办理托运手续。

第二百九十七条 旅客不得随身携带或者在行李中夹带易燃、易爆、有毒、有腐蚀性、有放射性以及有可能危及运输工具上人身和财产安全的危险物品或者其他违禁物品。

旅客违反前款规定的，承运人可以将违禁物品卸下、销毁或者送交有关部门。旅客坚持携带或者夹带违禁物品的，承运人应当拒绝运输。

第二百九十八条 承运人应当向旅客及时告知有关不能正常运输的重要事由和安全运输应当注意的事项

第二百九十九条 承运人应当按照客票载明的时间和班次运输旅客。承运人迟延运输的，应当根据旅客的要求安排改乘其他班次或者退票。

第三百条 承运人擅自变更运输工具而降低服务标准的，应当根据旅客的要求退票或者减收票款；提高服务标准的，不应当加收票款。

第三百零一条 承运人在运输过程中，应当尽力救助患有急病、分娩、遇险的旅客。

第三百零二条　承运人应当对运输过程中旅客的伤亡承担损害赔偿责任，但伤亡是旅客自身健康原因造成的或者承运人证明伤亡是旅客故意、重大过失造成的除外。

前款规定适用于按照规定免票、持优待票或者经承运人许可搭乘的无票旅客。

第三百零三条　在运输过程中旅客自带物品毁损、灭失，承运人有过错的，应当承担损害赔偿责任。

旅客托运的行李毁损、灭失的，适用货物运输的有关规定。

第三节　货运合同

第三百零四条　托运人办理货物运输，应当向承运人准确表明收货人的名称或者姓名或者凭指示的收货人，货物的名称、性质、重量、数量，收货地点等有关货物运输的必要情况。

因托运人申报不实或者遗漏重要情况，造成承运人损失的，托运人应当承担损害赔偿责任。

第三百零五条　货物运输需要办理审批、检验等手续的，托运人应当将办理完有关手续的文件提交承运人。

第三百零六条　托运人应当按照约定的方式包装货物。对包装方式没有约定或者约定不明确的，适用本法第一百五十六条的规定。

托运人违反前款规定的，承运人可以拒绝运输。

第三百零七条　托运人托运易燃、易爆、有毒、有腐蚀性、有放射性等危险物品的，应当按照国家有关危险物品运输的规定对危险物品妥善包装，作出危险物标志和标签，并将有关危险物品的名称、性质和防范措施的书面材料提交承运人。

托运人违反前款规定的，承运人可以拒绝运输，也可以采取相应措施以避免损失的发生，因此产生的费用由托运人承担。

第三百零八条　在承运人将货物交付收货人之前，托运人可以要求承运人中止运输、返还货物、变更到达地或者将货物交给其他收货人，但应当赔偿承运人因此受到的损失。

第三百零九条　货物运输到达后，承运人知道收货人的，应当及时通知收货人，收货人应当及时提货。收货人逾期提货的，应当向承运人支付保管费等费用。

第三百一十条　收货人提货时应当按照约定的期限检验货物。对检验货物的期限没有约定或者约定不明确，依照本法第六十一条的规定仍不能确定的，应当在合理期限内检验货物。收货人在约定的期限或者合理期限内对货物的数量、毁损等未提出异议的，视为承运人已经按照运输单证的记载交付的初步证据。

第三百一十一条　承运人对运输过程中货物的毁损、灭失承担损害赔偿责任，但承运人证明货物的毁损、灭失是因不可抗力、货物本身的自然性质或者合理损耗以及托运人、收货人的过错造成的，不承担损害赔偿责任。

第三百一十二条　货物的毁损、灭失的赔偿额，当事人有约定的，按照其约定；没有约定或者约定不明确，依照本法第六十一条的规定仍不能确定的，按照交付或者应当交付时货物到达地的市场价格计算。法律、行政法规对赔偿额的计算方法和赔偿限额另有规定的，依照其规定。

第三百一十三条　两个以上承运人以同一运输方式联运的，与托运人订立合同的承运人应当对全程运输承担责任。损失发生在某一运输区段的，与托运人订立合同的承运人和该区段的承运人承担连带责任。

第三百一十四条　货物在运输过程中因不可抗力灭失，未收取运费的，承运人不得要求支付运费；已收取运费的，托运人可以要求返还。

第三百一十五条　托运人或者收货人不支付运费、保管费以及其他运输费用的，承运人对相应的运输货物享有留置权，但当事人另有约定的除外。

第三百一十六条　收货人不明或者收货人无正当理由拒绝受领货物的，依照本法第一百零一条的规定，承运人可以提存货物。

第四节　多式联运合同

第三百一十七条　多式联运经营人负责履行或者组织履行多式联运合同，对全程运输享有承运人的权利，承担承运人的义务。

第三百一十八条　多式联运经营人可以与参加多式联运的各区段承运人就多式联运合同的各区段运输约定相互之间的责任，但该约定不影响多式联运经营人对全程运输承担的义务。

第三百一十九条　多式联运经营人收到托运人交付的货物时，应当签发多式联运单据。按照托运人的要求，多式联运单据可以是可转让单据，也可以是不可转让单据。

第三百二十条　因托运人托运货物时的过错造成多式联运经营人损失的，即使托运人已经转让多式联运单据，托运人仍然应当承担损害赔偿责任。

第三百二十一条　货物的毁损、灭失发生于多式联运的某一运输区段的，多式联运经营人的赔偿责任和责任限额，适用调整该区段运输方式的有关法律规定。货物毁损、灭失发生的运输区段不能确定的，依照本章规定承担损害赔偿责任。

《中华人民共和国铁路法》

（1990年9月7日第七届全国人民代表大会常务委员会第十五次会议通过根据2009年8月27日第十一届全国人民代表大会常务委员会第十次会议《关于修改部分法律的决定》第一次修正根据2015年4月24日第十二届全国人民代表大会常务委员会第十四次会议《关于修改〈中华人民共和国义务教育法〉等五部法律的决定》第二次修正）

第一章　总　则

第一条　为了保障铁路运输和铁路建设的顺利进行，适应社会主义现代化建设和人民生活的需要，制定本法。

第二条　本法所称铁路，包括国家铁路、地方铁路、专用铁路和铁路专用线。

国家铁路是指由国务院铁路主管部门管理的铁路。

地方铁路是指由地方人民政府管理的铁路。

专用铁路是指由企业或者其他单位管理，专为本企业或者本单位内部提供运输服务的铁路。

铁路专用线是指由企业或者其他单位管理的与国家铁路或者其他铁路线路接轨的岔线。

第三条　国务院铁路主管部门主管全国铁路工作，对国家铁路实行高度集中、统一指挥的运输管理体制，对地方铁路、专用铁路和铁路专用线进行指导、协调、监督和帮助。

国家铁路运输企业行使法律、行政法规授予的行政管理职能。

第四条　国家重点发展国家铁路，大力扶持地方铁路的发展。

第五条　铁路运输企业必须坚持社会主义经营方向和为人民服务的宗旨，改善经营管理，切实改进路风，提高运输服务质量。

第六条　公民有爱护铁路设施的义务。禁止任何人破坏铁路设施，扰乱铁路运输的正常秩序。

第七条　铁路沿线各级地方人民政府应当协助铁路运输企业保证铁路运输安全畅通，车站、列车秩序良好，铁路设施完好和铁路建设顺利进行。

第八条　国家铁路的技术管理规程，由国务院铁路主管部门制定，地方铁路、专用铁路的技术管理办法，参照国家铁路的技术管理规程制定。

第九条　国家鼓励铁路科学技术研究，提高铁路科学技术水平。对在铁路科学技术研究中有显著成绩的单位和个人给予奖励。

第二章　铁路运输营业

第十条　铁路运输企业应当保证旅客和货物运输的安全，做到列车正点到达。

第十一条　铁路运输合同是明确铁路运输企业与旅客、托运人之间权利义务关系的协议。

旅客车票、行李票、包裹票和货物运单是合同或者合同的组成部分。

第十二条　铁路运输企业应当保证旅客按车票载明的日期、车次乘车，并到达目的站。因铁路运输企业的责任造成旅客不能按车票载明的日期、车次乘车的，铁路运输企业应当按照旅客的要求，退还全部票款或者安排改乘到达相同目的站的其他列车。

第十三条　铁路运输企业应当采取有效措施做好旅客运输服务工作，做到文明礼貌、热情周到，保持车站和车厢内的清洁卫生，提供饮用开水，做好列车上的饮食供应工作。

铁路运输企业应当采取措施，防止对铁路沿线环境的污染。

第十四条　旅客乘车应当持有效车票。对无票乘车或者持失效车票乘车的，应当补收票款，并按照规定加收票款；拒不交付的，铁路运输企业可以责令下车。

第十五条　国家铁路和地方铁路根据发展生产、搞活流通的原则，安排货物运输计划。对抢险救灾物资和国家规定需要优先运输的其他物资，应予优先运输。

地方铁路运输的物资需要经由国家铁路运输的，其运输计划应当纳入国家铁路的运输计划。

第十六条　铁路运输企业应当按照合同约定的期限或者国务院铁路主管部门规定的期限，将货物、包裹、行李运到目的站；逾期运到的，铁路运输企业应当支付违约金。

铁路运输企业逾期三十日仍未将货物、包裹、行李交付收货人或者旅客的，托运人、收货人或者旅客有权按货物、包裹、行李灭失向铁路运输企业要求赔偿。

第十七条　铁路运输企业应当对承运的货物、包裹、行李自接受承运时起到交付时止发生的灭失、短少、变质、污染或者损坏，承担赔偿责任：

（一）托运人或者旅客根据自愿申请办理保价运输的，按照实际损失赔偿，但最高不超过保价额。

（二）未按保价运输承运的，按照实际损失赔偿，但最高不超过国务院铁路主管部门规定的赔偿限额；如果损失是由于铁路运输企业的故意或者重大过失造成的，不适用赔偿限额的规定，按照实际损失赔偿。

托运人或者旅客根据自愿可以向保险公司办理货物运输保险，保险公司按照保险合同的约定承担赔偿责任。

托运人或者旅客根据自愿，可以办理保价运输，也可以办理货物运输保险；还可以既不办理保价运输，也不办理货物运输保险。不得以任何方式强迫办理保价运输或者货物运输保险。

第十八条　由于下列原因造成的货物、包裹、行李损失的，铁路运输企业不承担赔偿责任：

（一）不可抗力。

（二）货物或者包裹、行李中的物品本身的自然属性，或者合理损耗。

（三）托运人、收货人或者旅客的过错。

第十九条　托运人应当如实填报托运单，铁路运输企业有权对填报的货物和包裹的品名、重量、数量进行检查。经检查，申报与实际不符的，检查费用由托运人承担；申报与实际相符的，检查费用由铁路运输企业承担，因检查对货物和包裹中的物品造成的损坏由铁路运输企业赔偿。

托运人因申报不实而少交的运费和其他费用应当补交，铁路运输企业按照国务院铁路主管部门的规定加收运费和其他费用。

第二十条　托运货物需要包装的，托运人应当按照国家包装标准或者行业包装标准包装；没有国家包装标准或者行业包装标准的，应当妥善包装，使货物在运输途中不因包装原因而受损坏。

铁路运输企业对承运的容易腐烂变质的货物和活动物，应当按照国务院铁路主管部门的规定和合同的约定，采取有效的保护措施。

第二十一条　货物、包裹、行李到站后，收货人或者旅客应当按照国务院铁路主管部门规定的期限及时领取，并支付托运人未付或者少付的运费和其他费用；逾期领取的，收货人或者旅客应当按照规定交付保管费。

第二十二条　自铁路运输企业发出领取货物通知之日起满三十日仍无人领取的货物，或者收货人书面通知铁路运输企业拒绝领取的货物，铁路运输企业应当通知托运人，托运人自接到通知之日起满三十日未作答复的，由铁路运输企业变卖；所得价款在扣除保管等费用后尚有余款的，应当退还托运人，无法退还、自变卖之日起一百八十日内托运人又未领回的，上缴国库。

自铁路运输企业发出领取通知之日起满九十日仍无人领取的包裹或者到站后满九十日仍无人领取的行李，铁路运输企业应当公告，公告满九十日仍无人领取的，可以变卖；所得价款在扣除保管等费用后尚有余款的，托运人、收货人或者旅客可以自变卖之日起一百八十日内领回，逾期不领回的，上缴国库。

对危险物品和规定限制运输的物品，应当移交公安机关或者有关部门处理，不得自行变卖。

对不宜长期保存的物品，可以按照国务院铁路主管部门的规定缩短处理期限。

第二十三条　因旅客、托运人或者收货人的责任给铁路运输企业造成财产损失的，由旅客、托运人或者收货人承担赔偿责任。

第二十四条　国家鼓励专用铁路兼办公共旅客、货物运输营业；提倡铁路专用线与有关单位按照协议共用。

专用铁路兼办公共旅客、货物运输营业的，应当报经省、自治区、直辖市人民政府批准。

专用铁路兼办公共旅客、货物运输营业的，适用本法关于铁路运输企业的规定。

第二十五条　铁路的旅客票价率和货物、行李的运价率实行政府指导价或者政府定价，竞争性领域实行市场调节价。政府指导价、政府定价的定价权限和具体适用范围以中央政府和地方政府的定价目录为依据。铁路旅客、货物运输杂费的收费项目和收费标准，以及铁路包裹运价率由铁路运输企业自主制定。

第二十六　条铁路的旅客票价，货物、包裹、行李的运价，旅客和货物运输杂费的收费项目和收费标准，必须公告；未公告的不得实施。

第二十七条　国家铁路、地方铁路和专用铁路印制使用的旅客、货物运输票证，禁止伪造和变造。

禁止倒卖旅客车票和其他铁路运输票证。

第二十八　条托运、承运货物、包裹、行李，必须遵守国家关于禁止或者限制运输物品的规定。

第二十九条　铁路运输企业与公路、航空或者水上运输企业相互间实行国内旅客、货物联运，依照国家有关规定办理；国家没有规定的，依照有关各方的协议办理。

第三十条　国家铁路、地方铁路参加国际联运，必须经国务院批准。

第三十一条　铁路军事运输依照国家有关规定办理。

第三十二条　发生铁路运输合同争议的，铁路运输企业和托运人、收货人或者旅客可以通过调解解决；不愿意调解解决或者调解不成的，可以依据合同中的仲裁条款或者事后达成的书面仲裁协议，向国家规定的仲裁机构申请仲裁。

当事人一方在规定的期限内不履行仲裁机构的仲裁决定的，另一方可以申请人民法院强制执行。

当事人没有在合同中订立仲裁条款，事后又没有达成书面仲裁协议的，可以向人民法院起诉。

第三章　铁路建设

第三十三条　铁路发展规划应当依据国民经济和社会发展以及国防建设的需要制定，并与其他方式的交通运输发展规划相协调。

第三十四条　地方铁路、专用铁路、铁路专用线的建设计划必须符合全国铁路发展规划，并征得国务院铁路主管部门或者国务院铁路主管部门授权的机构的同意。

第三十五条　在城市规划区范围内，铁路的线路、车站、枢纽以及其他有关设施的规划，应当纳入所在城市的总体规划。

铁路建设用地规划，应当纳入土地利用总体规划。为远期扩建、新建铁路需要的土地，由县级以上人民政府在土地利用总体规划中安排。

第三十六条　铁路建设用地，依照有关法律、行政法规的规定办理。

有关地方人民政府应当支持铁路建设，协助铁路运输企业做好铁路建设征收土地工作和拆迁安置工作。

第三十七条　已经取得使用权的铁路建设用地，应当依照批准的用途使用，不得擅自改作他用；其他单位或者个人不得侵占。

侵占铁路建设用地的，由县级以上地方人民政府土地管理部门责令停止侵占、赔偿损失。

第三十八条　铁路的标准轨距为 1 435 毫米。新建国家铁路必须采用标准轨距。窄轨铁路的轨距为 762 毫米或者 1 000 毫米。

新建和改建铁路的其他技术要求应当符合国家标准或者行业标准。

第三十九条　铁路建成后，必须依照国家基本建设程序的规定，经验收合格，方能交付正式运行。

第四十条　铁路与道路交叉处，应当优先考虑设置立体交叉；未设立体交叉的，可以根据国家有关规定设置平交道口或者人行过道。在城市规划区内设置平交道口或者人行过道，由铁路运输企业或者建有专用铁路、铁路专用线的企业或者其他单位和城市规划主管部门共同决定。

拆除已经设置的平交道口或者人行过道，由铁路运输企业或者建有专用铁路、铁路专用线的企业或者其他单位和当地人民政府商定。

第四十一条　修建跨越河流的铁路桥梁，应当符合国家规定的防洪、通航和水流的要求。

第四章　铁路安全与保护

第四十二条　铁路运输企业必须加强对铁路的管理和保护，定期检查、维修铁路运输设施，保证铁路运输设施完好，保障旅客和货物运输安全。

第四十三条　铁路公安机关和地方公安机关分工负责共同维护铁路治安秩序。车站和列车内的治安秩序，由铁路公安机关负责维护；铁路沿线的治安秩序，由地方公安机关和铁路公安机关共同负责维护，以地方公安机关为主。

第四十四条　电力主管部门应当保证铁路牵引用电以及铁路运营用电中重要负荷的电力供应。铁路运营用电中重要负荷的供应范围由国务院铁路主管部门和国务院电力主管部门商定。

第四十五条　铁路线路两侧地界以外的山坡地由当地人民政府作为水土保持的重点进行整治。铁路隧道顶上的山坡地由铁路运输企业协助当地人民政府进行整治。铁路地界以内的山坡地由铁路运输企业进行整治。

第四十六条　在铁路线路和铁路桥梁、涵洞两侧一定距离内，修建山塘、水库、堤坝，开挖河道、干渠，采石挖砂，打井取水，影响铁路路基稳定或者危害铁路桥梁、涵洞安全的，由县级以上地方人民政府责令停止建设或者采挖、打井等活动，限期恢复原状或者责令采取必要的安全防护措施。

在铁路线路上架设电力、通讯线路，埋置电缆、管道设施，穿凿通过铁路路基的地下坑道，必须经铁路运输企业同意，并采取安全防护措施。

在铁路弯道内侧、平交道口和人行过道附近，不得修建妨碍行车瞭望的建筑物和种植妨碍行车瞭望的树木。修建妨碍行车瞭望的建筑物的，由县级以上地方人民政府责令限期拆除。种植妨碍行车瞭望的树木的，由县级以上地方人民政府责令有关单位或者个人限期迁移或者修剪、砍伐。

违反前三款的规定，给铁路运输企业造成损失的单位或者个人，应当赔偿损失。

第四十七条　禁止擅自在铁路线路上铺设平交道口和人行过道。

平交道口和人行过道必须按照规定设置必要的标志和防护设施。

行人和车辆通过铁路平交道口和人行过道时，必须遵守有关通行的规定。

第四十八条　运输危险品必须按照国务院铁路主管部门的规定办理，禁止以非危险品品名托运危险品。

禁止旅客携带危险品进站上车。铁路公安人员和国务院铁路主管部门规定的铁路职工，有权对旅客携带的物品进行运输安全检查。实施运输安全检查的铁路职工应当佩戴执勤标志。

危险品的品名由国务院铁路主管部门规定并公布。

第四十九条　对损毁、移动铁路信号装置及其他行车设施或者在铁路线路上放置障碍物的，铁路职工有权制止，可以扭送公安机关处理。

第五十条　禁止偷乘货车、攀附行进中的列车或者击打列车。对偷乘货车、攀附行进中的列车或者击打列车的，铁路职工有权制止。

第五十一条　禁止在铁路线路上行走、坐卧。对在铁路线路上行走、坐卧的，铁路职工有权制止。

第五十二条　禁止在铁路线路两侧二十米以内或者铁路防护林地内放牧。对在铁路线路两侧二十米以内或者铁路防护林地内放牧的，铁路职工有权制止。

第五十三条　对聚众拦截列车或者聚众冲击铁路行车调度机构的，铁路职工有权制止；不听制止的，公安人员现场负责人有权命令解散；拒不解散的，公安人员现场负责人有权依照国家有关规定决定采取必要手段强行驱散，并对拒不服从的人员强行带离现场或者予以拘留。

第五十四条　对哄抢铁路运输物资的，铁路职工有权制止，可以扭送公安机关处理；现场公安人员可以予以拘留。

第五十五条　在列车内，寻衅滋事，扰乱公共秩序，危害旅客人身、财产安全的，铁路职工有权制止，铁路公安人员可以予以拘留。

第五十六条　在车站和旅客列车内，发生法律规定需要检疫的传染病时，由铁路卫生检疫机构进行检疫；根据铁路卫生检疫机构的请求，地方卫生检疫机构应予协助。

货物运输的检疫，依照国家规定办理。

第五十七条　发生铁路交通事故，铁路运输企业应当依照国务院和国务院有关主管部门关于事故调查处理的规定办理，并及时恢复正常行车，任何单位和个人不得阻碍铁路线路开通和列车运行。

第五十八条　因铁路行车事故及其他铁路运营事故造成人身伤亡的，铁路运输企业应当承担赔偿责任；如果人身伤亡是因不可抗力或者由于受害人自身的原因造成的，铁路运输企业不承担赔偿责任。

违章通过平交道口或者人行过道，或者在铁路线路上行走、坐卧造成的人身伤亡，属于受害人自身的原因造成的人身伤亡。

第五十九条　国家铁路的重要桥梁和隧道，由中国人民武装警察部队负责守卫。

第五章　法律责任

第六十条　违反本法规定，携带危险品进站上车或者以非危险品品名托运危险品，导致发生重大事故的，依照刑法有关规定追究刑事责任。企业事业单位、国家机关、社会团体犯本款罪的，处以罚金，对其主管人员和直接责任人员依法追究刑事责任。

携带炸药、雷管或者非法携带枪支子弹、管制刀具进站上车的，依照刑法有关规定追究刑事责任。

第六十一条　故意损毁、移动铁路行车信号装置或者在铁路线路上放置足以使列车倾覆的障碍物的，依照刑法有关规定追究刑事责任。

第六十二条　盗窃铁路线路上行车设施的零件、部件或者铁路线路上的器材，危及行车安全的，依照刑法有关规定追究刑事责任。

第六十三条　聚众拦截列车、冲击铁路行车调度机构不听制止的，对首要分子和骨干分子依照刑法有关规定追究刑事责任。

第六十四条　聚众哄抢铁路运输物资的，对首要分子和骨干分子依照刑法有关规定追究刑事责任。

铁路职工与其他人员勾结犯前款罪的，从重处罚。

第六十五条　在列车内，抢劫旅客财物，伤害旅客的，依照刑法有关规定从重处罚。

在列车内，寻衅滋事，侮辱妇女，情节恶劣的，依照刑法有关规定追究刑事责任；敲诈勒索旅客财物的，依照刑法有关规定追究刑事责任。

第六十六条　倒卖旅客车票，构成犯罪的，依照刑法有关规定追究刑事责任。铁路职工倒卖旅客车票或者与其他人员勾结倒卖旅客车票的，依照刑法有关规定追究刑事责任。

第六十七条　违反本法规定，尚不够刑事处罚，应当给予治安管理处罚的，依照治安管理处罚法的规定处罚。

第六十八条　擅自在铁路线路上铺设平交道口、人行过道的，由铁路公安机关或者地方公安机关责令限期拆除，可以并处罚款。

第六十九条　铁路运输企业违反本法规定，多收运费、票款或者旅客、货物运输杂费的，必须将多收的费用退还付款人，无法退还的上缴国库。将多收的费用据为己有或者侵吞私分的，依照刑法有关规定追究刑事责任。

第七十条　铁路职工利用职务之便走私的，或者与其他人员勾结走私的，依照刑法有关规定追究刑事责任。

第七十一条　铁路职工玩忽职守、违反规章制度造成铁路运营事故的，滥用职权、利用办理运输业务之便谋取私利的，给予行政处分；情节严重、构成犯罪的，依照刑法有关规定追究刑事责任。

第六章　附　则

第七十二条　本法所称国家铁路运输企业是指铁路局和铁路分局。

第七十三条　国务院根据本法制定实施条例。

第七十四条　本法自 1991 年 5 月 1 日起施行。

《最高人民法院关于审理铁路运输人身损害赔偿纠纷案件适用法律若干问题的解释》

为正确审理铁路运输人身损害赔偿纠纷案件，依法维护各方当事人的合法权益，根据《中华人民共和国民法通则》、《中华人民共和国铁路法》、《中华人民共和国民事诉讼法》等法律的规定，结合审判实践，就有关适用法律问题作如下解释：

第一条　人民法院审理铁路行车事故及其他铁路运营事故造成的铁路运输人身损害赔偿纠纷案件，适用本解释。

与铁路运输企业建立劳动合同关系或者形成劳动关系的铁路职工在执行职务中发生的人身损害，依照有关调整劳动关系的法律规定及其他相关法律规定处理。

第二条　铁路运输人身损害的受害人、依法由受害人承担扶养义务的被扶养人以及死亡受害人的近亲属为赔偿权利人，有权请求赔偿。

第三条　赔偿权利人要求对方当事人承担侵权责任的，由事故发生地、列车最先到达地或者被告住所地铁路运输法院管辖；赔偿权利人依照合同法要求承运人承担违约责任予以人身损害赔偿的，由运输始发地、目的地或者被告住所地铁路运输法院管辖。

第四条　铁路运输造成人身损害的，铁路运输企业应当承担赔偿责任；法律另有规定的，依照其规定。

第五条　铁路运输中发生人身损害，铁路运输企业举证证明有下列情形之一的，不承担赔偿责任：

（一）不可抗力造成的；

（二）受害人故意以卧轨、碰撞等方式造成的。

第六条　因受害人翻越、穿越、损毁、移动铁路线路两侧防护围墙、栅栏或者其他防护设施穿越铁路线路，偷乘货车，攀附行进中的列车，在未设置人行通道的铁路桥梁、隧道内通行，攀爬高架铁路线路，以及其他未经许可进入铁路线路、车站、货场等铁路作业区域的过错行为，造成人身损害的，应当根据受害人的过错程度适当减轻铁路运输企业的赔偿责任，并按照以下情形分别处理：

（一）铁路运输企业未充分履行安全防护、警示等义务，受害人有上述过错行为的，铁路运输企业应当在全部损失的百分之八十至百分之二十之间承担赔偿责任；

（二）铁路运输企业已充分履行安全防护、警示等义务，受害人仍施以上述过错行为的，铁路运输企业应当在全部损失的百分之二十至百分之十之间承担赔偿责任。

第七条　受害人横向穿越未封闭的铁路线路时存在过错，造成人身损害的，按照前条规定处理。

受害人不听从值守人员劝阻或者无视禁行警示信号、标志硬行通过铁路平交道口、人行过道，或者沿铁路线路纵向行走，或者在铁路线路上坐卧，造成人身损害，铁路运输企业举证证明已充分履行安全防护、警示等义务的，不承担赔偿责任。

第八条　铁路运输造成无民事行为能力人人身损害的，铁路运输企业应当承担赔偿责任；监护人有过错的，按照过错程度减轻铁路运输企业的赔偿责任，但铁路运输企业承担的赔偿责任应当不低于全部损失的百分之五十。

铁路运输造成限制民事行为能力人人身损害的，铁路运输企业应当承担赔偿责任；监护人及受害人自身有过错的，按照过错程度减轻铁路运输企业的赔偿责任，但铁路运输企业承担的赔偿责任应当不低于全部损失的百分之四十。

第九条　铁路机车车辆与机动车发生碰撞造成机动车驾驶人员以外的人人身损害的，由铁路运输企业与机动车一方对受害人承担连带赔偿责任。铁路运输企业与机动车一方之间，按照各自的过错分担责任；双方均无过错的，按照公平原则分担责任。对受害人实际承担赔偿责任超出应当承担份额的一方，有权向另一方追偿。

铁路机车车辆与机动车发生碰撞造成机动车驾驶人员人身损害的，按照本解释第四条至第七条的规定处理。

第十条　在非铁路运输企业实行监护的铁路无人看守道口发生事故造成人身损害的，由铁路运输企业按照本解释的有关规定承担赔偿责任。道口管理单位有过错的，铁路运输企业对赔偿权利人承担赔偿责任后，有权向道口管理单位追偿。

第十一条　对于铁路桥梁、涵洞等设施负有管理、维护等职责的单位，因未尽职责使该铁路桥梁、涵洞等设施不能正常使用，导致行人、车辆穿越铁路线路造成人身损害的，铁路运输企业按照本解释有关规定承担赔偿责任后，有权向该单位追偿。

第十二条　铁路旅客运送期间发生旅客人身损害，赔偿权利人要求铁路运输企业承担违约责任的，人民法院应当依照《中华人民共和国合同法》第二百九十条、第三百零一条、第三百零二条等规定，确定铁路运输企业是否承担责任及责任的大小；赔偿权利人要求铁路运输企业承担侵权赔偿责任的，人民法院应当依照有关侵权责任的法律规定，确定铁路运输企业是否承担赔偿责任及责任的大小。

第十三条　铁路旅客运送期间因第三人侵权造成旅客人身损害的，由实施侵权行为的第三人承担赔偿责任。铁路运输企业有过错的，应当在能够防止或者制止损害的范围内承担相应的补充赔偿责任。铁路运输企业承担赔偿责任后，有权向第三人追偿。

车外第三人投掷石块等击打列车造成车内旅客人身损害，赔偿权利人要求铁路运输企业先予赔偿的，人民法院应当予以支持。铁路运输企业赔付后，有权向第三人追偿。

第十四条　有权作出事故认定的组织依照《铁路交通事故应急救援和调查处理条例》等有关规定制作的事故认定书，经庭审质证，对于事故认定书所认定的事实，当事人没有相反证据和理由足以推翻的，人民法院应当作为认定事实的根据。

第十五条　在专用铁路及铁路专用线上因运输造成人身损害，依法应当由肇事工具或者设备的所有人、使用人或者管理人承担赔偿责任的，适用本解释。

第十六条　本院以前发布的司法解释与本解释不一致的，以本解释为准。

本解释施行前已经终审，本解释施行后当事人申请再审或者按照审判监督程序决定再审的案件，不适用本解释。

《最高人民法院关于审理铁路运输损害赔偿案件若干问题的解释》

为了正确、及时地审理铁路运输损害赔偿案件，现就审判工作中遇到的一些问题，根据《中华人民共和国铁路法》（以下简称铁路法）和有关的法律规定，结合审判实践，作出如下解释，供在审判工作中执行。

一、实际损失的赔偿范围

铁路法第十七条中的"实际损失"，是指因灭失、短少、变质、污染、损坏导致货物、包裹、行李实际价值的损失。

铁路运输企业按照实际损失赔偿时，对灭失、短少的货物、包裹、行李，按照其实际价值赔偿；对变质、污染、损坏降低原有价值的货物、包裹、行李，可按照其受损前后实际价值的差额或者加工、修复费用赔偿。

货物、包裹、行李的赔偿价值按照托运时的实际价值计算。实际价值中未包含已支付的铁路运杂费、包装费、保险费、短途搬运费等费用的，按照损失部分的比例加算。

二、铁路运输企业的重大过失

铁路法第十七条中的"重大过失"是指铁路运输企业或其受雇人、代理人对承运的货物、包裹、行李明知可能造成损失而轻率地作为或者不作为。

三、保价货物损失的赔偿

铁路法第十七条第一款（一）项中规定的"按照实际损失赔偿，但最高不超过保价额。"是指保价运输的货物、包裹、行李在运输中发生损失，无论托运人在办理保价运输时，保价额是否与货物、包裹、行李的实际价值相符，均应在保价额内按照损失部分的实际价值赔偿，实际损失超过保价额的部分不予赔偿。

如果损失是因铁路运输企业的故意或者重大过失造成的，比照铁路法第十七条第一款（二）项的规定，不受保价额的限制，按照实际损失赔偿。

四、保险货物损失的赔偿

投保货物运输险的货物在运输中发生损失，对不属于铁路运输企业免责范围的，适用铁路法第十七条第一款（二）项的规定，由铁路运输企业承担赔偿责任。

保险公司按照保险合同的约定向托运人或收货人先行赔付后，对于铁路运输企业应按货物实际损失承担赔偿责任的，保险公司按照支付的保险金额向铁路运输企业追偿，因不足额保险产生的实际损失与保险金的差额部分，由铁路运输企业赔偿；对于铁路运输企业应按限额承担赔偿责任的，在足额保险的情况下，保险公司向铁路运输企业的追偿额为铁路运输企业的赔偿限额，在不足额保险的情况下，保险公司向铁路运输企业的追偿额在铁路运输企业的赔偿限额内按照投保金额与货物实际价值的比例计算，因不足额保险产生的铁路运输企业的赔偿限额与保险公司在限额内追偿额的差额部分，由铁路运输企业赔偿。

五、保险保价货物损失的赔偿

既保险又保价的货物在运输中发生损失，对不属于铁路运输企业免责范围的，适用铁路法第十七条第一款（一）项的规定由铁路运输企业承担赔偿责任。对于保险公司先行赔付的，比照本解释第四条对保险货物损失的赔偿处理。

六、保险补偿制度的适用

《铁路货物运输实行保险与负责运输相结合的补偿制度的规定（试行）》（简称保险补偿制度），适用于1991年5月1日铁路法实施以前已投保货物运输险的案件。铁路法实施后投保货物运输险的案件，适用铁路法第十七条第一款的规定，保险补偿制度中有关保险补偿的规定不再适用。

七、逾期交付的责任

货物、包裹、行李逾期交付，如果是因铁路逾期运到造成的，由铁路运输企业支付逾期违约金；如果是因收货人或旅客逾期领取造成的，由收货人或旅客支付保管费；既因逾期运到又因收货人或旅客逾期领取造成的，由双方各自承担相应的责任。

铁路逾期运到并且发生损失时，铁路运输企业除支付逾期违约金外，还应当赔偿损失。对收货人或旅客逾期领取，铁路运输企业在代保管期间因保管不当造成损失的，由铁路运输企业赔偿。

八、误交付的责任

货物、包裹、行李误交付（包括被第三者冒领造成的误交付），铁路运输企业查找超过运到期限的，由铁路运输企业支付逾期违约金。不能交付的，或者交付时有损失的，由铁路运输企业赔偿。铁路运输企业赔付后，再向有责任的第三者追偿。

九、赔偿后又找回原物的处理

铁路运输企业赔付后又找回丢失、被盗、冒领、逾期等按灭失处理的货物、包裹、行李的，在通知托运人，收货人或旅客退还赔款领回原物的期限届满后仍无人领取的，适用铁路法第二十二条按无主货物的规定处理。铁路运输企业未通知托运人，收货人或旅客而自行处理找回的货物、包裹、行李的，由铁路运输企业赔偿实际损失与已付赔款差额。

十、代办运输货物损失的赔偿

代办运输的货物在铁路运输中发生损失，对代办运输企业接受托运人的委托以自己的名义与铁路运输企业签订运输合同托运或领取货物的，如委托人依据委托合同要求代办运输企业向铁路运输企业索赔的，应予支持。对代办运输企业未及时索赔而超过运输合同索赔时效的，代办运输企业应当赔偿。

十一、人身伤亡的赔偿范围

铁路法第五十八条规定的因铁路行车事故及其他铁路运营事故造成的人身伤亡，包括旅客伤亡和路外伤亡。

人身伤亡，除铁路法第五十八条第二款列举的免责情况外，如果铁路运输企业能够证明人身伤亡是由受害人自身原因造成的，不应再责令铁路运输企业承担赔偿责任。

对人身伤亡的赔偿责任范围适用民法通则第一百一十九条的规定。1994年9月1日以后发生的旅客伤亡的赔偿责任范围适用国务院批准的《铁路旅客运输损害赔偿规定》。

十二、铁路旅客运送责任期间

铁路运输企业对旅客运送的责任期间自旅客持有效车票进站时起到旅客出站或应当出站时止。不包括旅客在候车室内的期间。

十三、旅客伤亡的保险责任与运输责任

在铁路旅客运送责任期间发生旅客伤亡，属于《铁路旅客意外伤害强制保险条例》规定的保险责任范围的，铁路运输企业支付保险金后，对旅客伤亡不属于铁路运输企业免责范围的，铁路运输企业还应当支付赔偿金。

十四、第三者责任造成旅客伤亡的赔偿

在铁路旅客运送期间因第三者责任造成旅客伤亡，旅客或其继承人要求铁路运输企业先予赔偿的，应予支持。铁路运输企业赔付后，有权向有责任的第三者追偿。

十五、索赔时效

对承运中的货物、包裹、行李发生损失或逾期，向铁路运输企业要求赔偿的请求权，时效期间适用铁路运输规章180的规定。自铁路运输企业交付的次日起计算；货物、包裹、行李全部灭失的，自运到期限届满后第30日的次日起计算。但对在此期间内或运到期限内已经确认灭失的，自铁路运输企业交给货运记录的次日起计算。

对旅客伤亡，向铁路企业要求赔偿的请求权，时效期间适用民法通则第一百三十六条第（一）项1年的规定。自到达旅行目的地的次日或旅行中止的次日起计算。

对路外伤亡，向铁路运输企业要求赔偿的请求权，时效期间适用民法通则第一百三十六条第（一）项1年的规定，自受害人受到伤害的次日起计算。

参考文献

[1] 丁五一. 铁路物流业整合的解决方案[J]. 综合运输，2002（8）.

[2] 郑明理. 对铁路跨越式发展中改革问题的思考[J]. 铁道经济研究，2003（5）.

[3] 彭进. 铁路客运组织[M]. 北京：中国铁道出版社，2007.

[4] 孙林. 铁路运输合同[M]. 北京：中国铁道出版社，2000.

[5] 张长青. 铁路法研究[M]. 北京：北京交通大学出版社，2012.

[6] 孙立恒，扈广珉. 推进铁路跨越式发展的实践与对策探讨[J]. 铁道运输与经济，2004，26（1）.

[7] 文力. 我国铁路跨越式发展战略的评价[J]. 综合运输，2004（1）.

[8] 郭峰，杨华柏. 强制保险立法研究[M]. 北京：人民法院出版社，2009.

[9] 李艳芳. 经济法案例分析[M]. 北京：中国人民大学出版社，1999.

[10] 李永军. 合同法[M]. 北京：法律出版社，2004.

[11] 赵燕林. 中国铁路发展物流的思考[J]. 铁路运输与经济，2002（10）.

[12] 魏振瀛. 民法[M]. 北京：北京大学出版社，2004.

[13] 张长青，孙林. 铁路法教程及案例[M]. 北京：中国铁道出版社，2000.

[14] 凌鸿勋. 中国铁路志[M]. 台北：世界书局，1963.

[15] 赵刚. 现代物流基础[M]. 成都：四川人民出版社，2002.

[16] 中华人民共和国铁道部. 铁路货物运输规程[S]. 北京：中国铁道出版社，2004.

[17] 中华人民共和国铁道部. 铁路货物运价规则[S]. 北京：中国铁道出版社，2007.

[18] 中华人民共和国铁道部. 铁路货物运输管理规则[S]. 北京：中国铁道出版社，2006.

[19] 中华人民共和国铁道部. 铁路旅客运输规程[S]. 北京：中国铁道出版社，2010.

[20] 中华人民共和国铁道部. 铁路客运运输管理规则[S]. 北京：中国铁道出版社，1994.

[21] 中华人民共和国铁道部. 铁路旅客运输办理细则[S]. 北京：中国铁道出版社，2010.